Tauschen und Täuschen

Christine Künzel / Bernd Hamacher
(Hrsg.)

Tauschen und Täuschen

Kleist und (die) Ökonomie

PETER LANG
EDITION

Bibliografische Information der Deutschen Nationalbibliothek
Die Deutsche Nationalbibliothek verzeichnet diese Publikation in der Deutschen Nationalbibliografie; detaillierte bibliografische Daten sind im Internet über http://dnb.d-nb.de abrufbar.

Hamburgische Wissenschaftliche Stiftung HWS

Veröffentlicht mit Unterstützung der Hamburgischen Wissenschaftlichen Stiftung.

Umschlaggestaltung und Fotomontage:
© Olaf Gloeckler, Atelier Platen, Friedberg

Umschlagabbildung:
Vorderseite: Porträt des Autors Heinrich von Kleist
Rückseite: Münze „Preußen Taler“

ISBN 978-3-631-62687-0

Peter Lang Edition ist ein Imprint der Peter Lang GmbH.

Peter Lang – Frankfurt am Main · Bern · Bruxelles · New York · Oxford · Wien · Warszawa

www.peterlang.de

Inhaltsverzeichnis

Kleist und (die) Ökonomie. Eine Einleitung

Christine Künzel und Bernd Hamacher

Während sich eine kulturkritische - und in diesem Zusammenhang auch eine literatur- und sprachwissenschaftliche - Auseinandersetzung mit ökonomischen Theorien und Modellen in der anglo-amerikanischen Forschung bereits in den 1990er Jahren unter dem Stichwort *New Economic Criticism* formierte,[1] begannen die Geistes- und Kulturwissenschaften im deutschsprachigen Raum sich erst seit Beginn des neuen Jahrtausends intensiver für wirtschaftliche Themen und Zusammenhänge zu interessieren. Die Erforschung ökonomischer Themen und Motive in der Literatur, die Funktion des Ökonomischen, das Auftreten des *homo oeconomicus* als wirtschaftendes Subjekt oder als anthropologischer Typus hingegen führte bis Ende der 1990er Jahre ein Schattendasein in der deutschen Literaturwissenschaft.[2] Bezeichnenderweise erschien der erste Sammelband zum Thema 1989 nicht in Deutschland, sondern in der Schweiz.[3] Vorreiter im deutschsprachigen Raum waren insbesondere der Literatur- und Medienwissenschaftler Jochen Hörisch, der sich bereits seit den 1990er Jahren in zahlreichen Publikationen dem Zusammenhang von Sprache, Literatur und Geld gewidmet hat,[4] und der Kulturwissenschaftler Joseph Vogl, der mit seiner *Poetik des ökonomischen Menschen*[5] die kulturellen und anthropologischen Grundlagen der Figur des *homo oeconomicus* anhand einer Lektüre einschlägiger literarischer Texte des 18. und frühen 19. Jahrhunderts untersuchte (jedoch ohne Erwähnung Kleists).

---

1 Martha Woodmansee/Mark Osteen (Hg.): *The New Economic Criticism. Studies at the intersection of literature and economics.* London/New York 1999.

2 Vgl. dazu auch das Kapitel „Inventur vorliegender Forschungen zu Ökonomie und Literatur" bei Bernd Blaschke: *Der homo oeconomicus und sein Kredit bei Musil, Joyce, Svevo, Unamuno und Céline.* München 2004, S. 37-106.

3 Vgl. Werner Wunderlich (Hg.): *Der literarische Homo oeconomicus. Vom Märchenhelden zum Manager. Beiträge zum Ökonomieverständnis in der Literatur.* Bern u. a. 1989 (Facetten deutscher Literatur, St. Galler Studien, Bd. 2).

4 Vgl. insbesondere Jochen Hörisch: *Kopf oder Zahl. Die Poesie des Geldes.* Frankfurt a. M. 1996; ders.: *Gott, Geld, Medien. Studien zu den Medien, die die Welt im Innersten zusammenhalten.* Frankfurt a. M. 2004; ders.: *Tauschen, sprechen, begehren. Eine Kritik der unreinen Vernunft.* München 2011.

5 Joseph Vogl: *Kalkül und Leidenschaft. Poetik des ökonomischen Menschen* [2002]. 2., durchges. u. korr. Aufl. Zürich/Berlin 2004.

Darüber hinaus liegt inzwischen eine große Anzahl von Studien vor, die sich bestimmten Aspekten der Darstellung ökonomischer Phänomene in verschiedenen literarischen Gattungen widmen. Daniel Fulda[6] untersucht beispielsweise, wie durch Komödien der Frühen Neuzeit von Shakespeare bis Lessing ein spezifisches Vertrauen in die Kraft des Marktes geschaffen wurde, das Verfolgen des eigenen Nutzens in einen indirekten Nutzen für alle münden zu lassen. Dabei analysiert er die Handlungsstruktur der Komödie als Modell marktwirtschaftlichen Verhaltens. Andere Untersuchungen widmen sich bestimmten Motiven oder Begriffen des ökonomischen Diskurses. So nimmt etwa Margrit Fiederer[7] in ihrer Studie die Motive „Geld" und „Besitz" im bürgerlichen Trauerspiel und in zeitgenössischen theoretischen Schriften in den Blick. Insbesondere der Tausch steht als zentraler Begriff der Wirtschafts- wie der Kulturgeschichte im Mittelpunkt zahlreicher Untersuchungen. Thomas Wegmann fokussiert auf Funktion und Gestaltung des Ökonomischen am Beispiel des Motivzusammenhangs von Tauschen und Täuschen in Romanen von Gellert, Goethe, Moritz und Schlegel.[8] Ein von Georg Mein und Franziska Schößler herausgegebener Sammelband mit dem Titel *Tauschprozesse. Kulturwissenschaftliche Verhandlungen des Ökonomischen* untersucht das Motiv auch in anderen literaturgeschichtlichen Konstellationen,[9] und Reinhard Saller widmet sich dem Verhältnis von frühromantischer Literatur und Ökonomie.[10] Insgesamt lässt sich feststellen, dass im deutschsprachigen Raum inzwischen eine Vielzahl von Einzelstudien zu bestimmten (literatur-)historischen Epochen, Autoren, Motiven und Gattungen vorliegt. Auffällig ist allerdings – und dies gilt ebenso für die früheren Studien aus dem anglo-amerikanischen Bereich – eine

6 Daniel Fulda: *Schau-Spiele des Geldes. Die Komödie und die Entstehung der Marktgesellschaft von Shakespeare bis Lessing*. Tübingen 2005.

7 Margrit Fiederer: *Geld und Besitz im bürgerlichen Trauerspiel*. Würzburg 2002 (*Epistemata*. Würzburger wissenschaftliche Schriften, Reihe Literaturwissenschaft, Bd. 414).

8 Thomas Wegmann: *Tauschverhältnisse. Zur Ökonomie des Literarischen und zum Ökonomischen in der Literatur von Gellert bis Goethe*. Würzburg 2002 (*Epistemata*. Würzburger wissenschaftliche Schriften, Reihe Literaturwissenschaft, Bd. 386).

9 Georg Mein/Franziska Schößler (Hg.): *Tauschprozesse. Kulturwissenschaftliche Verhandlungen des Ökonomischen*. Bielefeld 2005. Der Band enthält u. a. Untersuchungen zu Lessing, Keller, Hofmannsthal und Raabe.

10 Reinhard Saller: *Schöne Ökonomie. Die poetische Reflexion der Ökonomie in frühromantischer Literatur*. Würzburg 2007 (*Epistemata*. Würzburger wissenschaftliche Schriften, Reihe Literaturwissenschaft, Bd. 592).

Konzentration auf die Literatur des 18. Jahrhunderts,[11] und hier besonders auf das Theater als Literatur vermittelnde Kulturinstitution sowie die Motive „Tausch" und „Geld".[12]

Eine derart starke Konzentration auf das 18. Jahrhundert erscheint insofern gerechtfertigt, als die „Jahrzehnte bis 1780 zu den wichtigsten in der frühneuzeitlichen Wirtschaftsgeschichte"[13] zählen. Mit seinem Werk *An Inquiry into the Nature and Causes of the Wealth of Nations* (1776) legte Adam Smith eine dezidierte „Kritik am Merkantilismus" vor und plädierte für eine „Liberalisierung der Wirtschaftsordnung".[14] Auch Heinrich von Kleist bestätigt, eine Ausgabe von Smiths einflussreichem Werk, das ein Jahr nach seinem Erscheinen bereits in deutscher Übersetzung erschienen war, besessen zu haben. „[D]en Smith brauche ich selbst", schreibt er im August 1805 aus Königsberg an Ernst von Pfuel.[15] Georg Tscholl hat in seiner Studie[16] den Vorbildcharakter Smiths für Kleist überzeugend herausgearbeitet (vgl. auch seinen Beitrag in diesem Band). Kleists Engagement für das „Befreiungs-Geschäfft der Zünfte"[17] während seiner Königsberger Zeit korrespondierte (wohl nicht zufällig) mit einem prominenten Thema des ersten Buches von *Wealth of Nations*, wo Smith die Zunftvorschriften als das „vielleicht größte Übel in der englischen Wirtschaftspolitik"[18] bezeichnete, da sie den Wettbewerb einschränkten. Die Frage, wie sich die Auseinandersetzung mit Smith in Kleists Werk niedergeschlagen hat, wäre sicherlich eine eigene Untersuchung bzw. ei-

---

11 Für einen Überblick zur Forschung zum Zusammenhang von Kultur und Ökonomie im 18. Jahrhundert vgl. Dirk Hempel: Kultur und Ökonomie im 18. Jahrhundert. In: *Das Achtzehnte Jahrhundert* 32, H. 2 (2008), S. 171-185.

12 Vgl. auch Helmut Koopmann: Geld und Literatur im 18. Jahrhundert. In: *Wirtschaft in Wissenschaft und Literatur. Drei Perspektiven aus historischer und literaturwissenschaftlicher Sicht von Johannes Burkhardt, Helmut Koopmann und Henning Krauß*. Hg. v. Rektor der Universität Augsburg. Augsburg 1993 (Augsburger Universitätsreden 23), S. 31-54.

13 Hempel: Kultur und Ökonomie im 18. Jahrhundert (wie Anm. 11), S. 173.

14 Ebd.

15 Zitiert wird mit der Sigle DKV, Band und Seitenzahl nach folgender Ausgabe: Heinrich von Kleist: *Sämtliche Werke und Briefe in vier Bänden*. Hg. v. Ilse-Marie Barth, Klaus Müller-Salget, Stefan Ormanns u. Hinrich C. Seeba. Frankfurt a. M. 1987-1997. Hier DKV IV, 348.

16 Georg Tscholl: *Krumme Geschäfte. Kleist, die Schrift, das Geld und das Theater*. Würzburg 2005 (*Epistemata*. Würzburger wissenschaftliche Schriften, Reihe Literaturwissenschaft, Bd. 546).

17 An Karl Freiherrn von Stein zum Altenstein, Königsberg, den 10. Februar 1806; DKV IV, 354.

18 Adam Smith: *Der Wohlstand der Nationen. Eine Untersuchung seiner Natur und seiner Ursachen*. Hg. u. übersetzt v. Horst Claus Recktenwald. 12. Aufl. München 2009, S. 118.

nen eigenen Band wert. Vor diesem Hintergrund ist es allerdings mehr als erstaunlich, dass sich die Kleist-Forschung bisher lediglich am Rande mit Aspekten des Ökonomischen bei Heinrich von Kleist beschäftigt hat: „Der Ökonom Kleist [...] ist bis heute unterbelichtet geblieben."[19]

Obwohl die Werke Heinrich von Kleists inzwischen - nicht zuletzt vor dem Hintergrund einer engagierten und theoretisch anspruchsvollen literaturwissenschaftlichen Forschung - unter zahlreichen diskursiven Aspekten (Recht/Justiz, Religion, Politik, Naturwissenschaften u.v.a.) untersucht worden sind, liegen bisher kaum Arbeiten vor, die sich explizit mit Aspekten der Ökonomie bzw. des Ökonomischen in Kleists Werk beschäftigen. (Eine der wenigen Ausnahmen stellt in diesem Zusammenhang die erwähnte Dissertation von Georg Tscholl dar.) Dieser Umstand verwundert umso mehr, als seit einigen Jahren - auch im deutschsprachigen Raum - eine umfangreichere Beschäftigung mit dem Verhältnis von Literatur und Wirtschaft stattfindet,[20] die angesichts der globalen Finanzkrise eine über die disziplinären Grenzen hinausreichende Aktualität und Relevanz erlangt hat. Aber auch im 2009 erschienenen *Kleist-Handbuch* gibt es weder einen Eintrag zum Thema „Wirtschaft/Ökonomie" noch einen Beitrag zum Stichwort „Geld" - und dies vor dem Hintergrund der Tatsache, dass Kleist sein kurzes Leben lang unter Geldnot litt und dieser Umstand Thema unzähliger Briefe an die Familie und an Freunde gewesen ist. Diesen Aspekt beleuchten die Beiträge von Anton Philipp Knittel und Inka Kording im vorliegenden Band. Knittel nimmt die von Georg Tscholl aufgestellte These, Kleists Briefe seien „überhaupt immer Geschäftsbriefe",[21] zum Anlass, den verschiedenen Geschäften und Projekten Heinrich von Kleists im Hinblick auf ihre ökonomischen Konsequenzen nachzugehen. In Ergänzung dazu diskutiert Kordings Beitrag „Tauschgeschäfte des Ich" anhand des Briefwechsels zwischen Heinrich von Kleist und Wilhelmine von Zenge im Kontext bestimmter Vorstellungen von einer Ökonomie der (Liebes-)Kommunikation.

---

19 Ingeborg Harms: Tod und Profit im „Michael Kohlhaas". In: Tim Mehigan (Hg.): *Heinrich von Kleist und die Aufklärung*. Rochester, NY 2000, S. 226-238, hier S. 226.

20 Vgl. dazu die folgenden Bände: Dirk Hempel/Christine Künzel (Hg.): *„Denn wovon lebt der Mensch?" Literatur und Wirtschaft*. Frankfurt a. M. u. a. 2009; dies. (Hg.): *Finanzen und Fiktionen. Grenzgänge zwischen Literatur und Wirtschaft*. Frankfurt a. M./New York 2011; Sieglinde Klettenhammer (Hg.): *Literatur und Ökonomie*. Innsbruck 2010; Sandra Richter: *Mensch und Markt. Warum wir den Wettbewerb fürchten und ihn trotzdem brauchen*. Hamburg 2012; Iuditha Balint/Sebastian Zilles (Hg.): *Literarische Ökonomik*. München 2013.

21 Tscholl: Krumme Geschäfte (wie Anm. 16), S. 18.

Immerhin ist dem Beitrag zum Thema „Eigentum" im *Kleist-Handbuch* zu entnehmen, dass die Auseinandersetzung über Eigentumsfragen von Kleists Erstlingswerk *Die Familie Schroffenstein* bis zu seiner letzten Erzählung *Der Zweikampf* einen zentralen Topos innerhalb des Kleist'schen Werkes bildet.[22] Dies verwundert kaum, wenn man in Betracht zieht, dass Kleist nach seinem Abschied vom Militär in Erwägung zog, eine Anstellung im Zivildienst zu suchen und sich „dem Commerz und Fabriken Fache zu widmen".[23] Von Januar bis April 1805 arbeitete Kleist zunächst in Berlin im Finanzdepartement unter seinem Förderer Karl Freiherr von Stein zum Altenstein und wurde dann nach Königsberg geschickt, um eine entsprechende Ausbildung zu erhalten und in die Praktiken einer reformerischen Agrar-, Steuer- und Gewerbepolitik eingearbeitet zu werden. Die „Wiederherstellung der natürlichen Gewerbsfreiheit", Kleists „Lieblings-Gegenstand",[24] ist auch zentraler Topos einer seiner bekanntesten Erzählungen, des *Michael Kohlhaas*. So verwundert es nicht, dass zu dieser Erzählung inzwischen einige Studien vorliegen, die den Text vor dem Hintergrund ökonomischer Diskurse diskutieren[25] (vgl. dazu auch den Beitrag von Sabine Biebl in diesem Band).

Bei den beiden Erzählungen, in deren Zentrum eine Kaufmannsfigur steht – *Michael Kohlhaas* und *Der Findling* –, liegt eine Auseinandersetzung mit ökonomischen Fragen nahe. Da es sich in beiden Fällen zugleich um Figuren handelt, die auf extreme Art und Weise der Rache frönen, stellt sich hier insbesondere die Frage nach dem Zusammenhang zwischen *Rechnen* und *Rächen*, *Kalkül* und *Rache* bzw. *Schulden* und *Schuld* im moralischen Sinne.[26] Diesem Themenkomplex widmet sich der Beitrag von Christine Künzel in diesem Band.

---

22 Vgl. Jochen Schmidt: Eigentum. In: Ingo Breuer (Hg.): *Kleist-Handbuch. Leben – Werk – Wirkung*. Stuttgart/Weimar 2009, S. 302-304.

23 An Carl August von Struensee; DKV IV, 149.

24 Wie Anm. 17.

25 Vgl. Harms: Tod und Profit im „Michael Kohlhaas" (wie Anm. 19), S. 226-238; Wolfgang Pircher: Geld, Pfand und Rache. Versuch über ein Motiv bei Kleists ‚Kohlhaas'. In: *Kleist-Jahrbuch* 2000, S. 104-117; Jochen Schmidt: *Heinrich von Kleist. Die Dramen und Erzählungen in ihrer Epoche*. Darmstadt 2003, Kapitel 3: *Michael Kohlhaas* in der Ära der Preußischen Reformen, S. 207-244.

26 Vgl. dazu u. a. Adam Soboczynski: Die Impotenz des Händlers und das Geheimnis einer trefflichen Frau. Ökonomie und Verstellung in Kleists Novelle ‚Der Findling'. In: *Kleist-Jahrbuch* 2000, S. 118-135; Günter Oesterle: Der Findling. Redlichkeit versus Verstellung – oder zwei Arten, böse zu werden. In: Walter Hinderer (Hg.): *Interpretationen: Kleists Erzählungen*. Stuttgart 1998, S. 157-180.

Während *Michael Kohlhaas* wohl der einzige Text ist, in dem Besitz (relativ) positiv konnotiert ist, bilden Eigentum und unterschiedliche Besitzverhältnisse in den meisten Erzählungen und Dramen eine Quelle gewalthafter Auseinandersetzungen - so etwa beim Erbstreit zwischen den verfeindeten Zweigen der *Familie Schroffenstein*. Die etymologische Nähe von Tausch und Täuschung kommt insbesondere in der Erzählung *Der Findling* zum Ausdruck, wo der „Findling" Nicolo statt des Sohnes, der der Pest zum Opfer gefallen ist, zu einem Kaufmann ausgebildet werden soll, um das Erbe des Adoptivvaters Piachi anzutreten. Doch im Gegensatz zum Ideal des Bildungsromans endet diese Erzählung in der Katastrophe: An die Stelle ehrlichen Tausches und ehrbaren Geschäftsgebarens treten Täuschung, Gier und Misstrauen.

Doch zeigt Kleist nicht nur die zerstörerische Wirkung von Besitz und Eigentum in familialen Strukturen auf, sondern auch in größeren politischen Dimensionen, etwa in der Thematisierung der Ausbeutung durch eine Kolonialmacht in dem Drama *Die Herrmannsschlacht*[27] und in der Erzählung *Die Verlobung in St. Domingo*. Ausgehend von einer Betrachtung der etymologischen Polyvalenz des Begriffes *Gast* widmet sich der vorliegende Beitrag von Evi Fountoulakis der Bedeutung von Gabe und Gastlichkeit in interkulturellen Begegnungen am Beispiel der *Verlobung in St. Domingo*. Vertrauen, ein zentraler Topos im Kleist'schen Werk, erscheint in diesem Zusammenhang als ökonomische Kategorie, als (Vertrauens-)Vorschuss bzw. Kredit im Hinblick auf Erwartungen an die zukünftige Entwicklung einer Beziehung. Den Gedanken der kulturellen Bedeutung von Tausch und Gabe greift auch Katharina Grabbe in ihrem Beitrag für diesen Band auf, indem sie die Erzählung *Die Marquise von O....* vor dem Hintergrund einer Ökonomie des Frauentausches mit Bezug zu Claude Levi-Strauss' ethnologischer Untersuchung *Die elementaren Strukturen der Verwandtschaft* diskutiert.

Freilich würde es zu kurz greifen, von einer grundsätzlich negativen Besetzung und Bewertung des Ökonomischen bei Kleist auszugehen, kann doch selbst der *Tausch* des leiblichen Sohnes gegen einen Adoptivsohn plötzlich - anders als im *Findling* - in rätselhaft positiver Beleuchtung erscheinen (wie am Ende des *Erdbebens in Chili*). Auch das vielleicht notorischste Rätsel der Kleist-Forschung betrifft das Ökonomische, näm-

---

27 Vgl. Christine Künzel: Der Raub einer Locke oder Lektionen über die ‚Verwertbarkeit' des Menschen in Kleists *Herrmannsschlacht*. In: Ricarda Schmidt/Séan Allan/Steven Howe (Hg.): *Konstruktive und destruktive Funktionen von Gewalt im Werk Heinrich von Kleists*. Würzburg 2012, S. 117-131.

lich der berüchtigte Beutel Gulden mit dem Antlitz des Spanierkönigs, den Gerichtsrat Walter im „Variant" des *Zerbrochnen Krugs* Eve anbietet, damit sie Ruprecht im Kriegsfall von der Konskription freikaufen könnte (eine Lösung des Münzrätsels verspricht der vorliegende Beitrag von Bernd Hamacher). Kleists Lustspiel ist bisher in der interdisziplinären Perspektive einer Recht-und-Literatur-Forschung vorwiegend unter rechtshistorischen bzw. juristischen Aspekten diskutiert worden. Doch in der politischen Praxis stehen Recht und Wirtschaft in einem engen Verhältnis. Einerseits müssen ökonomische Reformen in Gesetze überführt werden, andererseits wird die Gerichtsbarkeit durch außergerichtliche Händel bzw. *deals* ausgehebelt - wie auch im *Zerbrochnen Krug*. Zwei Beiträge dieses Bandes widmen sich Kleists Lustspiel vor dem Hintergrund ökonomischer Fragen aus verschiedenen Blickwinkeln. Während Jan Söhlke sich auf eine Untersuchung des Tatbestandes der Korruption aus (rechts-)historischer Perspektive konzentriert,[28] diskutiert Birger P. Priddat Kleists Drama mit Blick auf größere politische und ökonomische Veränderungen um 1800. Dabei fokussiert Priddat auf Momente eines *institutional change*, einer Verwaltungsreform, mittels der die alten Rechtszustände in modernes Staatsrecht überführt werden sollen, wobei auch die sogenannte Institutionenökonomik eine zentrale Rolle spielt.[29]

Die Diskussion um die Bedeutung von ökonomischen Fragen in literarischen Texten lebt von einem interdisziplinären Austausch zwischen LiteraturwissenschaftlerInnen und WirtschaftswissenschaftlerInnen. In einigen Fällen hat eine Verschränkung der Perspektiven zu neuen Erkenntnissen geführt, so insbesondere im Falle von Goethes *Faust*, der seither als *das* Stück zur Finanzkrise gilt.[30] Das Werk Heinrich von Kleists ist dagegen bisher kaum aus wirtschaftswissenschaftlicher Perspektive

---

28 Vgl. dazu auch Michael Mandelartz: Die korrupte Gesellschaft. Geschichte und Ökonomie in Kleists „Zerbrochnem Krug". In: Ders.: *Goethe, Kleist. Literatur, Politik und Wissenschaft um 1800*. Berlin 2011, S. 101-127.

29 Eine institutionenökonomische Interpretation von Kleists *Erdbeben von Chili* hatte Michael Horvath auf der gleichnamigen Tagung im September 2011 vorgestellt, die dieser Publikation vorausging; der Titel lautete: „Kleists *Erdbeben von Chili* im Lichte der Neuen Institutionenökonomik". Bedauerlicherweise ist es nicht zu einer Veröffentlichung des Beitrags in diesem Band gekommen.

30 Der St. Galler Ökonom Hans Christoph Binswanger bescheinigt dem dramatischen Werk in seiner „ökonomischen Deutung" eine „kaum fassbare[ ] Aktualität". Vgl. ders.: *Geld und Magie. Eine ökonomische Deutung von Goethes* Faust. 2., vollständig überarbeitete Ausgabe. 5. Aufl. Hamburg 2010, S. 13. Vgl. zu Goethe insgesamt Vera Hierholzer/Sandra Richter (Hg.): *Goethe und das Geld. Der Dichter und die moderne Wirtschaft*. Frankfurt a. M. 2012.

beleuchtet worden.[31] Im Vorfeld der Planung einer Tagung, die im September 2011 in Hamburg stattfand, mussten die Herausgeber erkennen, dass es sehr schwierig war, überhaupt einen Ökonomen bzw. einen Wirtschaftshistoriker zu finden, der dazu bereit war, sich mit dem Kleist'schen Œuvre auseinanderzusetzen. Umso mehr freut es uns, dass wir mit Birger Priddat einen prominenten Wirtschaftswissenschaftler für diesen Band gewinnen konnten, der sich bereits durch zahlreiche Vorträge und Publikationen im interdisziplinären Bereich von Literatur und Ökonomie ausgezeichnet hat.[32]

Ein wesentliches Problem, mit dem sich der interdisziplinäre Diskurs in Sachen Literatur und Ökonomie konfrontiert sieht, lässt sich mit einem „Fragment" Kleists darstellen:

> Man könnte die Menschen in zwei Klassen abteilen; in solche, die sich auf eine Metapher und 2) in solche, die sich auf eine Formel verstehn. Deren, die sich auf beides verstehn, sind zu wenige, sie machen keine Klasse aus. (DKV III, 555)

LiteraturwissenschaftlerInnen verstehen sich auf die Metapher, (klassische) Ökonomen auf die Formel, und es gibt leider zu wenige VertreterInnen der jeweiligen Disziplin, die sich auf beides verstehen. Die Literaturwissenschaft – und dies gilt für die Kleist-Forschung wohl in besonderem Maße – tendiert dazu (denn damit kennt sie sich aus), Ökonomie immer gleich metaphorisch, sprich: in einem übertragenen Sinne, zu denken. Vor diesem Hintergrund ist ein ertragreicher, ernsthafter interdisziplinärer Dialog zwischen Literatur- und WirtschaftswissenschaftlerInnen bisher eher die Ausnahme. Wenn so gut wie alle Phänomene, die sich als Äquivalenzverhältnisse, im allerweitesten Sinne als Vergleiche, darstellen, unter dem Stichwort „Ökonomie" abgehandelt werden, dann besteht die Gefahr, dass der Begriff zur leeren Formel, zum modischen Etikett gerinnt – dies dürfte dem interdisziplinären Diskurs kaum dienlich sein.

Durch den Versuch, die Sprache bzw. den Schreibstil Kleists mit ökonomischen Kategorien zu fassen, zeichnen sich insbesondere die vorliegenden Beiträge von Georg Tscholl, Yves Schumacher und Bernd Hamacher aus. Mit dem Ansatz, sprachliche Kommunikation als Tauschpro-

---

31 Vgl. dagegen das *Kleist-Jahrbuch* 1988/89, wo zahlreiche RechtswissenschaftlerInnen eingeladen wurden, sich mit dem Kleist'schen Werk aus juristischer bzw. rechtshistorischer Sicht auseinanderzusetzen.

32 Vgl. zuletzt Birger P. Priddat: Über das Scheitern der Familie, nicht des Kapitalismus. Neue Einsichten in die ökonomischen Aspekte in Thomas Manns *Buddenbrooks*. In: *Thomas Mann Jahrbuch* 25 (2012), S. 259-273.

zess zu denken, knüpfen die Verfasser an eine lange Tradition in einem Zweig der Literatur-und-Ökonomie-Forschung an, der sich der Beziehung von Sprache und Geld widmet. Die Nähe zwischen den beiden Leitmedien *Sprache* und *Geld* ist inzwischen ein Gemeinplatz: Wie jeder sprachliche Begriff „durch Gleichsetzen des Nicht-Gleichen"[33] entsteht, so macht Geld „laufend verschiedene Dinge miteinander vergleichbar".[34] So wird der Nachweis zu führen versucht, dass die Literaturwissenschaft doch einen spezifischen ‚Mehrwert' für ökonomische Debatten erbringen könnte. Dies scheint zunächst erst für die Literatur um und nach 1900 plausibel zu sein - im Hinblick nämlich auf den grundlegenden Paradigmenwechsel in jenen Jahren, die ökonomische Modernisierung mit dem Übergang von der traditionellen kapitalgedeckten Wirtschaft zur modernen Kreditwirtschaft.[35] Die ökonomische Revolution um 1900 beruht auf einem Abschied vom zeichentheoretischen Repräsentationsgedanken. Zeichen und Bedeutung treten auseinander. Das heißt, Geld hat nun keinen realen Gegenwert mehr, sondern wird zur fiktiven Größe. Dies läuft genau parallel mit dem sprachtheoretischen Denken der Zeit: So wie der Betrag auf dem Geldschein nicht für einen genau identifizierbaren Wert steht, so beruht auch der Bezug eines Wortes auf die damit bezeichnete Sache auf Konvention. So wie das Wort dem Eigentlichen einer Sache äußerlich bleibt, so wird auch das Geld zu einer uneigentlichen Größe - anders gesagt: zu einer Metapher. Wie in dem Begriff ‚Kredit' etymologisch bereits ausgedrückt ist, basiert die moderne Wirtschaft auf Glauben und Vertrauen und unterliegt der Täuschung, wie sprachliche Verständigung auf Vertrauen basiert und von Täuschung bedroht ist. Daher ist es konsequent, dass die Literatur der Zeit um 1900 eine besondere Affinität zum Wirtschaftssystem hat, ja geradezu strukturanalog zur Wirtschaft gesehen werden kann. Da aber Heinrich von Kleist in seinem Sprachverständnis mit guten Gründen als Vorläufer der Sprachskepsis der Moderne gesehen wurde,[36] kann man bereits bei ihm lernen, dass ökonomische Begriffe keine substantielle Realität bezeichnen, sondern

33 Friedrich Nietzsche: Ueber Wahrheit und Lüge im aussermoralischen Sinne. In: Ders.: *Nachgelassene Schriften 1870-1873.* Hg. v. Giorgio Colli u. Mazzino Montinari. Berlin/New York 1973 (Werke. Kritische Gesamtausgabe III, 2), S. 367-384, hier S. 374.

34 Dieter Schnaas: *Kleine Kulturgeschichte des Geldes.* München 2010, S. 26.

35 Vgl. Anna Kinder: *Geldströme. Ökonomie im Romanwerk Thomas Manns.* Berlin/Boston 2013 (Quellen und Forschungen zur Literatur- und Kulturgeschichte, 76 [310]).

36 Vgl. Dieter Heimböckel: *Emphatische Unaussprechlichkeit. Sprachkritik im Werk Heinrich von Kleists. Ein Beitrag zur Sprachskepsistradition der Moderne.* Göttingen 2003 (Palaestra, Bd. 319).

Fiktionen, denen man glauben muss, und Metaphern, die es zu analysieren gilt.

In eine ähnliche Richtung zielen Ansätze, die die extremen Affekte und Affektwechsel sowie Konzepte wie das der Liebe,[37] des Opfers,[38] der Rettung oder der Rache im Werk Heinrich von Kleists in ökonomischen Begriffen zu fassen suchen. In diesem Kontext diskutiert Johannes F. Lehmann in seinem Beitrag das Narrativ der Rettung mit Blick auf die Konzepte der Ökonomie, um auf den um 1800 virulenten Diskurs der Lebensrettung aufmerksam zu machen, der mit dem biologischen Leben einen ökonomischen Wert setzt, der mit anderen Wertbegriffen in Konflikt gerät. Yves Schumacher geht in seinem Beitrag der Frage nach, wie sich die konzeptuelle Verschränkung von Ökonomie und Gerechtigkeit zur Figur der Nemesis verhält.

Die hier versammelten Beiträge sind aus Vorträgen anlässlich einer gleichnamigen Tagung hervorgegangen, die am 16./17. September 2011 - im Rahmen der Feierlichkeiten zum 200. Todestag Kleists - unter der Leitung der Herausgeber im Warburg-Haus in Hamburg stattfand. Unser Dank gilt der Hamburgischen Wissenschaftlichen Stiftung, die die Publikation dieses Bandes durch die Gewährung eines Druckkostenzuschusses ermöglicht hat.

37 „Liebe erscheint hier als Ökonomie von Gabe und Gegengabe, statt als Anökonomie, als Verschwendung, Hingabe, Passion." Günter Blamberger: *Heinrich von Kleist. Biographie*. Frankfurt a.M. 2011, S. 94.

38 Günter Blamberger: Ökonomie des Opfers. Kleists Todes-Briefe. In: Detlev Schöttker (Hg.): *Adressat: Nachwelt. Briefkultur und Ruhmbildung*. München 2008, S. 145-160.

I. Geld, Ich und Kunst

Das Geschäft des Schreibens. Kleist und die Bausteine einer liberalen Poetologie

Georg Tscholl

I.

1808, ein Jahr nach dessen Tod, beginnt Hans Jacob von Auerswald (1757-1833), zu der Zeit schon hoher und verdienstvoller ostpreußischer Beamter, die *Vermischten Schriften* seines Lehrers, des Königsberger Universitätsprofessors für Praktische Philosophie Christian Jacob Kraus (1753-1807), herauszugeben. Es werden insgesamt acht Bände,[1] abgeschlossen 1819 mit einer Biografie des Historikers Johannes Voigt (1786-1863). Voigt selbst lehrte seit 1817 in Königsberg, seine Darstellung stützt sich im Wesentlichen auf Zeitzeugen, Ansässige, deren Erinnerungen und Briefe (vgl. Vorrede VS 8, III-VIII). Der notorische Publikationsverweigerer Kraus[2] war doch seinerzeit in aller Munde. Kant und er hatten vorübergehend eine WG (VS 8, 132), mit Hamann war er befreundet (VS 8, VII). Dabei seien ihm Geschäftsmänner oft lieber als „einige der ihm unausstehlichen Metaphysiker" (VS 8, 127) gewesen. Kraus schätzte den Austausch, den - vielleicht überraschenden - Verkehr: Er übersetzte aus dem Englischen, u. a. Hume; und die Bibel, „als das Buch für meinen Geist", stelle er neben den *Tristram Shandy*, „der meine Laune und meinen Witz ausbildet" (VS 8, 39). 1781 hält er die ersten Vorlesungen. „Meine Zuhörer sind so überzahlreich nicht, wie bei Kant, aber sie sind ungemein artig und scheinen gegen mich eine Achtung zu beweisen, die ich weder vermuthet hatte, noch begreifen kann" (VS 8, 97). Sein *Englisches Collegium* über Shakespeare, von sechs bis sieben, und Politik, von acht bis neun (VS 8, 97), hätte Kleist, seiner kulturwissenschaftlichen Organi-

---

1 Als Reprint in Bruxelles 1970 (*Aetas Kantiana*, Nr. 150) und inzwischen auch online/gescannt verfügbar. Im Folgenden im Text zitiert mit VS, Band und Seitenangabe. - Kleist-Texte werden, wenn nicht anders angegeben, nach der Berliner bzw. Brandenburger Kleist-Ausgabe zitiert: Heinrich von Kleist: *Sämtliche Werke*. Historisch-kritische Ausgabe. Hg. v. Roland Reuß u. Peter Staengle. Basel/Frankfurt a. M. 1988 ff. (Unter der Sigle BKA mit Abteilung/Band, Seitenzahl in Klammern im Anschluss an das betreffende Zitat.)

2 Vgl. Kurt Röttgers: *Kants Kollege und seine ungeschriebene Schrift über die Zigeuner*. Heidelberg 1993; VS 8: S. 151-156.

sation wegen, bestimmt gefallen.[3] Aber der ist damals gerade vier Jahre alt. Und als er im Mai 1805, vierundzwanzig Jahre später, von Karl Freiherr von Stein zum Altenstein, in dessen Berliner Finanzdepartement er seit Anfang des Jahres arbeitete, zum Studium nach Königsberg geschickt wird, las Kraus schon vor allem „die staatswirthschaftlichen Werke der Engländer und Franzosen" (VS 8, 432) und stand im Ruf, „der bedeutendste[] Lehrer der preußischen höheren Beamtenschaft" geworden zu sein; ein Erzieher, sollte man später sagen, der maßgeblich „auf die Durchsetzung liberaler Ideen in den preußischen Reformen der Ära Stein-Hardenberg"[4] wirkte. Durch Kraus' Schule gegangen, hätte Kleist mithelfen sollen, Preußens fränkische Provinzen, Ansbach und Bayreuth, die unter Hardenbergs Leitung standen, zu reformieren (vgl. BKA IV/2, 346); ein wirtschaftspolitischer Testfall, zu dem es nie kam. Kleist hatte das befürchtet und vielleicht gehofft. „Ich hoffe immer noch", schrieb er, aber um Altenstein zu bitten, seine Studienzeit zu verlängern bzw. seinen praktischen Einsatz hinauszuzögern, „daß das seit jenem letzten Friedensschluß", namentlich dem von Preßburg, am 26. Dezember 1805, „ausgesprengte Gerücht", Kleist weiter, „wegen Abtretung unsrer fränkischen Provinzen, zu den ungegründeten gehört." (10.2.1806; BKA IV/2, 392) Es war aber so und kein Gerücht, und Napoleon, den Kleist gemeinsam mit einer hier nicht näher beschriebenen „fortwährende[n] Unpäßlichkeit" für „die jetzige Verwirrung der Dinge, die überdies meine Anstellung schwierig machen dürfte" (BKA IV/2, 394), verantwortlich machte, kam gerade recht. Statt einen Posten im Finanzamt bezog Kleist dann den an seinem eigenen Schreib-, „meinem Geschäftstisch", wo er in eigener Sache „über den Akten" gesessen haben muss und „in einer verwickelten Streitsache, den Gesichtspunkt, aus welchem sie wohl zu beurteilen sein möchte", erforschte,[5] und wo er eben - oder weil man's nicht besser weiß - auch *Über die allmähliche Verfertigung der Gedanken beim Reden* verfasste.[6] Unter anderem.

---

3 Vgl. Günter Blamberger: *Heinrich von Kleist. Biographie*. Frankfurt a. M. 2011, S. 81.

4 Harald Winkel: *Die deutsche Nationalökonomie im 19. Jahrhundert*. Darmstadt 1977, S. 9 f.; vgl. auch Jürgen Manthey: *Königsberg. Geschichte einer Weltbürgerrepublik*. München 2005, S. 341 f., 356 f.

5 Heinrich von Kleist: Über die allmähliche Verfertigung der Gedanken beim Reden. In: Ders.: *Sämtliche Werke und Briefe*. Hg. v. Helmut Sembdner. 7., ergänzte u. revidierte Aufl. München 1994, S. 319.

6 Vgl. Gabriele Kapp: *„Des Gedankens Senkblei". Studien zur Sprachauffassung Heinrich von Kleists 1799-1806*. Stuttgart/Weimar 2000, S. 295-297.

Ende Juni 1806, vier Monate später, bittet er von Altenstein, „mich von der Verpflichtung, die mir obliegt [...], wieder loszusprechen." (BKA IV/2, 398) Die „Unmöglichkeit", dem, was von ihm erwartet werde, „ganz zu entsprechen, und ein unüberwindlicher Widerwille, es halb und unvollständig zu thun", müssen ihn entschuldigen (BKA IV/2, 401). Es geht nicht. Aber Kleist, einer motivischen Lektüre dieser Briefe zum Trotz, entschuldigt sich nicht. Er ist kein Bitt-, er ist Schriftsteller. „Daß ich die Feder ergreife", schreibt er, „um Sie zu bitten" (BKA IV/2, 398). Kleist schreibt, dass er schreibe. Die Bitte, das Um-zu, ist Vorwand bloß, *Unmögliches* ein Thema seines gesamten Schreibens sogar. Zumal Briefe, und wo sie es zugeben erst recht, Manöver sind.[7] Der Rühle-Brief vom 31.8. decodiert daher nicht nur den an Altenstein vom 30.6.:

> Du weißt, daß ich meine Carriere wieder verlassen habe. Altenstein, der nicht weiß, wie das zusammenhängt, hat mir zwahr Urlaub angeboten, und ich habe ihn angenommen; doch bloß um mich sanfter aus der Affaire zu ziehen. Ich will mich jetzt durch meine dramatischen Arbeiten ernähren. (BKA IV/2, 422)

Der Rühle-Brief vom 31.8. verrät, wenn man so möchte, auch seinen Empfänger - und den nicht weniger wie die ohnedies eingestandenen Absichten seines Absenders: „Auch muss ich mich", als professioneller Dramatiker, „im Mechanischen verbessern, an Übung zunehmen, und in kürzern Zeiten, besseres liefern lernen." (BKA IV/2, 423) Die Überzeugung, dass das Schreiben ein Geschäft sei (vgl. 21.8.1800 an Wilhelmine; BKA IV/1, 188), abhängig daher von Zeit und Raum, von Auf-, Nieder- und Unterlagen, teilen besonders Kleists copy/paste-Passagen: wenigstens zwanzig Zeilen aus dem Brief vom 4. August an Altenstein finden sich in dem an Rühle wieder. Im Wissen um verschenkte und damit verschenkbare Einmaligkeit wird jeder Satz, einschließlich der von der verschenkten und damit verschenkbaren Einmaligkeit, zur Phrase. Oder zu dem, was Sätze (*des phrases*), ganze Sprachen eigentlich, sind: austauschbar. Die Möglichkeiten einer Interpretation sind genauso gut ihre Unmöglichkeiten; geschlossen wird, was offen war, weil das Fenster zur Verständigung auch eins zum Missverständnis sein muss. Wo immer ein Sinn sich etabliert, tut er es nach Belieben, regiert Beliebigkeit. Ob wirklich mit oder tatsächlich ohne Kant: „Wir können nicht entscheiden, ob das, was wir Wahrheit nennen, wahrhaft Wahrheit ist, oder ob es uns nur so scheint." (An Wilhelmine, 22.3.1801; BKA IV/1, 505) Das ist der Preis, unter dem nichts mehr geht. Auf Wahrheit zu insistieren, zu insistieren

7 Vgl. Justus Fetscher: Schrift verkehrt. Über Kleists Briefwerk. In: *Beiträge zur Kleistforschung* 2006. Hg. v. Lothar Jordan. Würzbug 2008, S. 105-128.

auf ihre Wiederholbar- und Wahrhaftigkeit, das identifiziert und, im selben Moment, verschiebt Bedeutungen: zwei Mal dasselbe ist jedes Mal etwas anderes. Die *Wiederholung*, als buchstäbliches Verfahren und als Verfahrensweise des Schreibens, arbeitet für ein Unternehmen, das neuen ökonomischen Fragestellungen, wie denjenigen des freien Austauschs, des freien Verkehrs (und seiner Motive), auf den Grund geht, sie sich gründlich vorknöpft. Die liberale Poetologie, das ist eine vom Liberalismus inspirierte wie alarmierte Poetologie, bleibt stecken oder fährt zweigleisig die Strategie des Übersetzens und Unterlaufens. – Dürften allein seine Texte den Beweis dafür, dass Kleist in Königsberg studiert hat, aufbringen, müssten gerade sie ihn schuldig bleiben. Und gerade sie nicht. Indem er, scheint es, dem Unterricht fernblieb, verfolgte er ihn aufmerksam. Die chronischen Unterleibsschmerzen jener Tage, Wochen und Monate (13.11.1805 an Altenstein, BKA IV/2, 381; 10.7.1806 an Auerswald, BKA IV/2, 404) indes waren – oder waren es jedenfalls auch – „poetische Wehen".[8] Kleist, während er von Kraus von Adam Smith hätte hören können, von Selbstinteresse und Gemeinwohl, von Arbeitern und Unternehmern, und sich *im Mechanischen verbessern, an Übung zunehmen und in kürzern Zeiten besseres liefern lernen* konnte, arbeitet vermutlich neben der *Penthesilea* auch schon am *Michael Kohlhaas*. Den *Zerbrochnen Krug* hat er eben abgeschlossen. *Die Marquise von O....*, *Das Erdbeben von Chili* (als *Jeronimo und Josephe*) und der *Amphitryon* sind Geschwister und allesamt Kinder Königsbergs.[9]

II.

Business kommt von *busy*. Das muss Kleist im umtriebigen Königsberg selber geworden, es gewesen sein. Wie sehr die liberalen Ordnungen, in denen er unterrichtet wurde, seine Praxis des Schreibens sortierten, kann nur behauptet werden. Soviel man weiß,[10] hatte er nicht die Gewohnheit, seine Texte zu erklären. Das unternehmen diese – von einer spezifischen Politik des Briefeschreibens vorbereitet – selber; sich selbst überlassen, ist *autonom* denn auch der poetologische Titel dafür, *Die Selbstorganisation*

8 Peter Staengle: *Heinrich von Kleist*. München 1998, S. 80.

9 Vgl. Staengle, ebd. und Günter Blamberger: Heinrich von Kleist (wie Anm. 3), S. 238 f., 299. Vermutlich beide unter Bezug auf Friedrich Karl Julius Schütz, 1817; zit. nach Helmut Sembdner (Hg.): *Heinrich von Kleists Lebensspuren*. Erweiterte Neuausgabe. Frankfurt a. M. 1977, S. 120 [Nr. 148].

10 Vgl. Blamberger: Heinrich von Kleist (wie Anm. 3), S. 17 und 28.

des Sozialsystems Literatur im 18. Jahrhundert von Siegfried J. Schmidt ein mögliches Buch dazu.[11] Die dringlichen Bemühungen der Wirtschaft um Selbständigkeit involvieren auch die Kunst. Seit jeher referiert sie, um gleichzeitig Referenzen auszulöschen; seit jeher sind Bezüge relativ, relativ zu den eigenen Mitteln. Ein übergreifendes Einverständnis jedoch darüber, wie diese einzusetzen seien und was dabei herauszuschauen habe, kann es in zunehmend ausdifferenzierten Verhältnissen immer weniger geben. Woran die Kunst sich orientiert, formal wie inhaltlich, bleibt ihre Sache. Und eine, zudem, von Spezialistinnen und Spezialisten. Wie Michael Kohlhaas einer war. „Der ausgebreitete Handel, den er mit Pferden trieb, hatte ihm die Bekanntschaft, und die Redlichkeit, mit welcher er dabei zu Werke ging, ihm das Wohlwollen der bedeutendsten Männer des Landes verschafft." (BKA II/1, 93) Er verkehrte (vgl. BKA II/1, 65 und 95) „nach dem Maaß seiner Kräfte" mit ihnen, besaß, dank der „Redlichkeit, mit welcher er dabei zu Werke ging", die besten Kontakte. Der „Roßhändler, Namens *Michael Kohlhaas*" verstand etwas von seinem Geschäft und er hatte es darin weit gebracht. Bis „er an die Elbe kam, und bei einer stattlichen Ritterburg, auf sächsischem Gebiete" (wo einmal „ein würdiger alter Herr", ein Liberaler, „der seine Freude am Verkehr der Menschen hatte, Handel und Wandel, wo er nur vermogte, forthalf", lebte), bis er da „einen Schlagbaum traf, den er sonst auf diesem Wege nicht gefunden hatte" (BKA II/1, 64). Kohlhaas war selbständig, „er besaß in einem Dorfe [...] einen Meierhof, auf welchem er sich durch sein Gewerbe ruhig ernährte", und auf freien Handel angewiesen, auf Zugang zu den Märkten, der ihm jetzt versperrt wurde (vgl. BKA II/1, 63-65). Was Kohlhaas, der alten Chronik folgend, seinen Kopf kosten sollte, war des jungen Chronisten (zumindest Altenstein gegenüber) erklärter Liebling: das „Befreiungs-Geschäfft der Zünfte"; prominenter Gegenstand, gleichzeitig, des ersten Buches (zehntes Kapitel, zweiter Teil) des *Wohlstands der Nationen*.

> Wenn es mir vergönnt wird, noch diese Zeit über bei der hiesigen Kammer zu arbeiten, so werde ich das Befreiungs-Geschäfft der Zünfte (mein Lieblings-Gegenstand) völlig auslernen. Bisher ist man nur mit Hinwegschaffung der Misbräuche, und Be-

11 „Je deutlicher das Wirtschaftssystem sich selbstorganisierend autonomisiert, desto stärker wird seine Rolle bei der Aufrechterhaltung der funktionalen Differenzierung der Gesamtgesellschaft. Damit aber werden [...] auch Autonomisierungsprozesse in anderen Sozialsystemen begünstigt, so auch im Literatursystem, dessen Selbstorganisation und Autonomisierung sich ohne das Instrument des kapitalistischen Buchmarktes kaum hätte entwickeln können." Siegfried J. Schmidt: *Die Selbstorganisation des Sozialsystems Literatur im 18. Jahrhundert*. Frankfurt a. M. 1989, S. 167.

> freiung der Gewerbe innerhalb der Zunft-Schranken, beschäfftigt gewesen; vor wenigen Tagen ist aber ein Rescript eingegangen, das die völlige Auskaufung der Zunft-Gerechtsame, und gänzliche Wiederherstellung der natürlichen Gewerbsfreiheit eingeleitet hat. / Ich verharre mit der innigsten Hochachtung und Verehrung / Euer Hochwohlgeboren, / gehorsamster / H. v. Kleist. / Königsberg, den 10. Februar 1806. (BKA IV/2, 395)

Alibi oder nicht, Kleists „Lieblings-Gegenstand“ war nicht irgendeiner: Die Zunftvorschriften, präjudizierte Adam Smith, seien das „vielleicht größte Übel in der englischen Wirtschaftspolitik“; sie schränkten einen an sich „natürlichen“ Wettbewerb „künstlich“ ein und seien bloß ein „Vorwand“, weil „die wirkliche und wirksame Aufsicht über einen Handwerker [...] nicht seine Zunft sondern seine Kunden“ ausüben würden. Mit Sonderrechten aber beschränke „die Wirtschaftspolitik in Europa den Wettbewerb“, von dem die Öffentlichkeit „grundsätzlich“ und „um so mehr Vorteile“ habe, „je freier und umfassender“[12] er sei. Im Jahr eins nach Erscheinen (1776) ins Deutsche übersetzt, bestätigt auch Kleist, eine Ausgabe besessen zu haben. Die Quelle ist gewissermaßen negativ: er borge „den Smith“ nicht her, schreibt er im August 1805, notabene aus Königsberg, an Pfuel (BKA IV/2, 377). Von der „Gewerbsfreiheit“, wie Kleist nun, als einer „natürlichen“ zu sprechen (BKA IV/2, 395), hieß also „den Smith“ - seinen und zumal den von Kraus[13] - gut zu kennen; und sie „wiederherzustellen“, stellte vielmehr, was ist *und* was war, auf den Kopf, welchem wiederum „der Gedanke einer Selbstregelung des wirtschaftlichen Lebens“ kaum geläufig sein konnte; er lag noch Ende des 18. Jahrhunderts „jenseits der Vorstellungskraft jener Zeit“ und stellte auch „eine völlige Umwandlung der Gesellschaftsstruktur dar.“[14] Doch wo die

---

12 Adam Smith: *Der Wohlstand der Nationen. Eine Untersuchung seiner Natur und seiner Ursachen.* Hg. u. übersetzt v. Horst Claus Recktenwald. München 1999, S. 118 f., 104, 113 und 272.

13 Vgl. Kurt Röttgers: Christian Jakob Kraus (1753-1807). In: Dietrich Rauschnigg/Donata v. Nerée (Hg.): *Die Albertus-Universität zu Königsberg und ihre Professoren.* Berlin 1995 (Jahrbuch der Albertus-Universität zu Königsberg, Bd. 29/1994), S. 127 und 131 f.

14 Karl Polanyi: *The Great Transformation. Politische und ökonomische Ursprünge von Gesellschaften und Wirtschaftssystemen.* Übersetzt v. Heinrich Jelinek. Frankfurt a. M. 1978, S. 105. Weder die Zünfte noch die Regierungen dachten daran, ihren Einfluss aufzugeben. Mit der Emanzipation der Wirtschaft - dem freien Wettbewerb, ihrer Selbstregelung - von der Politik sahen sie ihre Felle davonschwimmen. In Frankreich zwar wurden 1790 mit den Feudal- auch die Handwerksprivilegien abgeschafft, dagegen hob man in England das Handwerkerstatut erst 1813/14 auf. Und in Preußen traten Reformen nur zögerlich in Kraft (vgl. Rudolf Vierhaus: Kleist und die Krise des preußischen Staates um 1800. In: *Kleist-Jahrbuch* 1980, S. 9-33): Am 28. Oktober 1810 endlich, nachdem man schon mit einem vom 9. Oktober 1807 die ständischen Berufsschranken

Reformen, die Reformer von damals einigermaßen unbeholfen bzw. moralphilosophisch verbrämt die Natur, Natürlichkeit bemühten[15] - ein Zug, auf den Kleist offenbar aufsprang, obgleich er dann mit einem ganz anderen unterwegs war: Übersetzen und Unterlaufen -, steht heute mehr denn je „eine Denaturierung ökonomischen Wissens, seine Herauslösung aus dem alten providentiellen Hang und seine Überstellung in ein offenes historisches Feld" an; auf dem die früheren Errungenschaften präzisiert und, im Falle Kleists, literarisch ausbuchstabiert werden können.

> Der so genannte Liberalismus war nie unbändigen Freiheiten, sondern providentiellen Bindungen verpflichtet [...]. Darum wird die politische Frage nicht mit der Alternative zwischen staatlichen Diktaten und freien Märkten, sondern mit einem ökonomischen Agnostizismus gestellt, der das Politische einer politischen Ökonomie in der Reduktion ihrer heilsgeschichtlichen Rudimente erkennt und der Verwirklichung praktischer Vernunft durch den Markt misstraut.[16]

Kleist, indem er sie übersetzt und strapaziert hatte, unterschlug die *Verpflichtungen* des Liberalismus gerade nicht. Die Masken und Kostüme, die er ihm gab, erzählen eine andere Geschichte. Ich kürze sie ab: Nachdem der um seine Pferde betrogene Kohlhaas sich, bislang ja auch „das Muster eines guten Staatsbürgers" (BKA II/1, 63), einen Anwalt nahm (BKA II/1, 91ff.), ihm aber, „falls ich mein Gewerbe forttreiben soll, Recht werden muß" (BKA II/1, 110) - und nicht wurde und das Gesetz ihn im Stich ließ, „denn dieses Schutzes, zum Gedeihen meines friedlichen Gewerbes, bedarf ich" (BKA II/1, 151), und auch noch Lisbeth, seine Frau, starb, „warf er sich noch einmal vor ihrem, nun verödeten Bette nieder, und übernahm sodann das Geschäft der Rache" (BKA II/1, 116). Das er, man weiß es, gründlich wie sein früheres besorgte. - Immerhin: Geschäft ist Geschäft, und eines so gut wie das andere. Die Rolle des Racheengels, mit der Kleist aber weniger Auswüchse oder Resultate denn die Quellen, den Charakter neuen Wirtschaftens beschrieb, gleichsam anknüpfend an

---

löste, wurde das Gewerbesteuer Edikt erlassen, welches ausdrücklich aufgrund der „Nothwendigkeit [...], auf eine Vermehrung der Staatseinnahmen zu denken", „die vollkommene Gewerbe-Freiheit" gewährleistete (Edikt über die Bauernbefreiung & Gewerbesteuer-Edikt, in: *Dokumente zur deutschen Verfassungsgeschichte*. Hg. v. Ernst Rudolf Huber. Stuttgart u. a. 1978, Bd. 1: 1803-1850, S. 41-43 und S. 47). „Ein sehr wesentlicher Schritt", kommentierten ihn die *Berliner Abendblätter* vom 3.12.1810 (BKA II/7, 285-287).

15 So Adam Smiths *Theory of Moral Sentiments* (1759), 1770 ins Deutsche übertragen und ein Renner in Königsberg (vgl. auch Kraus' Moralphilosophie im fünften Band der *Vermischten Schriften*). Während bei Kleist, nach Günter Blamberger (wie Anm. 3, S. 66, 75, 132, 141), Natur als immer nur erzählbare, als zurechtgestutzte vorkommt.

16 Joseph Vogl: *Das Gespenst des Kapitals*. Zürich/Berlin 2010/2011, S. 175-177.

die nachkommenden Untersuchungen von Max Weber (*Die protestantische Ethik und der Geist des Kapitalismus*, 1905) oder, zuletzt, Giorgio Agamben (*Herrschaft und Herrlichkeit. Zur theologischen Genealogie von Ökonomie und Regierung*, 2007/2010), gefiel Kohlhaas sichtlich. Wenn er selber sich als „‚einen Reichs- und Weltfreien, Gott allein unterworfenen Herrn'" (BKA II/1, 128) bezeichnete, so beschrieb er im Grunde einen göttlichen Liberalen, „‚einen Statthalter Michaels, des Erzengels, der gekommen sey [...], mit Feuer und Schwerdt, die Arglist, in welcher die ganze Welt versunken sey, zu bestrafen.'" (BKA II/1, 140 f.) Bei seinen richtiggehenden Auftritten wurde fortan „ein großes Cherubsschwerdt, auf einem rothledernen Kissen, mit Quasten von Gold verziert, […] vorangetragen" (BKA II/1, 147). Die „Tugend" tatsächlich, in der Michael Kohlhaas ausschweifte, seine Ethik, und das „Rechtgefühl", das ihn zum Räuber und Mörder machte (BKA II/1, 64), waren, so hatte er sich präsentiert und aufgespielt, *protestantisch*. Als Angestellter Gottes aber ist das Leben bzw. zu leben eine Pflicht.[17] Mit der, weil wer sonst sollte das Himmelreich auf Erden unterhalten?, nicht zu spaßen ist. Kohlhaas setzte eins drauf und machte ernst damit. Als spiele er durch und gleichfalls zu Ende, was für eine kapitalistische Kultur, Max Weber zufolge, konstitutiv sein wird: die Rücksichtslosigkeit, speziell gegenüber sich selbst, und da ist der allerdings alles andere als selbstverständliche Gedanke der, wie Weber es nannte, *Berufspflicht*: „einer Verpflichtung, die der Einzelne empfinden soll und empfindet gegenüber dem Inhalt seiner ‚beruflichen' Tätigkeit, gleichviel worin sie besteht", und „gleichviel insbesondere ob sie dem unbefangenen Empfinden als reine Verwertung seiner Arbeitskraft […] erscheinen muss".[18] Nur Kohlhaas, bekanntlich, übertrieb und löschte mit sich auch die Mittel, Gott zu dienen, aus. Weshalb Luther, zu dessen neuerdings verbreitetem Glauben Lisbeth und Michael Kohlhaas sich bekannten (BKA II/1, 124), ihm auch vorwarf, von „schnöder Selbstrache gereizt" und geradezu ein „Gottvergessener" zu sein, „ein Rebell bist du und kein Krieger des gerechten Gottes, und dein Ziel auf Erden ist Rad und Galgen" (BKA II/1, 144 f.). Mit anderen Worten, im *Geist des Kapitalismus* schon: Er streite in eigener Sache und arbeite in die eigene Tasche; nichts Besseres eigentlich als das. Denn egoistisch sein Eigenwohl be- und voranzutreiben, und dass derart gerade für die Ge-

---

17 Vgl. Max Weber: Die protestantische Ethik und der Geist des Kapitalismus (1904/1905). In: Ders.: *Gesammelte Aufsätze zur Religionssoziologie*. Tübingen 1988, 69 ff.

18 Ebd., S. 36. Diesen Bezug teile ich mit Ingeborg Harms: Tod und Profit in „Michael Kohlhaas". In: Tim Mehegan (Hg.): *Heinrich von Kleist und die Aufklärung*. Rochester, NY 2000, S. 229 ff.

meinschaft gesorgt sei, gehört zu den Satzungen, den Prämissen des Liberalismus. Der seine Vorbilder hatte: Luther, von göttlicher Allmacht ausgehend, musste sämtliche - auch die bösen, gottlosen - Handlungen als gottgewollte, wenngleich unerforschliche Werke darstellen.[19] Allein Kohlhaas, als Ultraliberaler, kam vom liberalen Weg ab. Er unterlief, weil das Leben/zu leben doch eine Pflicht sei, vorgezeichnete Bahnen, seine Bestimmung, und ihm, aber vielleicht war das das Schlimmste, ging es „um ein nichtiges Gut" (BKA II/1, 144). Um nichts ging es ihm, es geht um nichts; sein „Geschäft der Rache", sosehr es nämlich noch eines war, ist nutzlos, reine Verschwendung und machte den Kohlhaas dadurch der eigentlichen Ökonomie des Textes, mithin sich selbst *als* Kohlhaas immer ähnlicher. Dass der sich regelrecht aufbrauchte, ging mit der „sittliche[n] Qualifizierung des weltlichen Berufslebens", einer, so Max Weber, „der folgenschwersten Leistungen der Reformation und also speziell Luthers",[20] so lange konform, wie er noch im Begriff stand, dies zu tun. Solange Kohlhaas Kohlhaas war, war die Welt, der er diente, so gebrechlich sie auch eingerichtet sein mochte (BKA II/1, 79), eine Welt Gottes. In der Geschäft Geschäft ist, und eines so gut wie das andere. Als er aber aufhört, Kohlhaas zu sein und Gottes Arbeitskraft, und anfängt, gesellschaftlich identifizierbare Masken und Kostüme abzulegen und mit dem Rächer auch den Händler, endgültig, aufgibt, schafft er seine eigenen Voraussetzungen und wird, noch für einen Luther uneinholbar, nur mehr eine Figur, ein Name *aus einer alten Chronik* sein bzw. Literatur.

III.

Was Kleist betrifft, hatte er von den theologischen Zügen seiner Schrift, der Erzählung vom Michael Kohlhaas, kein Hehl gemacht. Bevor diese entdeckt werden würden, hatte er sie schon - thematisch/motivisch - vorbereitet und, gegebenenfalls, entlarvt. Kleist-Lektüren, besonders jene, die mit Blaupausen oder bewussten Unterstellungen arbeiten, operieren auf demselben Niveau: Verstrickungen in politische oder biografische Angelegenheiten werden anschaulich, Vorlieben mehr oder weniger eins zu eins aufgespürt oder herübergerettet; davon lassen sich Querverbindungen, Lese- und Interpretationsvorrechte ableiten. Risiko*freudiger* vielleicht und sicher nicht weniger spekulativ sind die poetologisch

19 Vgl. Martin Luther: *De servo arbitrio/Vom unfreien Willen* (1525).
20 Weber: Die protestantische Ethik (wie Anm. 17), S. 72.

orientierten Versuche,[21] Kleist-Texte selber als Profiteure solcher, scheint's, unverzichtbaren Exegesen auszuweisen. Demnach wäre der ebenso hofierte wie kritisierte Liberalismus nicht nur ein Aufhänger, nicht nur eine *story*: Was Kleist auseinandernimmt und wie er es montiert, ist gleichen Ursprungs. Die fertigen Bilder, das diesbezüglich Theologische an ihrer Komposition, zitieren eine der Gründergeschichten des Liberalismus. Die schließlich, von allem Anfang an, in schiefem Licht sich nur präsentierte: Dass ein Markt sich selber regulieren würde, hätte spätestens seit und ausgerechnet mit Adam Smith und dessen „unsichtbarer Hand" schon fragwürdig sein können. Im O-Ton: Nur wer „lediglich nach eigenem Gewinn" strebe, werde „von einer unsichtbaren Hand geleitet, um einen Zweck zu fördern, den zu erfüllen er in keiner Weise beabsichtigt hat [...] gerade dadurch, daß er das eigene Interesse verfolgt, fördert er häufig das der Gesellschaft nachhaltiger, als wenn er wirklich beabsichtigt, es zu tun."[22] Falls Kleist „den Smith" las, las er ihn pessimistischer als quasi gläubigere Experten, die Räuberleitern sind ihm nicht entgangen; auch wenn er das Vorzeichen dieser sehr wahrscheinlichen Lektüre scheinbar änderte. „Es kann", schreibt er zwei Mal, einmal an Altenstein und einmal an Rühle, als Auszubildender in Königsberg, „kein böser Geist sein, der an der Spitze der Welt steht:[/;] es ist ein bloß unbegriffener!" (BKA IV/2, 413 u. 420) Nietzsches toter Gott, an den zu glauben wir nicht einfach aufhören können, wird eine Verschärfung, vor allem aber eine Variation sein auf dieses Thema. Und eine Schuld, in der, Felix Philipp Ingold zufolge, die Autonomie der europäischen Literatur stehe.[23] Auch Kleists Begriffsstutzigkeit, das Unbegriffene an der Spitze der Welt, war Programm und hatte Methode. Seine Texte lieben halbe Sachen. Weil gerade dort, auf dem Papier erst, wo „ich mich Niemandem ganz erklären kann" (an Ulrike, Ende Dezember 1800; BKA IV/1, 432), das Schreib-Geschäftliche beginnt, eine liberale Tugend: die Spekulation.[24] (Und zwar anstelle der religiösen Sicherheiten.) Ungeheuerlich musste es anders sein, was ein für allemal bestimmt und ausgemacht

21 Vgl. Beda Allemann: Sinn und Unsinn von Kleists Gespräch „Über das Marionettentheater". In: *Kleist-Jahrbuch* 1981/82, S. 50-65, hier S. 51 und 65.

22 Smith: Wohlstand der Nationen (wie Anm. 12), S. 371.

23 „Der allwissende Autor, der Autor als Schöpfer, als Demiurg nimmt seinen Abschied, um sich fortan als ‚geheimer Rat' (Sekretär) in den Dienst der Sprache zu stellen, und er tut dies wohl nicht zufällig in einer Epoche, da auch sein großes, nie erreichtes Vorbild - Gott - totgesagt wird." Felix Philipp Ingold: *Autorschaft und Management. Eine poetologische Skizze*. Graz/Wien 1993, S. 12.

24 Vgl. Samuel Weber: *Geld ist Zeit. Gedanken zu Kredit und Krise*. Zürich/Berlin 2009, S. 36.

wurde; seine Seele, schreibt er, „um deutlich darin zu lesen", wäre zu „unentschieden" (3.6.1801, an Wilhelmine; BKA IV/2, 28). Die Seele, was immer sie ist oder nicht ist und für sich behält, ist ergo Schrift; sobald aber Buchstaben einmal zu stehen gekommen sind, nach einem von Kleist gern verwendeten Ausdruck: „schwarz auf weiß" (im Brief an Rühle, Anfang Dezember 1805, oder in dem an Wilhelmine vom 20. August 1800; BKA IV/2, 386 und BKA IV/1, 180), bedürfen sie gegenseitiger Stütze; für sich genommen, bleiben sie unentschieden, schwanken und stürzen. Als Einzelne sinnlos und lesbar nur mehr in einem konstruierten, je vorläufigen Zusammenhang, sind Sinn und Verstehen die Resultate eines Totalversagens von Worten, die nur beschreiben können und nichts zu sagen haben, deren einzige Chance die Unterstellung ist. Der Implosion des geschriebenen Wortes hat Kleist bekanntlich einen Torbogen gewidmet.[25] Eine Bekanntschaft mit Adam Smiths unsichtbarer Hand dagegen kann dabei noch nicht angenommen werden, ominöse Verwandtschaft aber schon. Im absichtlosen Verfolg der Eigeninteressen – dem A als A, dem B als B usw. – formieren sich Worte, ein Ganzes. Der Rest ist Architektur, Satzbau. Und das, was von ihnen übrigbleibt, wenn Lesen ein Sehen ist, bloßes (für) Wahr- und Auseinandernehmen. Ein Gott, der alles, der das Ganze sieht, verpasst die Hälfte. Da weiß die eine unsichtbare Hand nicht, was die andere tut. Die Koordination dessen, was andauernd entgleitet, sich entzieht und aufschiebt – die Zukunft –, bleibt, bei Kleist, namenlos, unbegriffen. Es bzw. sie schickt sich nicht, ist unzustellbar. Prognosen werden verstanden, aber als Armutszeugnisse, und zwar dafür, dass jedes Er- womöglich ein Verkennen war, prinzipiell. Wer nämlich eines einem oder einer adressiert, muss – postalischen Gepflogenheiten gemäß – mit dem Schlimmsten, dem dann Unberechenbaren rechnen. Kafka *in advance*: „Immer bei jedem Briefe ist es mir, als ob ich ein Vorgefühl hätte, er werde umsonst geschrieben, er gehe verloren, ein Andrer erbreche ihn, u. dergleichen" (19. bis 23.9.1800 an Wilhelmine; BKA IV/1, 323). Worte, wollen sie ankommen, müssen aufgegeben werden. Die Vorweg- ihrer Aufnahme, etwa als Kleists berühmtberüchtigte Leseanleitungen, lässt vielleicht nichts unversucht, ist aber gerade deshalb auch so verzweifelt und unbegründet. Immerhin wird dabei, einmal angeleitet, die Leserin zur Leserin, wird der Leser zum Leser; (liberale) Arbeitsteilung auch hier. Sie fallen sich – auf dem Umweg

25 Vgl. Bianca Theisen: *Bogenschluß. Kleists Formalisierung des Lesens*. Freiburg i. Br. 1996, S. 11; und natürlich das „Gewölbe" in László F. Földényis Wörterbuch: *Heinrich von Kleist. Im Netz der Wörter*. München 1999, S. 161-163.

ihrer Belehrung - auf, entdecken erst die Selbstverständlichkeit/das Selbstverständliche ihres eigenen Tuns und das ihrer Träger und Boten, die sie immer machen und nicht selten auch die Botschaft selber sind: „dieses Papier, auf das ich jetzt schreibe" (BKA IV/1, 323), „auf diesem Blatte" zusammengepresst (BKA IV/1, 505) oder „der Bogen", mit dem ich dir, „liebes Mädchen, [...] Anleitung geben will" (BKA IV/1, 385). Und mochte er mit diesem, im Brief vom 16./18. November 1800 gezeigt haben, „daß *nichts* in der ganzen Natur unbedeutend u. gleichgültig u. *jede* Erscheinung der Aufmerksamkeit eines *denkenden* Menschen würdig" sei (BKA IV/1, 385, H.i.O.), sollte das dort angelegte „Ideenmagazin" vor allem ein Schulheft des Sehens, der Wahrnehmung werden - es galt, da „ich mich jetzt für das schriftstellerische Fach bilde" (BKA IV/1, 397), einen Vorrat anzulegen, vorzusorgen. Denn, „mein liebes Minchen, *ein* Capital müssen wir haben, u. wenn es kein *Geld* ist", und Kleist unterstreicht beides, „so muss es *Bildung* sein". (BKA IV/1, 390, H.i.O.)

IV.

Das war um 1800; im Herbst 1800, als er das Magazin des Schriftstellers zu bestücken begann mit Beobachtungen des Alltäglichen, „jede Erscheinung" war es wert, und aufzuladen mit „Bildung", mit Literatur und Wissenschaften - die Akkumulation symbolischen Kapitals -, und als er, im Herbst 1800, von jenem Spaziergang in Würzburg erzählt, wo ihm, „als die Sonne herabsank", gewesen sei, „als ob mein Glück untergienge", und da, scheinbar untergehend, fing Kleist an; da wurde ihm „Alles", wovon er hätte „scheiden" müssen, „theuer". Er, der *sich bilden* wollte, fing an, seine Arbeit, das, „was wir uns selbst erworben haben" und was daraus werden könnte: das Sichbildende, das Gebilde zu schätzen und darauf weiter aufzubauen. Er begann „festzuhalten", was er besaß und zugleich seine Bausteine, möglichst jeden einzeln, d. h. minutiös das Arbeiten selbst zu bewerten. *Gedanken aufzeichnen*, sagte er dazu, und das war: sie sich *machen* und das einmal Gemachte auch zu *sammeln*. „Da gieng ich, in mich gekehrt, durch das gewölbte Thor", auf Ideen für mein Magazin „sinnend zurück in die Stadt." (BKA IV/1, 385 f.) Es wurde, oft und auch von ihm selber zitiert, eine dramatische Miniatur für den nächsten Brief.

> Warum, dachte ich, sinkt wohl das Gewölbe nicht ein [...], da es doch *keine* Stütze hat? Es steht, antwortete ich, *weil alle Steine auf einmal einstürzen wollen* - u. ich zog aus die-

> sem Gedanken einen unbeschreiblich erquickenden Trost [...], daß auch ich mich halten würde, wenn Alles mich sinken läßt. (BKA IV/1, 386, H.i.O.)

In seinem Ideenmagazin sollte er fassen können, von seiner Werkstatt profitieren, sich daran halten, wenn alles ihn sinken ließ. Was der junge Mann, der Schriftsteller werden wollte, einmal erwarb, wollte er - der Kunst, seinem Beruf zuliebe - nicht mehr loslassen. So zeichnen sich ab, im Laufe ihrer Spezialisierung, die Umrisse einer Kunst als Kunst, die sich ökonomischen Problemen, vorzüglich solchen des schriftstellerischen Haus-Haltens, stellte. Mit rechten Dingen konnte es dabei nicht zugegangen sein. Der Dichter, definierte ihn einmal Kleist, könne „auch das sagen, was er nicht sagt“ (über Rühle an Pfuel; BKA IV/2, 374). Das Geschäft des Schreibens hat seine eigenen Gesetze, eine persönliche Statik. Und dafür steht, was doch eigentlich, *en detail*, nicht stehen kann (oder eben nur dafür), der Würzburger Torbogen: wie Kunst, die gewissermaßen immer Bau-Kunst ist, überhaupt zu realisieren sei, und welche Kräfte dabei am Werk sind, damit Kunst es *schafft*, Kunst zu sein. Einem ihrer wichtigsten Instrumente, der *Aussparung*, dem Sagen vom Nichtsagen also, hat Robert Schindel einen Essay zugeeignet, von dem er selber nur *indirekt* handeln kann.[26] Erst so, wo ausgespart und Schreiben dadurch explizit und schon eines zweiter Ordnung wird - wo es sich, um genau zu sein, verspätet und so, mit Schindel, „einer gewissen funktionellen“, also dem Alltagsgeschäft geschuldeten „Verstehenswütigkeit“ entkommt, erst so beginnt *etwas sichtbar zu werden*; alle Kunst, sagt Schindel, sei darauf aus, etwas sichtbar zu machen.[27] Und sei es sich selbst, als Geheimnis, etwas vom Unverständlichen als Unverständliches gezeigt zu haben. Sind die Gedankenstriche und Achs, zwei von Kleists vergleichbaren Visitenkarten, erst einmal verteilt und aktiv, steuern derartige Signale bzw. Sehenswürdigkeiten den ganzen Text, mischen ihn, der, damit begründet, unter Generalverdacht gerät, auf. Nichts, das noch eindeutig wäre; überall lauern und warten die Unentschiedenheiten, Aussparung allenthalben. Als ermöglichte sie, was sie bzw. indem sie es unmöglich macht. „Warum, dachte ich, sinkt wohl das Gewölbe nicht ein [...], da es doch *keine* Stütze hat? Es steht, antwortete ich, *weil alle Steine auf einmal einstürzen wollen* - u. ich zog aus diesem Gedanken einen unbeschreiblich erquickenden Trost [...].“ (BKA IV/1, 386) - Sie wären, be-

26 Siehe Robert Schindel: Schreibtechniken: Über das Geheimnis, über Aussparung. Eine Aussparung. In: Ders.: *Mein liebster Feind. Essays, Reden, Miniaturen.* Frankfurt a. M. 2004, S. 97-103.

27 Vgl. Schindel: Notiz zu Gedichten. In: Mein liebster Freund (wie Anm. 26), S. 117.

schrieben dann, nicht bei Trost, Kleists Texte. Aber alles andere als das: Was sie nicht sind, sind sie mit Absicht, die sie deswegen nicht verraten müssen. Verzicht, überdies, ist keine Enthaltsamkeit; Kleist-Texte sind bestens vorbereitet für später. Sie nehmen das Lesen nicht vorweg, aber sie ersparen es keinem. Er muss, was er immer tut, sein eigenes Geschäft, das des Lesens, jetzt offensiv betreiben; mit dem geschriebenen Ungeschriebenen, dem ungeschriebenen Geschriebenen, mit sich selbst als Leser letztlich, rechnen und zu verhandeln wissen. Sein Selbstverständnis, wenn es noch eines sein will, er sich noch eines leisten kann, sollte er nicht auf den sicheren Ausgang eines Textes und dessen Herleitung setzen. Die bleiben grundsätzlich offen. Schon weil jede Bearbeitung eines Stoffes süchtig macht, das Vertraute sich verrücken muss. „Aus einer alten Chronik" der *Michael Kohlhaas* (BKA II/1, 63), „nach Moliere" der *Amphitryon* (BKA I/4, 7) oder, als Medienwechsel, „von einem niederländischen Meister" *Der zerbrochne Krug* (BKA I/3, 220) - angezeigte Genealogien, die die Aufmerksamkeit auf das Artistische des Übersetzens ziehen, auf den Umgang mit dem Material. Wie jene Robert Schindels verschonen auch die Texte Kleists ihre Gegenstände nicht von ihren Mitteln und beziehen sie aufeinander. Importe werden, ausgewiesen oder nicht, in Form von Literatur abgegolten. Für seine eigene Technik der Aussparung mag ein mit 1805 - dem Jahr, als Kleist die finanzwissenschaftlichen Vorlesungen besucht haben soll - datierter Aufsatz *Ueber Kornjuden, Getreide-Aufschütten und die Maaßregel, Korn in Requisition zu setzen* (VS 1, 217-266) relevant, ein Bezug gewesen sein. Dem Autor, Christian Jacob Kraus, ist es darin um das „Princip der Gesetzgebung in Absicht des inländischen Getreidehandels, dem Zwecke, Theurung und Mangel zu verhüten" (VS 1, 266), zu tun. Absehbar: eine Maßregelung der „Maaßregel". Nachdem der Handel mit Kartoffeln schon „ganz seiner natürlichen Freiheit überlassen" (VS 1, 219) war, sollte der mit Getreide endlich nachziehen dürfen. Ersterer, von Kraus ebenda als „Experiment" bezeichnet, war eine Art Labor ohne vier Wände, ein Glücksfall für seine Argumentation, deren Basis, auch hier, die Lehren Adam Smiths sind.[28] Demgemäß fördere Handel nicht nur die Produktion an sich und sei „schon dadurch [...] dem Konsumenten nützlich"; von Kauf- und Verkaufseinschränkungen befreit, schaffe er - selbstbestimmt, sich selbst regulierend - auch Vorräte, die so „gleichmäßig auf alle Zeittheile des Jahres, und an alle Plätze des Landes, vertheilt" werden können (VS 1, 265). Schließlich seien es „nicht Kornjuden mit ihrem Aufkaufen und

28 Vgl. Smith: Wohlstand der Nationen (wie Anm. 12), S. 16-19, 573 f.

Aufschütten" gewesen, die nach schlechter Ernte „Angst und Noth hervorgebracht" hätten, sondern „der Mangel an Kornjuden und an aufgekauften und aufgeschütteten Vorräthen, der natürlicher Weise diese Angst und Noth zur Folge hatte" (VS 1, 256 f.). Unaufgeregt und wie nebenbei an den freien Markt appellierend, nimmt Kraus der antisemitischen Identifizierung von Angst und Not und Juden, die er zitiert, den Wind aus den Segeln. Es ging aber auch konkreter: „In der That", schreibt er, „scheint hier eins auf das andere zu würken; die Furcht und das Vorurtheil des großen Haufens macht die Obrigkeit verlegen, und die Maaßregeln der Obrigkeit bestärken den großen Haufen in seiner Furcht und seinem Vorurtheil." (VS 1, 254) Denn dass „die Versorgung der Konsumenten" durch Verbote und Beschränkungen gesichert werde, das wäre Humbug, „ein alter Glaube", der nicht besser als der „an Zauberei" sei (VS 1, 218). „Mit der Furcht vor dem Aufkaufen", dem freien Handel, sagt Kraus, „sagt der große Lehrer der Staatswirthschaft, Adam Smith, ist es ebenso wie mit dem Grauen vor Zauberei"; denn „die bedauernswürdigen Menschen, welche man dieses letztern Verbrechens anklagte, waren an dem ihnen zugeschriebenen Unheil eben so unschuldig, als diejenigen, welche man des erstern anklagte, an der Theuerung und Noth, die sie verursacht haben sollten." Die Aufhebung der Hexenprozesse hätten auch die Vorurteile der Menschen aufgehoben und mit „jenem Grauen und Argwohn ein Ende gemacht", es sei jetzt an der Zeit, auch „das Gesetz, welches dem inländischen Kornhandel völlige Freiheit gäbe", zu beschließen (VS 1, 253 f.). Der Aufschub, als ökonomisches Prinzip, dass Zeit Geld ist und mit ihr gewirtschaftet und spekuliert werden kann und soll, schlicht: der spätere Verkauf, das setzt Vorräte, das *Aufkaufen und Aufschütten*, voraus. Mit verzögertem, auf- oder zurückgehaltenem Sinn hat auch Kleist gearbeitet. Indem er das Schreiben sich selbst überließ und von Maßregelungen der Politik, des *comme il faut*, befreite, betrieb er die Engführung von Schrift und Verspätung als Verzögerung oder Aussetzen von Aussagen. Texte von je nur ausgemachtem bzw. noch auszumachendem Sinn heben sich die für später auf – und bleiben stattdessen das, was sie sind: Schrift, ein stetes, ständiges Versprechen. Ein mit Ideen gefülltes, mit aufgezeichneten Gedanken geladenes Magazin tat nichts anderes als dem Schreiben selber Zeit gegeben zu haben. Rückhaltlos. Während der Verkauf und das Ausschütten noch ausstanden, während *ausgespart* wurde, konnte dieses sich um sich selber kümmern, ausschließlich um sein Geschäft, die Arbeit der Schrift:

Ein Buch, dachte ich kürzlich, als ich die Treppen der Rue Becquerel zur Sacré Cœur hochstieg, muß dermaßen abgelöst sein vom Autor, von der Biographie und vom Ideenmagazin des Verfassers, wie eine Seifenblase, die sich vom Strohhalm löst und in allen Farben geheimnisvoll schillernd durch die Luft segelt.[29]

29 Paul Nizon: *Gesammelte Werke*, Bd. 5: *Das Jahr der Liebe* (1981). Frankfurt a. M. 1999, S. 293.

„Ich bin wieder ein Geschäftsmann geworden". Der *Phöbus* im Spannungsfeld von Tausch und Täuschung*

Anton Philipp Knittel

I. Vorbemerkung

Kleists Œuvre[1] handelt in mehrfacher Hinsicht von „Geschäfften". Umso erstaunlicher, dass „das Feld der ‚Ökonomie' bislang kaum in den Blick genommen worden ist",[2] ein entsprechender Artikel etwa fehlt auch im *Kleist-Handbuch*. Dabei sind vor allem Kleists Briefe „überhaupt immer Geschäftsbriefe".[3] Häufig geht es um Geld, um ökonomische Angelegenheiten. Es geht bei Kleist aber auch um „Tauschgeschäfte des Ich"[4] in struktureller und psycho-ökonomischer Hinsicht. Vielfach damit einher geht – explizit in den Briefen – auch das „Geschäfft des Dichtens" (DKV IV, 437). Das Knäuel dieser mehrfach verschränkten ‚Wechsel' erscheint besonders dicht in Kleists Dresdner *Phöbus*-Zeit,[5] als sich Kleist mit seinem *Journal für die Kunst*, wie der Untertitel des *Phöbus* ganz unbescheiden lautete, als „Geschäftsmann" (DKV IV, 401) und Dichter etablieren wollte. ‚Tausch und Täuschung' liegen dabei auf der lebensgeschichtlich-biografischen Ebene ebenso nahe beieinander wie auf der literarisch-

---

* Wolfgang Barthel, dem ehemaligen Mitarbeiter des Kleist-Museums Frankfurt (Oder), gewidmet.

1 Zitiert wird im Folgenden, wenn nicht anders angegeben, nach der Ausgabe: Heinrich von Kleist: *Sämtliche Werke und Briefe in vier Bänden*. Hg. v. Ilse-Marie Barth, Klaus Müller-Salget, Stefan Ormanns u. Hinrich C. Seeba. Frankfurt a. M. 1987-1997. Im Folgenden zitiert unter der Sigle DKV mit Band und Seitenzahl in Klammern im Anschluss an das betreffende Zitat; hier also: DKV IV, 401; Brief vom 17. Dezember 1807 an Ulrike von Kleist.

2 Bernhard Greiner: „Die Möglichkeit einer dramatischen Motivierung denken können." Kleists Paradoxe und Versuche ihrer Motivierung, mit einem Exkurs zur *Familie Schroffenstein*. In: *Freiburger literaturpsychologische Gespräche. Jahrbuch für Literatur und Psychoanalyse*, Band 27: Heinrich von Kleist. Hg. v. Ortrud Gutjahr. Würzburg 2008, S. 39-66; hier S. 52 f. Eine rühmliche Ausnahme ist die Wiener Dissertation von Georg Tscholl: *Krumme Geschäfte. Kleist, die Schrift, das Geld und das Theater*. Würzburg 2005.

3 Tscholl: Krumme Geschäfte (wie Anm. 2), S. 18.

4 Vgl. hierzu auch den Aufsatz von Inka Kording in diesem Band.

5 Zum *Phöbus* allgemein vgl. auch meinen Beitrag in: Ingo Breuer (Hg.): *Kleist-Handbuch. Leben – Werk – Wirkung*. Stuttgart/Weimar 2009, S. 162-166.

inhaltlichen. Sie sind gewissermaßen die zwei Seiten einer Münze. Zu trennen sind beide naturgemäß nicht, aber es ist auch nicht ,eins für das andere zu nehmen'. Den Verschränkungen beider Ebenen, der ökonomisch-realen, soweit wir sie aus den Briefen und Lebenszeugnissen kennen, auf der einen Seite und jenem „ganze[n] Geschäfft des Dichtens" (DKV IV, 437) auf der inhaltlich-literarischen Seite nachzuspüren ist die Intention dieses Beitrags.

II. „Das Geschäfft des Dichtens" bis zum *Phöbus*

Dass für den finanziell meist klammen Kleist[6] Geldfragen, Ökonomisches und „Geschäffte" bereits früh eine große Rolle spielen, ist ein Allgemeinplatz der Kleist-Forschung. Dass dabei Ökonomie und Kunst früh zusammengebracht werden, ist jedoch kaum aufgefallen. So spricht der Projektemacher, Bricoleur und Melancholiker Kleist[7] beispielsweise in einem Brief an die damalige Verlobte Wilhelmine von Zenge[8] unter anderem von der „Öconomie" als wichtiger „Kunst", die „mit geringen Kräften große Wirkungen hervorzubringen" (DKV IV, 56) vermag:

> Wenn ich mir diese große Kunst aneignen könnte, dann Wilhelmine, könnte ich ganz glücklich sein, dann könnte ich, ein freier Mensch, mein ganzes Leben Ihnen u meinem höchsten Zwecke - oder vielmehr, weil es die Rangordnung so will - meinem höchsten Zwecke u *Ihnen* widmen. (DKV IV, 56)[9]

---

6 Peter Michalzik schreibt in seiner Biografie *Kleist. Dichter - Krieger - Seelensucher*. Berlin 2011, dagegen über die finanziellen Familienverhältnisse unter anderem: „Angesichts des verarmten Kleinadels, den es in Preußen überall gab, waren die Familienverhältnisse der Kleists nachgerade feudal." (S. 73)

7 Vgl. Günter Blamberger: *Heinrich von Kleist*. Frankfurt a. M. 2011.

8 In diesem Brief, der vermutlich von April/Mai 1800 stammt, teilt Kleist - sich wie „Herkules, am fünffachen Scheidewege" (DKV IV, 56) fühlend - Wilhelmine von Zenge seine Überlegungen mit, wie er sich für ein „Amt zu bilden" gedenkt.

9 „Und nun noch eine Hauptsache, Wilhelmine. Sie wissen, daß ich bereits entschlossen bin, mich für ein Amt zu bilden; aber noch bin ich nicht entschieden, *für welches Amt* ich mich bilden soll. [...] Oder soll ich mich für das *Finanzfach* bestimmen? - Das wäre etwas. Wenn mir auch gleich der Klang rollender Münzen eben nicht lieb u angenehm ist, so sei es dennoch. Der Einklang unsrer Herzen möge mich entschädigen, u ich verwerfe diesen Lebensweg nicht, wenn er zu unserm Ziele führen kann. [...] Endlich bleibt es mir noch übrig *die Öconomie* zu studieren, um die wichtige Kunst zu lernen, mit geringen Kräften große Wirkungen hervorzubringen." (DKV IV, 55 f.)

Dies erscheint umso bemerkenswerter, als der - wenn man so will - aufklärerische Kleist, dem es vorwiegend um Tugend, Bildung und um Glück[10] geht, der seiner Verlobten Denksportaufgaben gibt, Ökonomie und Glück zusammendenkt. Ökonomie als Kunst, „mit geringen Kräften große Wirkungen hervorzubringen", erscheint Kleist um 1800 als die Bedingung der Möglichkeit von Glück. Insofern leuchtet Blambergers Ehrenrettung für Kleist als Verlobten gerade unter der Perspektive ein, wonach in den Briefen an die Verlobte „Liebe als Ökonomie von Gabe und Gegengabe, statt als Anökonomie, als Verschwendung, Hingabe, Passion"[11] zu verstehen ist. „Kalkül und Leidenschaft", um mit dem Titel von Joseph Vogl[12] zu sprechen, gehören bei Kleist offenbar schon früh zusammen.

Von Geld, von Geschäften spricht Kleist immer wieder und das in den unterschiedlichsten Zusammenhängen. Kaum verwunderlich, dass er dies umso mehr ab dem Zeitpunkt tut, als er auch in französischer Kriegsgefangenschaft zwischen Ende Januar und Juli 1807 nicht von seinen in Königsberg gefassten Plänen abrückt, künftig sein Auskommen als Schriftsteller zu bestreiten. Noch ein paar Jahre zuvor scheint ihm das „*Bücherschreiben* für Geld" (DKV IV, 273) eine Entweihung heiligster Vorgänge zu sein. So schreibt er am 10. Oktober 1801 Wilhelmine von Zenge aus Paris im selben Brief, als er ihr mitteilt, dass er „im eigentlichsten Verstande ein *Bauer* werden" wolle, unter anderem:

> Nahrungssorgen, für mich allein, sind es doch nicht eigentlich, die mich sehr ängstigen, denn wenn ich mich an das Bücherschreiben machen wollte, so könnte ich mehr, als ich bedarf, verdienen. Aber *Bücherschreiben* für Geld - o nichts davon. Ich habe mir, da ich unter den Menschen in dieser Stadt so wenig für mein Bedürfniß finde, in einsamer Stunde (denn ich gehe wenig aus) ein Ideal ausgearbeitet; aber ich begreife nicht, wie ein Dichter das Kind seiner Liebe einem so rohen Haufen, wie die Menschen sind, übergeben kann. Bastarde nennen sie es. Dich wollte ich wohl in das Gewölbe führen, wo ich mein Kind, wie eine vestalische Priesterinn das ihrige, heimlich aufbewahre bei dem Schein der Lampe. - Also aus diesem Erwerbszweige wird nichts. Ich verachte ihn aus vielen Gründen, das ist genug. Denn nie in meinem Le-

10 Beispielsweise schreibt Kleist in einem Brief vom 18. November 1800 an Wilhelmine: „Ja, mein liebes Minchen, *ein* Capital müssen wir haben, u wenn es kein *Geld* ist, so muß es *Bildung* sein". (DKV IV, 162)

11 Blamberger: Heinrich von Kleist (wie Anm. 7), S. 94.

12 Vgl. Joseph Vogl: *Kalkül und Leidenschaft. Poetik des ökonomischen Menschen*. 4. Aufl. Zürich 2011. Vogl weist unter anderem darauf hin, dass Ökonomie zur Zeit Kleists als enzyklopädische Ordnungswissenschaft verstanden wurde: „Im Rahmen der politischen Epistemologie des 17. und 18. Jahrhunderts übernimmt der Kameralismus damit die Funktion einer allgemeinen Ordnungswissenschaft, mit der man durchaus noch die alten Projekte einer *mathesis universalis* und einer *scientia universalis* assoziiert". (S. 67)

> ben, u wenn das Schicksal noch so sehr drängte, werde ich etwas thun, das meinen innern Forderungen, sei es auch noch so leise, widerspräche. (DKV IV, 273 f.)

Lehnt Kleist nach einem klassisch-romantisierenden Topos der Zeit, der Kunst und Pekuniäres getrennten Sphären zuweisen möchte, zunächst das Schreiben um des Geldes willen mit starken Worten ab, obwohl er doch die Ökonomie als Kunst begreift, hört sich das rund fünf Jahre später ganz anders an. Die von ihm früh postulierte Trennung ist denn auch nur eine scheinbare, eine Selbst-Täuschung. Schließlich wird doch das vermeintliche Kind des Dichters, der Text, im „Gewölbe" auf seinen Wert taxiert. Dabei darf man, wie Ingeborg Harms im Zusammenhang mit dem *Findling* gezeigt hat, bei jenem „Gewölbe" getrost ein Handels-Gewölbe assoziieren.[13]

Zwischen dem verächtlichen Abwinken, nicht als Dichter sein Geld verdienen zu wollen, und der Idee, vom Gewinn seiner Werke leben zu können, liegen allerdings nicht nur einige angedachte und wieder fallengelassene Projekte des Experimentierers, „skeptischen Moralisten und illusionslosen Analytikers menschlichen Verhaltens"[14] Heinrich von Kleist, dazwischen liegt vor allem auch seine Ausbildung in der preußischen Verwaltung und besonders der Finanzverwaltung. Zunächst ist Kleist von Januar bis April 1805 im Berliner Finanzdepartement unter dem Oberfinanzrat Karl Freiherr vom Stein zum Altenstein tätig und schließlich ab Mai 1805 in Königsberg als Diätar an der dortigen Kriegs- und Domänenkammer unter dem ostpreußischen Oberpräsidenten Hans Jakob von Auerswald. Dazu gehören auch staats- und finanzwissenschaftliche Vorlesungen bei Christian Jakob Kraus, „dem in Preußen führenden Vertreter der wirtschaftsliberalen Schule Adam Smiths."[15] An

---

13 Vgl. Ingeborg Harms: Kleists *Findling* zwischen Krypta und Handelsgewölbe. In: Christine Lubkoll/Günter Oesterle (Hg.): *Gewagte Experimente und kühne Konstellationen. Kleists Werk zwischen Klassik und Romantik.* Würzburg 2001, S. 149-167. Im Übrigen ist es kaum Zufall, dass Ökonomie hier in religiösem Kontext erscheint. Schließlich gehörten *oikonomia* und *theologia* eng zusammen, wie Giorgio Agamben etwa in *Herrschaft und Herrlichkeit. Zur theologischen Genealogie von Ökonomie und Regierung.* Frankfurt a. M. 2010, gezeigt hat.

14 Günter Blamberger: Krise und Experiment. Über das Unzeitgemäße an Kleist. In: Günter Blamberger/Stefan Iglhaut (Hg.): *Kleist. Krise und Experiment. Die Doppelausstellung im Kleist-Jahr 2011. Berlin und Frankfurt (Oder).* Bielefeld 2011, S. 12-18, hier S. 14.

15 Roland Reuß/Peter Staengle: In: *Heinrich von Kleist. Sämtliche Werke und Briefe.* Münchner Ausgabe. Auf der Grundlage der Brandenburger Ausgabe. Bd. III: Materialien, Anmerkungen, Dokumente, Chronik, Register. Hg. v. Roland Reuß u. Peter Staengle. München/Frankfurt 2010, S. 831.

Karl von Stein zum Altenstein schreibt Kleist am 13. Mai 1805 aus Königsberg:

> Vorgestern habe ich nun auch einer finanz-wissenschaftlichen Vorlesung des Professors Krause beigewohnt: ein kleiner, unansehnlich gebildeter Mann, der mit fest geschlossenen Augen, unter Gebährden, als ob er im Kreisen begriffen wäre, auf dem Katheder sitzt; aber wirklich Ideen, mit Hand und Fuß, wie man sagt, zur Welt bringt. Er streut Gedanken, wie ein Reicher Geld aus, mit vollen Händen, und führt keine Bücher bei sich, die sonst gewöhnlich, ein Nothpfennig, den öffentlichen Lehrern zur Seite liegen. (DKV IV, 340)[16]

Neben seiner praktischen Verwaltungstätigkeit, die mit theoretischer Fortbildung verknüpft ist und die er zum „Geschäfft [s]eines Lebens" (DKV IV, 341) machen möchte, betreibt Kleist zugleich jedoch das ‚Geschäft des Dichters', vielleicht sogar hauptsächlich. Es entsteht unter anderem, Freund Rühle gewidmet, der Essay *Über die allmählige Verfertigung der Gedanken beim Reden*. Und wenn man sich die gerade zitierte Charakterisierung Krauses vergegenwärtigt, kann man sich die Ausgangssituation des Essays vielleicht noch deutlicher vor Augen führen. Kleist arbeitet auch am *Zerbrochnen Krug*, am *Amphitryon* und wohl an *Michael Kohlhaas*, möglicherweise auch an der *Penthesilea*. Jedenfalls ist er von den Anforderungen „[z]wischen Dienst und Dichtung",[17] wie Rudolf Loch die Königsberger Zeit überschreibt, hin und her gerissen. Er befindet sich in einem Zustand, der ihn körperlich und psychisch stark mitnimmt. Schließlich entscheidet sich Kleist erst einmal für die Dichtung, nachdem er kurz zuvor noch um die Erlaubnis gebeten hatte, dass seine Ausbildung um ein halbes Jahr verlängert wird. Dem Freund Otto August Rühle von Lilienstern schreibt er am 31. August 1806 unter anderem:

> Du weißt, daß ich meine Carriere wieder verlassen habe. Altenstein, der nicht weiß, wie das zusammenhängt, hat mir zwar Uhrlaub angeboten, und ich habe ihn angenommen; doch bloß um mich sanfter aus der Affaire zu ziehen. Ich will mich jetzt durch meine dramatische Arbeiten ernähren; und nur, wenn du meinst, daß sie auch dazu nicht taugen, würde mich dein Urtheil schmerzen, und auch das nur bloß weil ich verhungern müßte. Sonst magst du aber über ihren Werth urtheilen, wie du willst. In drei bis vier Monaten kann ich immer ein solches Stück schreiben; und bringe ich es nur à 40 Frid. d'or, so kann ich davon leben. Auch muß ich mich im Me-

16 In den *Berliner Abendblättern* verfasste Adam Müller bekanntlich für das elfte Blatt (12. Oktober 1810) „einen sehr kritischen Aufsatz über den inzwischen verstorbenen Christian Jacob Kraus". Darin schlug sich Müller auf die Seite der „konservativen Opposition" und „zog gegen die angebliche Überschätzung des ‚dogmatisirten und fixirten Adam Smith des Professor Kraus' ins Feld", wie Gerhard Schulz in *Kleist. Eine Biographie*. Sonderausgabe. München 2011, S. 476, schreibt.

17 Rudolf Loch: *Kleist. Eine Biographie*. Göttingen 2003, S. 216.

> chanischen verbessern, an Übung zunehmen, und in kürzern Zeiten, besseres liefern lernen. (DKV IV, 362)

Von diesem Vorhaben bringt ihn auch die Zeit in französischer Gefangenschaft nicht ab. Im Gegenteil: Während Kleist noch in Châlons-sur-Marne sitzt, ist Anfang Mai 1807 auf Vermittlung des Staatstheoretikers, Diplomaten und Ästhetikers Adam Heinrich Müller sein Lustspiel *Amphitryon* in Dresden in der Arnoldischen Buchhandlung erschienen. So geht Kleist nach der Entlassung aus der Gefangenschaft zielstrebig daran, seine Pläne zu verwirklichen.

Er will sich nun „irgendwo in der Nähe des Buchhandels auf[ ]halten, wo er am Wenigsten darniederliegt" (DKV IV, 377), wie er am 8. Juni 1807 der Lieblingsschwester Ulrike aus Châlons-sur-Marne schreibt. Fünf Wochen später bittet er Rühle in Dresden, „ein wohlfeiles Quartier" (DKV IV, 385 f.) für ihn zu besorgen. Und tatsächlich lässt er sich, nachdem er im Juli nach dem Tilsiter Frieden zwischen Frankreich und Preußen freikommt, ab 31. August 1807 in der Pirnaschen Vorstadt, Rampische Gasse 123, nieder. Damit beginnt sein vierter und längster und - wie sich herausstellen sollte - auch künstlerisch wichtigster Aufenthalt in Dresden, zumal sich hier außer Rühle der Freund Ernst von Pfuel niedergelassen hat und Müller mit Vorlesungen reüssiert.

III. Die „Phönix"-Idee

Die sächsische Königsstadt - die sich auf Seiten der Rheinbundstaaten zudem eines gewissen wirtschaftlichen Aufschwungs erfreut - erscheint Kleist als gutes Pflaster, um seine Pläne zu verwirklichen. Gedacht ist zunächst an die Gründung einer „Buch-Karten- und Kunst-Handlung" (DKV IV, 387), denn er glaubt, dass sowohl sein *Amphitryon* als auch Rühles bei Cotta erschienenes Werk *Bericht eines Augenzeugen von dem Feldzuge der während den Monaten September und October 1806 unter dem Kommando des Fürsten zu Hohenlohe-Ingelfingen gestandenen Königl. Preußischen und Kurfürstl. Sächsischen Truppen* ihren Autoren im Eigenverlag erheblich mehr eingebracht hätten. So schreibt er, kaum in Dresden angekommen, am 17. September 1807 an seine Schwester Ulrike:

> Ich will dich zu bewegen suchen, zu einer Buch-Karten- und Kunsthandlung, wozu das Privilegium erkauft werden muß, 500 Rth zu 5 p. C. auf 1 Jahr herzugeben. Adam Müller (ein junger Gelehrter, der hier im Winter, mit ausgezeichnetem Beifall, öffentliche Vorlesungen hält), Rühle und Pfuel (dem sein Bruder das Geld dazu hergiebt) sind die Interessenten. [...] Er [sc. Rühle, A. K.] ist es daher auch eigentlich, der an

die Spitze des ganzen Geschäffts treten wird; ein Umstand, der, dünkt mich, nicht wenig für die Sicherheit seines Erfolgs spricht. Er sowohl, als ich, haben jeder ein Werk drucken lassen, das unsern Buchhändlern 6 mal so viel eingebracht hat, als uns. Vier neue Werke liegen fast zum Druck bereit; sollen wir auch hiervon den Gewinn Andern überlassen, wenn es nichts als die Hand danach auszustrecken kostet, um ihn zu ergreifen? Die 1200 Rth, die das Privilegium kostet, können nie verloren gehen; denn misglückt die Unternehmung, so wird es wieder verkauft; und die Zeiten müßten völlig eisern sein, wenn es nicht, auch im schlimsten Fall, einen größeren Werth haben sollte, als jetzt. Die ganze Idee ist, klein, und nach lieberalen Grundsätzen, anzufangen, und das Glück zu prüfen; aber, nach dem Vorbild der Fugger u Medicis, Alles hineinzuwerfen, was man auftreiben kann, wenn sich das Glück deutlich erklärt. Erwäge also die Sache, mein theuerstes Mädchen, und wenn du dich einigermaßen in diesen Plan, der noch eine weit höhere Tendenz hat, als die merkantilische, hineindenken kannst, so sei mir zu seiner Ausführung behülflich. (DKV IV, 387 f.)

An diesem 17. September fordert Kleist auch vom Tübinger *Morgenblatt*-Verleger Johann Friedrich Cotta seine dem Verleger von Rühle zugesandte Erzählung *Jeronimo und Josephe. Eine Scene aus dem Erdbeben zu Chili vom Jahre 1647* zurück, um „darüber auf eine andre Art verfügen zu können" (DKV IV, 387) - nämlich sie in der eigenen Buchhandlung zu drucken. Die Novelle ist jedoch bereits zwischen dem 10. und 15. September, verteilt auf mehrere Nummern, erschienen. Eine Tatsache, die Kleist zum Zeitpunkt seiner Bitte allerdings noch unbekannt ist.

Für die geplante „Phönix"-Buchhandlung hofft Kleist im Herbst 1807 auf einen großen Auftrag. Denn es sei, schreibt er am 25. Oktober der Schwester Ulrike,

nicht unmöglich, daß wir den Codex Napoleon [gemeint ist das französische Zivilgesetzbuch, der Code Napoléon, A. K.] zum Verlag bekommen, und daß unsere Buchhandlung überhaupt von der französischen Regierung erwählt wird, ihre Publicationen in Deutschland zu verbreiten; wodurch, wie du leicht denken kannst, die Assiette des ganzen Instituts mit einem Male gegründet wäre. (DKV IV, 391)[18]

Dennoch solle die Schwester keine voreiligen „politischen Folgerungen aus diesem Schritte" ziehen. Doch der „Phönix" erhebt sich nicht aus der Asche und scheitert im Februar 1808 schließlich am Widerstand der Dresdner Buchhändler, die keinen weiteren Konkurrenten am Ort wollen. Die endgültige Verweigerung des Buchhandelsprivilegs erhält Adam Müller am 22. Februar 1808. Kleist und seine Mitstreiter hatten offensichtlich den Markt nicht richtig analysiert. In einem ausführlichen Gut-

18 Bekanntlich hat es auch mit dem Verlag einer deutschen Übersetzung des Code Napoléon nicht geklappt. Bei Stroemfeld ist 2001 ein Faksimile-Nachdruck der Ausgabe 1808 erschienen.

achten, das von George Friedrich Walther, Christian Gottlob Hilscher, Heinrich Gerlach, August Wagner und Christoph Arnold, also jenem Arnold, in dessen Verlag Müller Kleists *Amphitryon* mit einem Vorwort versehen herausgegeben hatte, unterzeichnet ist, heißt es mit Bezug auf Adam Müller unter anderem:

> Indessen glauben wir, Herr Müller selbst, dessen wissenschaftlichen Verdiensten wir darum nicht weniger Gerechtigkeit wiederfahren lassen, wenn wir seine practischen Kenntnisse vom Buch-Handel bezweifeln zu müssen glauben, werde selbst von einem solchen Gedancken abgeschreckt werden, wenn er Folgendes in Uiberlegung gezogen haben wird.[19]

Die Unterzeichner führen zum einen aus, dass ein weiteres Privilegium ohnedies nicht frei sei, was Müller, der noch nicht zu lange in der Stadt sei, vielleicht nicht wisse. Und zum anderen gehen sie detailliert auf die wirtschaftliche Situation der Dresdner Buchhandlungen ein:

> Dresden hat über 70.000 Einwohner weniger, als um die Mitte des vorigen Jahrhunderts, da schon die Zahl der Buch-Handlungs-Privilegien für die Volks-Menge zu gross war. Natürlicher Weise stehet aber die Volks-Menge mit der Anzahl der Käufer, und diese mit dem Umfange des Buch-Handels im Verhältnisse. Nach dem Maasse, nach welchem die Lebens Bedürfnisse, und ihre Preisse steigen, nehmen die Kräfte ab, Bücher zu kaufen […] So wie sich der Umfang der Litteratur erweitert hat, ist die Anzahl der Institute zu Recensionen vermehrt worden, und man begnügt sich gar oft mit einer Recension, anstatt das Buch sich selbst anzuschaffen. […] Der Handel der Antiquarien mit alten und neuen Nachdrücken, auch andern Büchern, die sie roh um billige Preise zu erlangen wissen, einbinden lassen, in die Auction geben, um sie zu erstehen […] ist hauptsächlich der Wurm, der an dem Buch-Handel nagt […]. Die Journalisticen treiben alle im Grunde Handel mit den ausgegebenen Büchern, wenn sie gelesen sind […]. Die Lese-Cabineter, Leih-Bibliotheken und Journalistica selbst vermindern den Absatz mehr, als daß sie denselben befördern solten, weil so viele das nämliche Buch lesen, ohne es zu kaufen.[20]

Und noch deutlicher gegen Ende des Gutachtens, wenn es unter anderem heißt:

> Der gelehrteste Mann, der tiefsinnigste Kopf, hat als solcher die practischen Kenntnisse des viel umfassenden Kaufmannes nicht, als der Buch-Händler ist. [...] Der Buch-Handel des Gelehrten wird immer mehr Liebhaberey seyn, welche mehr kostet als einbringt, mehr von Vorliebe für diejenigen Gegenstände, die ihm für Wissenschaft oder Kunst, und wohl nur für manche Wissenschaften, die in seinen Augen einen höheren Werth haben, als vom Kaufmanns Geiste, *ohne welchen keine Handlung*

---

19 Zit. nach Reuß und Staengle: Heinrich von Kleist (wie Anm. 15), S. 749.

20 Ebd., S. 751. Vgl. generell zu den tiefgreifenden Veränderungen des deutschen Presse- und Verlagswesens ab der zweiten Hälfte des 18. Jahrhunderts: Reinhard Wittmann: *Geschichte des deutschen Buchhandels*. München 1999, v. a. S. 186-217.

solid seyn kann, beseelt seyn [...]. Und ein mystischer Buch Händler vollends, wäre er auch aus Gelehrten in allen Fächern zusammengesetzt, wird bald in seinen Körpern die Krankheit erzeugen, die im Staate Anarchie heisst.[21]

Offensichtlich haben die ortsansässigen Buchhändler die Pläne Kleists und Müllers sehr ernst genommen, fühlen sie sich doch zu starken Worten genötigt, indem sie das Gespenst der staatlichen Anarchie an die Wand malen zu müssen glauben, nur weil ein Gelehrter und ein Projektemacher eine Buch- und Kartenhandlung zu gründen beabsichtigen. Jedenfalls verteidigen die Platzhirsche ihr Terrain erfolgreich und die „Phönix"-Buch- und Kartenhandlung bleibt ein nicht ausgeführtes Projekt.

IV. Phöbus. Ein Journal für die Kunst

Etwa einen Monat, bevor die Ablehnung des Buchhandelsprivilegs bei Müller eingeht, tritt ab dem 23. Januar 1808 mit dem ersten Heft des *Phöbus* ein anderes Gemeinschaftsprojekt auf den Markt. Offensichtlich wurde das Lichtbringer-Projekt von Kleist und seinen Mitstreitern parallel zur „Phönix"-Idee betrieben. Denn erst vom 21. Dezember 1807 datiert ein Schreiben von Adam Müller an den König Friedrich August von Sachsen, in welchem er um das Buchhandelsprivileg bittet. Zwischenzeitlich hatten offensichtlich Pfuel, Rühle und Kleist beziehungsweise seine Schwester Ulrike gut 2000 Reichstaler zusammengebracht, so dass Kleist und Müller als Herausgeber „das anspruchsvolle Kunstjournal *Phöbus*"[22] starten können. Ob der „Anstoß zur Gründung des Phö-

21 Vgl. Reuß und Staengle: Heinrich von Kleist (wie Anm. 15), S. 754. Im Grunde nimmt die Argumentation der Buchhändler auch die Schwäche, an der der *Phöbus* litt, vorweg: „Und wenn der Kaufmann keinen Verlag hat, der im Verhältnisse mit seinen Unternehmungen stehet, wenn er seinen Verlag nicht vermehren kann, so kann er auch seine Kräfte zu Unternehmungen nicht erhalten, geschweige denn erhöhen. Was aber vom Kaufmanne überhaupt gilt, ist von der eignen Art des Handels, der die Gedanken des wissenschaftlichen und artistischen Geistes verbreitet, in einem höheren Sinne wahr." (Ebd. S. 755) Ironischerweise legt Adam Müller nur wenige Jahre nach dieser Schelte der Dresdner Buchhändler nicht nur ambitionierte *Versuche einer neuen Theorie des Geldes* (Leipzig/Altenberg 1816) vor, sondern reflektiert immer wieder durchaus die „Herausforderungen", die moderne ökonomische Prozesse „für einen modernen Staatsbegriff darstellen", worauf auch Joseph Vogl in Kalkül und Leidenschaft (wie Anm. 12), S. 282 verweist.

22 Vgl. Klaus Müller-Salget: *Heinrich von Kleist*. Stuttgart 2002, S. 89.

bus"[23] tatsächlich auf den Maler Ferdinand Hartmann zurückgeht oder eher einer Idee Adam Müllers entstammt,[24] ist nicht eindeutig geklärt. Jedenfalls gilt als eigentlicher „Gründungstag des *Phöbus*",[25] der in der Forschung gegenüber den *Berliner Abendblättern* leider immer noch deutlich zurücksteht, wenn nicht gar als „ein Stiefkind"[26] angesehen werden muss, „der 17. Dezember 1807".[27] Denn an diesem Tag bittet zum einen Adam Müller Goethe um Unterstützung seines „Kunstjournal[s] Phöbus", das „ungefähr nach dem Muster der Horen"[28] konzipiert sei und „mit Anfang des nächsten Jahres in Dresden" erscheinen solle. Als weitere Mitarbeiter nennt der „Aufschneider" und „wundersam begabte[ ]"[29] Müller neben Kleist noch den von Goethe geschätzten Arzt und Naturphilosophen Gotthilf Heinrich Schubert, dessen Vorlesungen von den *Ansichten von der Nachtseite der Naturwissenschaft* Kleist 1807/1808 in Dresden hört. Zum anderen bittet Kleist an jenem 17. Dezember 1807 auch seinen früheren kurzzeitigen väterlichen Mentor, den Dichter Christoph Martin Wieland, um Beiträge für die neue Zeitschrift und skizziert, welche Texte künftig darin zu finden seien:

> Ich bin im Besitz dreier Manuscripte, mit denen ich, für das kommende Jahr, fragmentarisch darin aufzutreten hoffe; einem Trauerspiel, *Penthesilea*; einem Lustspiel, *der zerbrochne Krug* (wovon der GhRth v. Göthe eine Abschrift besitzt, die Sie leicht, wenn die Erscheinung Sie interessirt, von ihm erhalten könnten); und einer Erzählung, *die Marquise von O..* Adam Müller wird seineästh. und phil. Vorlesungen geben; und durch günstige Verhältnisse sind wir in den Besitz einiger noch ungedruckter Schriften des Novalis gekommen, die gleichfalls in den ersten Heften erscheinen sollen. (DKV IV, 399)

---

23 Ebd., vgl. auch Helmut Sembdner: Nachwort und Kommentar. In: *Phöbus. Ein Journal für die Kunst.* Hg. v. Heinrich von Kleist u. Adam H. Müller. Reprographischer Nachdruck. Darmstadt 1987, S. 603-652, hier S. 604.

24 Vgl. Klaus Peter: *Ikarus in Preußen. Heinrich von Kleists Traum von einer besseren Welt.* Heidelberg 2007, S. 98.

25 Sembdner: Nachwort (wie Anm. 23), S. 604.

26 Vgl. Jens Bisky: *Kleist. Eine Biographie.* Berlin 2007, S. 488.

27 Sembdner: Nachwort (wie Anm. 23), S. 604.

28 Helmut Sembdner (Hg.): *Heinrich von Kleists Lebensspuren. Dokumente und Berichte der Zeitgenossen.* Erweiterte Neuausgabe. Frankfurt a. M. 1977, Nr. 200b. Vgl. auch Müllers Brief vom 17.12.1807 an Johannes von Müller, ebd. Nr. 200a. Die Formulierung „nach dem erweiterten Plane der Horen" findet sich auch in einem Brief Kleists vom 21. Dezember 1807 an Johann Friedrich Cotta (DKV IV, 401) sowie in einer Ankündigung des *Phöbus* (DKV III, 645 u. 1219 f.).

29 Bisky: Kleist (wie Anm. 26), S. 288 und S. 287.

Zudem erläutert Kleist am selben Tag auch seiner Schwester Ulrike detailliert die Finanzierung der geplanten Zeitschrift, braucht er doch von Ulrike mindestens 500 Reichstaler, mit denen er seinen Teil der Gesamtkosten von 2500 Reichstalern tragen will. Von Rühle sollten 700 und von Pfuel 900 Reichstaler kommen. Der verbleibende „Rest", gibt sich Kleist einmal mehr in dieser Dresdner Zeit optimistisch, „kann von dem, was monatlich eingeht, schon bestritten werden" (DKV IV, 400). Fast euphorisch – und weit entfernt von der hochfahrenden Geste, mit der er Wilhelmine 1801 das „Bücherschreiben für Geld" (DKV IV, 273) als verachtenswert und für ihn nichtswürdig erklärte – betont er seiner Schwester gegenüber voller Stolz: „Ich muß schließen, ich bin wieder ein Geschäftsmann geworden, doch in einer angenehmeren Sphäre, als in Königsberg. – Was wäre doch wohl in Königsberg aus mir geworden?" (DKV IV, 401).

Und ein paar Tage später erklärt er seinem finanzwirtschaftlichen Förderer Karl von Stein zum Altenstein aus Dresden voller Stolz: „Jetzt lebe ich in Dreßden, als dem günstigsten Ort in dieser, für die Kunst, höchst ungünstigen Zeit, um einige Pläne, die ich gefaßt habe, auszuführen." (DKV IV, 403)

Kleist ist in dieser Phase in Hochstimmung. Schließlich wird er nicht nur am 10. Oktober (seinem vermeintlichen 30. Geburtstag) im Hause Buols „mit einem Lorbeer gekrönt" (DKV IV, 393), sondern er erfährt auch positive Resonanz bei (szenischen) Lesungen seiner Stücke. So verwundert es nicht, dass in dieser Phase denn auch von den Herausgebern kräftig für die neue Zeitschrift getrommelt wird. Zum einen werben sie um namhafte Beiträger, zum anderen auch um Abonnenten, indem sie mehrere – gelinde gesagt – großsprecherische Anzeigen schalten. „In einer Reihe von Journalen erscheinen Anzeigen und Notizen, wohlwollende wie ablehnende Vorabbesprechungen":[30]

> Kunstwerke, von den entgegengesetztesten Formen, welchen nichts gemeinschaftlich zu sein braucht, als Kraft, Klarheit und Tiefe, die alten, anerkannten Vorzüge der Deutschen – und Kunstansichten, wie verschiedenartig sie sein mögen, wenn sie nur eigentümlich sind und sich zu verteidigen wissen, werden in dieser Zeitschrift wohltätig wechselnd aufgeführt werden (DKV III, 645)

heißt es in einer Ankündigung:

> Dieses Journal erscheint in monatlichen Heften, jedes zu 6-7 Bogen in einem eleganten Umschlage, vom Januar des Jahres 1808 an, jedesmal am 20sten des Monats. Für

30 Wilhelm Amann: Ein Brief über den *Phöbus*. Adam Müller an den Verleger Reimer, 23.1808. In: *Brandenburger Kleist-Blätter* 9 (1996), S. 45-52, hier S. 47.

bessere Exposition der Kupferstiche, deren einer jedes Heft begleitet, ist das Quartformat gewählt worden. Das Exemplar auf feinem Schreibpapier im Subskriptionspreise kostet 10 Reichstaler sächsisches Konventionsgeld, welcher Betrag indes beim Empfang des Februarheftes entrichtet werden muß; Exemplare auf Velinpapier können wir auf desfallsige Bestellungen, wenn sie vor dem 1sten Februar an uns gelangen, für 14 Taler Konv. Geld liefern. (DKV III, 646 f.)

Einerseits suggerieren solch detaillierte Angaben, die letztlich nicht eingehalten werden können, hohe Qualität und Verlässlichkeit, andererseits sucht der *Phöbus* auch inhaltlich-konzeptionell aus der Fülle der Zeitschriften hervorzustechen. Inspiriert ist der auf „Wettkampf" und Vereinigung verschiedener Ansätze ausgerichtete *Phöbus,* dem ein „ambitioniert-arrogante[s]"[31] Programm zugrunde liegt, sicherlich von Adam Müllers *Lehre vom Gegensatz* (1804). Nicht zuletzt die angestrebte „Konzeption von Schönheit als Einheit von Gegensätzen" macht das *Journal für die Kunst,* wie der Untertitel des *Phöbus* lautet, „in der Geschichte der klassischen und romantischen Zeitschriften"[32] zu einer „singulären" Erscheinung.

Doch das ambitionierte Programm geht weder künstlerisch noch ökonomisch auf. Ist es zum einen vor allem Hofrat Böttiger, der mit mehreren anonymen und pseudonymen Kritiken und Lästereien über das neue Journal eine äußerst zwielichtige Rolle spielt und möglicherweise auch bei der Verweigerung des Buchhandelsprivilegs im Hintergrund mitgemischt hat, so ist es zum anderen nicht zuletzt auch die große Konkurrenz an Zeitschriften, wie etwa *Jason, Selene, Isis, Teutona, Freimüthiger, Morgenblatt, Zeitung für die elegante Welt* und andere mehr, die dem *Phöbus* das Leben von Beginn an schwer machen. Die größte Konkurrenz – und hier belebt sie offensichtlich nicht das Geschäft – erwächst dem *Phöbus* – dessen Namen „der Glänzende" im übrigen auch vom angestrebten Niveau der Zeitschrift zeugt – vor allem in Leo von Seckendorffs und Johann Ludwig Stolls Wiener Zeitschrift *Prometheus,* die einen ähnlichen Anspruch vertritt. Nach einigen Monaten stecken sowohl *Phöbus* als auch bald *Prometheus* in finanziellen Schwierigkeiten, so dass es Überlegungen gibt, beide Journale zusammenzulegen. Dies geschieht letztlich jedoch nicht und so erleben beide Zeitschriften jeweils nur einen Jahrgang. Der *Phöbus* wird einerseits wohl wegen der teilweise großen Publikationsver-

---

31 Heinrich Aretz: *Heinrich von Kleist als Journalist. Untersuchungen zum ‚Phöbus', zur ‚Germania' und den ‚Berliner Abendblättern'.* Stuttgart 1983, S. 35.

32 Ernst Osterkamp: Das Geschäft der Vereinigung. Über den Zusammenhang von bildender Kunst und Poesie im *Phöbus.* In: *Kleist-Jahrbuch* 1990, S. 51-79; hier S. 61 und S. 52.

zögerungen ab dem 3. Stück äußerst verhalten angenommen, andererseits aber vor allem auch wegen seiner „agonale[n], offene[n] Ästhetik",[33] seinem antiklassizistischen „interdisziplinäre[n] Mit- und Ineinander von Dichtkunst, Philosophie und bildenden Künsten".[34]

Getäuscht hatten sich die Herausgeber zum einen selbst über den wirtschaftlichen Erfolg des ambitionierten *Journals für die Kunst* und zum anderen aber auch die Leser durch die Ankündigung nie eingelöster Beiträge von Goethe, Wieland oder anderen Heroen. Das Journal, das die Vereinigung und den Aus-Tausch der Künste anstrebt, floppt, wie übrigens andere Zeitschriften zu der Zeit ebenfalls. Adam Müller verkauft das Journal an Walther, Kleist fühlt sich getäuscht, hintergangen und am Ende bleibt außer dem finanziellen Verlust und dem vorläufigen Ende der Freundschaft zu Müller auch die überstürzte Abreise Kleists aus Dresden.[35] Als Kleist im Frühjahr 1809 die Schlussabrechnungen sieht, kommt es zum vorläufigen Zerwürfnis zwischen ihm und Müller, da letzterer ohne Wissen Kleists Walther bei der Überlassung des Journals große finanzielle Zugeständnisse gemacht hat.[36] Bereits seit dem 6. Stück verzich-

---

33 Ebd., S. 54.

34 Loch: Kleist (wie Anm. 17), S. 291.

35 Heinrich von Kleist ist vor allem in den ersten sechs Heften mit eigenen Beiträgen stark vertreten. Ab dem 7. Stück, im Dezember 1808 mit 46 Seiten Umfang erschienen, verlegt die Walthersche Hofbuchhandlung in Dresden den finanziell angeschlagenen *Phöbus*, nachdem zuvor Göschen und Cotta eine Übernahme abgelehnt haben. Möglicherweise hat Böttiger seine Finger auch hier im Spiel. Vgl. hierzu Herbert Kraft: *Kleist. Leben und Werk.* Münster 2007, S. 125. Die ohnehin kleine Auflage bleibt ab diesem Heft, wenn Böttigers Angaben in einem Brief an Cotta vom 11. November 1808 stimmen, auf 150 Exemplare beschränkt (vgl. DKV IV, 915).

36 Adam Müller sieht die Sache jedoch, wie er am 5. April 1809 an Rühle und Pfuel schreibt, deutlich anders: „Ich habe, wie Sie wissen, von Anfang an die Entreprise des Phöbus, die gesamten dabei vorgefallenen Geschäfte mit allen daraus erfolgten Unannehmlichkeiten getragen. Seit dem Juni des verflossenen Jahres, nach welchem Termin auch nicht die geringste Einnahme mehr erfolgt ist, habe ich die gesamten Schulden des Phöbus teils aus meinen eigenen ärmlichen Mitteln gezahlt, teils das desfallsige Mahnen und die oftmalige Bedrohung mit Wechselarrest geduldig, ohne irgendeinem von Ihnen deshalb zur Last zu fallen, getragen. Niemand hat sich um das unglückliche Geschäft bekümmert, tätig bekümmert als ich. Der Phöbus hätte mit Ende Mai aufgehört, der Verlust wäre noch größer gewesen und Schande obendrein erfolgt – niemand hat mir beigestanden, ich habe in der ungünstigsten Lage der Dinge einen Verleger geschafft, wodurch wenigstens 130 Taler und die *Ehre* der Entreprise gerettet worden ist. [...] Ich bin genötigt, meine Sachen zu arrangieren, und habe keine Zeit zu weiteren Uneigennützigkeiten, da höhere und edlere Dinge auf meine Vorsorge, soweit sie noch möglich ist, Anspruch haben. Ihnen, meine Herren, sage ich also Dank, für Ihre Geldbeiträge zum Phöbus, die nicht durch meine Schuld verlorengegangen sind, noch mehr

ten die Herausgeber auf das Umschlagbild, das von Gottschick gestochene Titelkupfer nach Ferdinand Hartmans Phöbus-Bild, so dass Böttiger unter anderem lästert, der „Sonnengott" habe „wegen Ungunst der Zeit, die eigenen Pferde [...] abschaffen müssen, und den gewöhnlichen Weg des literarischen Fortkommens eingeschlagen."[37] Was nichts anderes heißt, als dass Böttiger die wirtschaftliche Schieflage des Unternehmens klarsichtig analysiert, was Kleist ebenso versäumt, wie offensichtlich auch Mitstreiter Müller nicht in der Lage ist, den finanziellen Absturz des Lichtbringers zu verhindern. Nirgendwo begegnet uns eine selbstkritische Reflexion der Herausgeber über die Gründe des Scheiterns. Offensichtlich hatte Kleist - wie auch Müller - den Dresdner Buch- und Zeitschriftenmarkt weder richtig sondiert, noch hatten sie rational kalkuliert. Das ‚Geschäft der Vereinigung' der Künste innerhalb einer Zeitschrift ist ebenso missglückt, wie auch das ‚Geschäft der Vereinigung' von Kunst und Kommerz via *Phöbus*. Das Gutachten der Dresdner Buchhändler zum „Phönix"-Projekt gilt cum grano salis auch für den *Phöbus*:

> Der Buch-Handel des Gelehrten wird immer mehr Liebhaberey seyn, welche mehr kostet als einbringt, mehr von Vorliebe für diejenigen Gegenstände, die ihm für Wissenschaft oder Kunst, und wohl nur für manche Wissenschaften, in seinen Augen einen höheren Werth haben, als vom Kaufmanns Geiste, *ohne welchen keine Handlung solid seyn kann*, beseelt seyn.[38]

Offensichtlich missverstand Kleist „Ökonomie" gehörig. Die ökonomischen Kräfte waren zu gering, um „große Wirkung hervorzubringen", die literarischen Kräfte Kleists und seiner Mitstreiter, ihr Konzept einer „Vereinigung der Künste" galten eher als „Liebhaberey", zogen insofern ebenfalls nicht. Dennoch zeigen gerade Kleists *Phöbus*-Texte, so meine These, die Autorschaft des Produzenten Kleist, um mit Bernhard J. Dotzler zu sprechen[39] - oder, um pointierter zu formulieren: Kleists *Phöbus*-Texte sind Texte der Ökonomie im doppelten Sinne - nämlich als Genitivus subjectivus und Genitivus objectivus. Oder noch zugespitzter: Kleists *Phöbus*-Texte sind ökonomische Schachtel-Texte um Tausch und Täuschung, die das Thema „Krieg" bedingen und zugleich mit einschlie-

---

aber für Ihre stillschweigende Anerkennung dessen, was ich stillschweigend und mit Liebe für Sie getan habe. Indes ist es nicht meine Schuld, daß ich, von Umständen gedrängt, die nur Herrn von Kleist zuzuschreiben sind, jetzt an Ihren *rechtlichen Sinn* appelliere [...]". Lebensspuren (wie Anm. 28), Nr. 311.

37 Zit. nach Sembdner: Nachwort (wie Anm. 23), S. 634.

38 Zit. nach Reuß und Staengle: Heinrich von Kleist (wie Anm. 15), S. 754.

39 Vgl. Bernhard J. Dotzler: „Federkrieg". Kleist und die Autorschaft des Produzenten. In: *Kleist-Jahrbuch* 1998, S. 37-61.

ßen.[40] Eine Tatsache, die nicht weiter verwundert, bringt man Kants Verständnis vom Tauschgeschäft als einem „natürlichen Mechanismus, der die menschliche Aggressivität hemmt",[41] in Anschlag:

> So wie die Natur weislich die Völker trennt, welche der Wille des Staats und zwar selbst nach Gründen des Völkerrechts gern unter sich durch List oder Gewalt vereinigen möchte: so vereinigte sie auch andererseits Völker, die der Begriff des Weltbürgerrechts gegen Gewalttätigkeit und Krieg nicht würde gesichert haben, durch den wechselseitigen Eigennutz. Es ist der Handelsgeist, der mit dem Kriege nicht zusammen bestehen kann, und der früher oder später sich jedes Volkes bemächtigt.[42]

Für den *Phöbus* gilt: Die auf ‚Tauschen und Täuschen' basierenden Texte, die ‚Gewalttätigkeit und Krieg' beschreibenden literarischen Ökonomien unterlaufen auf der realen wirtschaftlichen Ebene den „Handelsgeist" der Herausgeber des *Journals für die Kunst*. Mit anderen Worten: Es war von den Neulingen im Verlagsgeschäft zu kurz gedacht, mit ambitionierten literarischen Fragmenten eine über mehr oder weniger äußerst knappe finanzielle Ressourcen verfügende Zeitschrift am Markt etablieren zu können, noch dazu in einer alles in allem kriegerischen Zeit, die gleichwohl genügend Zeitschriftenkonkurrenz kannte. Wirtschaftliche und literarische Ökonomien des *Phöbus* und seiner Herausgeber divergierten auf der einen Seite und vermengten sich auf der anderen zu sehr. Verlässlichkeit und Vertrauen als wichtige Grundprinzipien kaufmännischen Handelns gab es nicht in ausreichendem Maße, was die versprochenen Autoren, die Erscheinungstermine und die Distributionsorte anbelangt. Sie gab es aber auch nicht im ambitionierten Charakter des Journals, das beispielsweise Fortsetzungen versprach, die es nie gab, und das eben auch Fragmente druckte, mit denen sich nicht nur Goethe nicht befreunden konnte. Dagegen dominierten nicht nur auf der inhaltlich-literarischen Ebene die von Kleist vielschichtig eingesetzten Operationen ‚Tauschen und Täuschen'. Das vermeintliche ‚Anfüttern' seiner Leser, ohne auf folgende Verlags- oder Bühnenhonorare der Texte verzichten zu müssen[43] – diese merkantile Idee für den *Phöbus* war ein Wechsel auf die Zukunft, der ungedeckt blieb.

---

40 Vgl. hierzu meinen Beitrag: Der *Phöbus*: Zwischen Kriegs- und Lebenskunst. In: *Beiträge zur Kleist-Forschung* 2007/2008. Hg. v. Lothar Jordan. Würzburg 2009, S. 157-174.

41 Harms: Kleists *Findling* (wie Anm. 13), S. 157.

42 Immanuel Kant: *Zum ewigen Frieden. Ein philosophischer Entwurf.* Stuttgart 1984, S. 33.

43 Vgl. Loch: Kleist (wie Anm. 17), S. 292.

V. Ökonomien in Kleists *Phöbus*-Texten

Um Tausch und Täuschung - wie zudem um Krieg, um Streit und Kampf (auf der biografischen und literarischen Ebene) - geht es auch auf der inhaltlich-literarischen Ebene in den *Phöbus*-Texten Kleists. Sowohl im „organischen" *Penthesilea*-Fragment des 1. Hefts als auch in der *Marquise von O....* sowie im *Kohlhaas*-Text[44] des im November 1808 ausgelieferten Juni-Heftes gibt es eine Reihe von Täuschungen und Selbst-Täuschungen. Desgleichen in den *Krug*-Fragmenten, in den *Käthchen*-Auszügen, das die Kritik im *Freymüthigen* im Juni 1808 als vermeintliches „Zug- und Kassenstück"[45] „lobt", wie auch im letzten *Phöbus*-Heft, in dem Kleist mit der Idylle *Der Schrecken im Bade* vertreten ist.

Explizit um den Themenkomplex Ökonomie geht es im *Kohlhaas,* der hier abschließend etwas genauer in den Blick genommen werden soll. Es ist im Übrigen wiederum der Magister Ubique, Karl August Böttiger, der Kleists *Phöbus-Kohlhaas* unter ökonomischen Parametern als schlechtes Produkt, als „schlechte Ware", am 1. Dezember 1808 im *Freimüthigen* (auf die „ihm eigene feindselige Weise", wie die DKV-Kommentatoren [DKV III, 713] meinen) kritisiert:

> Der Herr von Kleist gibt uns [...] den Anfang von einer Lebensgeschichte von Michael Kohlhaas, der uns auf die versprochene Fortsetzung gar nicht neugierig macht. So langweilig ist dieser Eingang, so breitgesponnen jeder Faden, daß aus diesem Gewebe ohnmöglich etwas anders, als ein Stück schlechter Ware gewebt werden kann. (DKV III, 713)

Der *Phöbus-Kohlhaas,* der entgegen der Ankündigung im *Journal für die Kuns*t keine Fortsetzung gefunden hat, zeigt einen Protagonisten, der zunächst ganz als Händler agiert.[46] Der „Sohn eines Schulmeisters" (DKV III, 12) erscheint als „das Muster eines guten Staatsbürgers" (ebd.), der durch „sein Gewerbe" die Seinigen „ruhig ernährte". „Furcht Gottes",

---

44 Vgl. hierzu auch Roland Reuß: „Michael Kohlhaas" und „Michael Kohlhaas". Zwei deutsche Texte, eine Konjektur und das Stigma der Kunst. In: *„Im Freien"? Kleist-Versuche.* Hg. v. Roland Reuß. Frankfurt a. M./Basel 2010, S. 157-202.

45 Sowohl die verschiedenen Ankündigungen als auch die verschiedenen Rezensionen sind unter ökonomischen Gesichtspunkten zu lesen. Leuchtet es bei Verlagsankündigungen sofort ein, so thematisieren - ironisch - Besprechungen der *Phöbus*-Hefte nicht nur die wirtschaftliche Situation und den Misserfolg der Zeitschrift, sondern es wird auch selbst auf die Wechselwirkung zwischen Schreibökonomie und mangelndem Markterfolg abgehoben.

46 Dies jedoch weit zurückhaltender als etwa der Kaufmann Antoni Piachi im *Findling,* dem es überwiegend um Akkumulation zu tun ist.

„Arbeitsamkeit" und „Treue" sind die Regeln seiner Kindererziehung. Dieser Kohlhaas scheint als „Standesbürger voll ins feudalstaatliche System integriert",[47] seinen Nachbarn erweist er „Wohltätigkeit" und „Gerechtigkeit". „Nach Art guter Wirthe" geht er zwar „auf neuen Gewinnst" aus, vergisst dabei aber nicht „den Genuß der Gegenwart". Wir lernen also zunächst einen Kohlhaas kennen, der so gar nicht dem „ökonomischen Agenten" entspricht, wie ihn Adam Smith in seinem *Wohlstand der Nationen* (1776) gezeichnet hat:

> Tatsächlich fördert er [der ökonomische Agent, A. K.] in der Regel nicht bewusst das Allgemeinwohl, noch weiß er, wie hoch der eigene Beitrag ist. Wenn er es vorzieht, die nationale Wirtschaft anstatt die ausländische zu unterstützen, denkt er eigentlich nur an die eigene Sicherheit, und wenn er dadurch die Erwerbstätigkeit so fördert, dass ihr Ertrag den höchsten Wert erzielen kann, strebt er lediglich nach eigenem Gewinn. Und er wird in diesem wie auch in vielen anderen Fällen von einer unsichtbaren Hand geleitet, um einen Zweck zu fördern, den zu erfüllen er in keiner Weise beabsichtigt hat. Auch für das Land selbst ist es keineswegs immer das schlechteste, dass der Einzelne ein solches Ziel nicht bewusst anstrebt, ja gerade dadurch, dass er das eigene Interesse verfolgt, fördert er häufig das der Gesellschaft nachhaltiger, als wenn er wirklich beabsichtigt, es zu tun. Alle, die jemals vorgaben, ihre Geschäfte dienten dem Wohl des Allgemeinen, haben meines Wissens niemals etwas Gutes getan.[48]

Mangelnde Sozialität, wie es das Signum des ‚ökonomischen Agenten' Smith'scher Prägung[49] ist, ist diesem Kohlhaas nicht eigen. Erwerben und Genießen sind keine Gegensätze. Im Vertrauen auf Recht und Gesetz liegen für Kohlhaas Genuss und Freiheit eben nicht im permanenten Widerstreit, wie dies Kleists *Phöbus*-Mitstreiter Rühle von Lilienstern – Adam Müller zählte im Übrigen zu den eifrigsten Mitarbeitern von Rüh-

---

47 So Wolfgang Barthel im Vorfeld der Tagung *Tauschen und Täuschen: Kleist und (die) Ökonomie* per Mail (4.11.2010) an mich. Seinen Anregungen folgen diese Ausführungen. Für den steten Gewinn, sich mit ihm über Kleist und seine Zeit auszutauschen, sei herzlich gedankt.

48 Zitiert nach Joseph Vogl: *Das Gespenst des Kapitals.* Zürich 2010/2011, S. 39 f. Plachl ist in diesem Sinne ein bürgerlicher Kaufmann, bei dem „transparente Intransparenz" herrscht und bei dem die „soziale Ordnung" nicht „um Überblick, Mildtätigkeit und Hilfsbereitschaft herum aufgebaut" (ebd. S. 40) wird.

49 Ebd.: „In der Kommunikation der Interessen geht es vielmehr um ‚Verhandlung, Tausch und Kauf'; in der Tauschrelation findet das Interesse schließlich das Prinzip gesellschaftlicher Vernunft. Hier ist man bei einer der wichtigsten Komponenten des neuen Sozialgesetzes, der Oikodizee, des ökonomischen Menschen und seines Milieus, des Marktes, angelangt: Der ökonomische Mensch ist zuverlässig durch Beschränktheit, sozial durch mangelnde Sozialität und wird dazu gebracht, durch seine Interessen und den Tausch einen ihm selbst äußerlichen Zweck hervorzubringen. Vor allem aber regiert er sich selbst und andere am besten, wenn man ihn nicht regiert."

les *Pallas. Eine Zeitschrift für Staats- und Kriegskunst* (1809/1810) - in einer Entgegnung auf Kants These vom Widerstreit von Handelsgeist und Krieg bemerkte:

> Das ganze Leben oder der ganze Verkehr des Menschen mit der Natur zerfällt demnach in Erwerben und in Genießen. Ursprünglich gar kein Genuß und kein Recht; bloß Begier und Daseyn der Kraft; Genuß, Besitz und Befugnis gehen erst aus dem Kampfe der Kraft mit der Gegenkraft hervor.[50]

Zugleich ist der Pferdehändler Michael Kohlhaas jedoch auch ein anerkannter, „ein guter Spezialist und Spezialisten, das sind schon nach Smiths Anthropologie zufolge letztlich alle, ‚die ihre eigenen Interessen wahrnehmen'":[51]

> Es fehlte Kohlhaas auch, während er sich in der Residenz umsah, keineswegs an Freunden, die seine Sache lebhaft zu unterstützen versprachen; der ausgebreitete Handel, den er mit Pferden trieb, hatte ihm die Bekanntschaft, und die Redlichkeit, mit welcher er dabei zu Werke ging, ihm das Wohlwollen der bedeutendsten Männer des Landes verschafft. (DKV III, 38)

Kleists *Phöbus*-Kohlhaas sucht sein Recht, damit er seinen Handel, sein Wirtschaften auch künftig, ohne Willkür unterworfen zu sein, sicher und verlässlich ausführen und die Seinen ernähren kann. Doch die vergebliche Anrufung von Instanzen irritiert ihn zunehmend. Gleichwohl glaubt er, wenn er selbst mit seiner Bittschrift nur bis zum Landesherrn vordringe, „so zweifle ich nicht: ich verschaffe mir Recht" (DKV III, 52), denn „[d]er Herr selbst, weiß ich, ist gerecht" (ebd.). Nachdem seine Frau Lisbeth an den Folgen eines „Stoß[es] mit dem Schaft einer Lanze, vor die Brust" (DKV III, 56 u. 58) gestorben, ihn am Begräbnistag die „landesherrliche Resolution auf die Bittschrift" (DKV III, 60) erreicht hat, übernimmt Kohlhaas „das Geschäft der Rache" (ebd.): „[S]o verkaufte Kohlhaas", heißt es zum Schluss, „das Haus, schickte die Kinder, in einen Wagen gepackt, über die Grenze; rief, bei Anbruch der Nacht, auch die übrigen Knechte zusammen, sieben an der Zahl, treu ihm jedweder, wie Gold; bewaffnete und beritt sie; und brach nach der Tronkenburg auf." (DKV III, 60 u. 62)

Weitere rechtliche Probleme verhandelt der *Phöbus-Kohlhaas* nicht. Es geht nicht um eine wie auch immer geartete Fehderechtsproblematik. Es

---

50 R. v. L.: *Vom Kriege. Ein Fragment aus einer Reihe von Vorlesungen über die Theorie der Kriegskunst.* Frankfurt a. M. 1814, S. 19. Vgl. auch Harms: Kleists *Findling* (wie Anm. 13), S. 158.

51 Tscholl: Krumme Geschäfte (wie Anm. 2), S. 112.

geht nicht um die Frage Naturrecht versus positives Recht,[52] sondern es geht in erster Linie um das Verhältnis von Recht und Ökonomie - essentiellen Fragen der preußischen Reformer.[53] Es geht um Täuschen und Tauschen, um „specielle Branche[n] der Geschäfte" (DKV IV, 549) des Lebens und des Todes, um die vielfach verschachtelte „Geschäfftsart" (ebd.) des Schreibens. So dürfte nicht zuletzt die Vermengung der verschiedenen ‚Geschäfftsgänge' nicht unerheblich zum Absturz des ambitionierten ‚Lichtbringers' *Phöbus* beigetragen haben.

52 Vgl. den hervorragenden Forschungsüberblick von Bernd Hamacher: Schrift, Recht und Moral: Kontroversen um Kleists Erzählen anhand der neueren Forschung zu *Michael Kohlhaas*. In: Inka Kording/Anton Philipp Knittel (Hg.): *Heinrich von Kleist. Neue Wege der Forschung*. 2. Aufl. Darmstadt 2009, S. 254-278.

53 Vgl. hierzu auch Loch: Kleist (wie Anm. 17), v. a. S. 208-272, und den instruktiven Aufsatz von Manfred Botzenhart: Kleist und die preußischen Reformer. In: *Kleist-Jahrbuch* 1988/89, S. 132-146.

‚Biete Brief, wünsche Kuss' – Tauschgeschäfte des Ich in den Briefen Heinrich von Kleists[1]

Inka Kording

I. „wir beide müssen für ganzes Geld auch das ganze Vergnügen genießen"[2]

Quid pro quo – das grundlegende Prinzip ökonomischer Prozesse spielt in den Briefen Heinrich von Kleists eine wesentliche Rolle. Offensichtlich wird dies im titelgebenden Brief, den Heinrich von Kleist am 5. September 1800 an seine zeitweilige Verlobte Wilhelmine von Zenge auf seiner Reise nach Würzburg schreibt:

> Aber für diesen Brief, für dieses Kunststück einen 8 Seiten langen Brief mitten auf einer ununterbrochnen Extra-Post-Reise zu schreiben, dafür, sage ich, mußt Du mir auch bei der Rückkehr entweder – einen Kuß geben, oder mir ein neues Band in den Tobacksbeutel ziehen. Denn das alte ist abgerissen.[3]

‚Biete Brief, wünsche Kuss' – oder wenigstens eine handarbeitliche Dienstleistung. Auch der Beginn der Bekanntschaft mit Wilhelmine von Zenge scheint zunächst geprägt zu sein von Überlegungen eines mindestens relationalen, wenngleich nicht zwingend gleichberechtigten Austauschs: Kleist scheint zwar offen tradierte Verkehrsformen wie das nicht zielorientierte, der Stiftung von Gemeinschaft dienende und keinen direkten oder gar wissenschaftlichen Mehrwert intendierende Alltagsgespräch sowohl im familiären[4] als auch im gesellschaftlichen[5] Rahmen zu

1 Dieser Beitrag nimmt Überlegungen meiner Dissertation *(V)Erschriebenes Ich. Individualität in der Briefliteratur des 18. Jahrhunderts. Louise Gottsched, Anna Louisa Karsch, Heinrich von Kleist*. Würzburg 2013 auf.

2 Im Folgenden zitiere ich die Briefe Kleists nach der Ausgabe: Heinrich von Kleist: *Sämtliche Briefe*. Hg. v. Dieter Heimböckel. Stuttgart 1999, mit der Angabe des Adressaten, des Datums und der Seitenzahl, hier also an Wilhelmine von Zenge, 16. August 1800, S. 70.

3 An Wilhelmine von Zenge, 5. September 1800, S. 113.

4 Am Beispiel der Familie von Zenge beklagt der Briefautor: „Aber von allem diesen ist nichts, wenn der ganze Haufen beisammen ist. Ein Gespräch kann man ihr sich durchkreutzendes Geschwätz nicht nennen." An Ulrike von Kleist, 12. November 1799, S. 48.

verachten. Aber das erste konkrete Gespräch mit seiner zukünftigen Verlobten steht, wenngleich es praktisch eher einseitig ist, tendenziell doch im Zeichen des potentiellen Austauschs: „Die älteste Zengen, Minette, hat sogar einen feineren Sinn, der für schönere Eindrücke zuweilen empfänglich ist; wenigstens bin ich zufrieden, wenn sie mich zuweilen mit Interesse anhört, ob ich gleich nicht viel von ihr wieder erfahre."[6]

Kameralistische Tugenden verraten sich auch in den folgenden Zeilen, wenn Fleiß und Schnelligkeit in ein quasi wirtschaftliches Belohnungssystem mit ‚Liebe' als Gegengabe eingebettet und gegen pekuniäre – entfremdete – Tauschgeschäfte profiliert werden: „Geschwind noch ein paar Worte. Der Postillion ist faul und langsam, ich bin fleißig und schnell. Das ist natürlich, denn er arbeitet für Geld, und ich für den Lohn der Liebe."[7] Soll aber ein Brief und kein kurzes Billet geschrieben werden, sind auch bestimmte quantifizierende Vorgaben zu erfüllen: „aber kann man 7 Zeilen einen Brief nennen? Laß mich also lieber noch ein Weilchen mit Vertrauen und Innigkeit mit Dir plaudern."[8] Schließlich ist angesichts von Kleists unsicheren Vermögensverhältnissen auch die pekuniäre Ebene postalischer Kommunikation mit zu bedenken: „Die Post ist vor der Thüre. Adieu. Ich nehme diesen Brief noch mit mir. Er kömmt zwar immer weiter von Dir ab und später wirst Du ihn nun erhalten. Aber das Porto ist theuer, und wir beide müssen für ganzes Geld auch das ganze Vergnügen genießen."[9]

Aber nicht nur die finanzielle ‚Verwaltung' von epistolarem Austausch bedenkt Heinrich von Kleist, auch buchhalterisch werden ‚empfangene' und ‚abgeschickte' Briefe in eine quantitative und qualitative Beziehung gesetzt:

A b g e s c h i c k t	E m p f a n g e n.
Den I^{t} Brief aus Berlin	Zwei Briefe, nur zwei,
2 – – – – – – Pasewalk	aber zwei herrliche, die ich
3 – – – – – – Berlin	mehr als einmal durchgele-
4 – – – – – – Berlin	sen habe. Wann werde ich

5 „Aber ich fürchte, daß es mir in der Folge wie den meisten Gelehrten von Profession gehen wird […]. Sie haben ein höheres Interesse lieb gewonnen, und können sich nicht mehr an dem gemeinen Interesse erwärmen." Ebd., S. 49.

6 Ebd., S. 48. Zum Terminus der ‚solipsistischen Kommunikation' vgl. auch Inka Kording: Mediologische Individualität in den Briefen Heinrich von Kleists. In: *Beiträge zur Kleist-Forschung* 20. Hg. v. Lothar Jordan. Würzburg 2008, S. 45-65, hier S. 55 ff.

7 Ebd.

8 An Wilhelmine von Zenge, 16. August 1800, S. 70.

9 An Wilhelmine von Zenge, 5. September 1800, S. 109.

5 – – – – – Leipzig wieder etwas von Deiner
und diese aus Dreßden Hand sehen?[10]

Deutlich wird hier das relationale Missverhältnis zwischen der Quantität ihrer und seiner Briefe ausgestellt. Auch wenn Heinrich von Kleist bemüht ist, den impliziten Vorwurf seiner Verlobten gegenüber, sie schreibe zu wenig, durch das Lob im Hinblick auf die Qualität ihrer Briefe zu mindern (zwei ‚herrliche' Briefe), so endet der tabellarische Nachweis ihrer epistolaren Faulheit doch deutlich mit der dränge(l)nden Frage, wann sie wieder schreiben werde.

Allerdings scheint Heinrich von Kleist auch durchaus die Finessen eines temporär versetzten, Geber und Nehmer vertauschenden *quid pro quo* zu beherrschen. Denn einerseits ‚liefert' der Briefautor seine umfangreiche ‚Ware' zügig,[11] wenngleich er aus gattungsspezifischen Gründen Zweifel am Zeitpunkt der Auslieferung hegt,[12] und verlegt die physiologische (Kuss) oder auch materiale (‚Band in den Tobacksbeutel') Entlohnung auf einen zukünftigen Zeitpunkt. Dieser Aufschub ist allerdings auch den lebenspraktischen Umständen geschuldet, denn tatsächlich gebietet mindestens der Kuss die physische Anwesenheit beider beteiligter Personen. Allerdings könnte Kleist den zu bearbeitenden ‚Tobacksbeutel' ebenso mit der Post senden wie monetäres Entgelt. Wenn Kleist also andererseits Wilhelmine von Zenge auf die zunächst von ihr zu tragenden Kosten des Briefwechsels hinweist, verschiebt er seine Gegenleistung vorsichtshalber auf den nicht näher bestimmbaren Zeitpunkt des ‚einst': „(Diese Correspondenz wird Dir vieles Geld kosten. Ich werde das ändern, so viel es möglich ist. Was es Dir doch kostet, werde ich Dir schon *einst* ersetzen.)"[13] Damit trägt Heinrich von Kleist zwar das Risiko, ohne Kuss und/oder mit krümelndem Tabaksbeutel leben zu müssen. Angesichts der Tatsache, dass Kleist aber den Ausgleich des von seiner Verlobten zu tragenden, vergleichsweise höheren finanziellen Risikos auf einen unbestimmten späteren – utopisch fernen, wie sich herausstel-

10 An Wilhelmine von Zenge, 4. September 1800, S. 106. Solche Auflistungen finden sich auch in folgenden Briefen an Wilhelmine von Zenge: 21. August 1800, S. 82; 1. September 1800, S. 96; 18. September 1800, S. 135 und 23. September 1800, S. 142.

11 „[I]ch bin fleißig und schnell", an Wilhelmine von Zenge, 5. September 1800, S. 113.

12 „Adieu, liebes Mädchen, jetzt schließe ich den Brief. In der nächsten Station fange ich einen andern Brief an. Es werden doch Zwischenräume von Tagen sein, ehe Du den folgenden Brief empfängst. Vielleicht empfängst Du sie auch alle auf einmal." Ebd., S. 114 f.

13 An Wilhelmine von Zenge, 4. September 1800, S. 107, H. i. O.

len wird - Zeitpunkt verschiebt, zeigt sich, dass Kleist eine Kosten-Nutzen-Rechnung zu seinen Gunsten zu beherrschen wusste.

Diese ‚Tauschgeschäfte'[14] bleiben allerdings nicht auf einen materialen und pekuniären Kontext beschränkt. Denn Dinge sind ebenso tauschbar wie Menschen, was voraussetzt, dass über letztere genau so verfügt werden kann wie über erstere. Ich gehe aus von der Überlegung, dass „eine Untersuchung des Phänomens und Problems des ‚Besitzdenkens'"[15] sich, wie Ulrich Fülleborn konstatiert, auch auf Personen bezieht, die nicht nur in einem Akt „phantasierte[n] Verfügen[s] über letztlich nicht Verfügbares"[16] zum ‚Besitzstand' des verfügenden Individuums werden, sondern die sogar selbst zum Zweck der ökonomischen Anpassung eines Objekts an die Bedürfnisse des Besitzers allererst erschaffen und angepasst werden.[17]

Der Anspruch, Unverfügbares zumindest nach eigenem Belieben zu bilden, zeigt sich in den „Denkübungen",[18] die Heinrich von Kleist seiner Verlobten aufträgt. So bietet er Wilhelmine für ihre bedingungslose, auch gegen widrigen Schein vertrauende Liebe als Gegengabe formende Bildung. Vordergründig scheinen diese Tauschverhältnisse transparent und klar zu sein: Die Ausgangspositionen der Tauschpartner und das Tauschobjekt sind fest definiert und der Transfer - hier ein interpersonaler Wechsel auf die Zukunft zwischen Verlobten mit einem ‚Versorger' und einer ‚Sorgenden' - wird zugesagt: Die Bitte Heinrich von Kleists, seine Braut möge ihm „offenherzig alles sagen, was Ihnen vielleicht an mir mißfallen könnte", wird verbunden mit dem Versprechen, „alle Ihre Forderungen zu erfüllen".[19] Während aber langfristig ein ökonomischer Tauschhandel nur funktionieren kann, wenn beide Seiten gleichberechtigt ihre wirtschaftlichen Bedürfnisse befriedigen und einen Mehrwert erzielen, so funktioniert das Geschäft bei Kleist nur unter der Prämisse,

---

14 „Liebe erscheint hier als Ökonomie von Gabe und Gegengabe, statt als Anökonomie, als Verschwendung, Hingabe, Passion." Günter Blamberger: *Heinrich von Kleist. Biographie.* Frankfurt a. M. 2011, S. 94. Blamberger weist allerdings auch zu Recht darauf hin, dass viele Kleist-Briefe durch ein Autodafé Wilhelmine von Zenges verloren sind. Insofern kann durchaus „bezweifelt werden", ober dieser „Tauschhandel" Kleists „Natur entspricht" (ebd.).

15 Ulrich Fülleborn: Die Geburt der Tragödie aus dem Scheitern aller Berechnungen. Die frühen Briefe Heinrichs von Kleist und ‚Die Familie Schroffenstein'. In: *Kleist-Jahrbuch* 1999, S. 225-249, hier S. 225.

16 Ebd.

17 Vgl. ebd., S. 231.

18 An Wilhelmine von Zenge, Frühjahr-Sommer 1800, S. 62 ff.

19 An Wilhelmine von Zenge, April/Anfang Mai 1800, S. 57.

dass die Superiorität des ‚Bildners' anerkannt wird,[20] und auch nur dann, wenn die zu erfüllenden Forderungen bereits prospektiv auf die Bedürfnisse und Geschäftsregeln des - vermeintlich - mächtigeren Partners ausgerichtet sind. Denn Kleist kann die Erfüllung der Forderungen genau darum versprechen, „weil ich nicht fürchte, daß Sie überspannte Forderungen machen werden."[21] Damit täuscht sich das handelnde Ich der Briefe aber nicht nur über die Struktur zwischenmenschlicher Beziehungen, die mit der Reduktion auf ein Tauschgeschäft um eine entscheidende Dimension verkürzt werden,[22] sondern auch die Stellung der Kommunikationspartner zueinander steht nur vordergründig in einer Relation des Austauschs. Denn Wilhelmine von Zenge soll nicht nur keine ‚überspannten Forderungen' stellen, sondern ihr fällt auch die Aufgabe zu, die ‚Gabe', nämlich ihre Liebe bzw. ihr von liebender Fokussierung auf Heinrich von Kleist geprägtes Handeln so zu gestalten, dass Kleists ‚Gegengabe' auch gerechtfertigt ist: „Fahren Sie wenigstens fort, sich immer so zu betragen, daß ich mein höchstes Glück in Ihre Liebe und in Ihre Achtung setze",[23] denn nur dann und „[d]afür will ich denn auch an Ihrer Bildung arbeiten".[24] Hier scheinen zwar Gabe und Gegengabe (Liebe und Bildung) zumindest noch in einer kategorialen Relation zu stehen, aber die Beziehung zu Wilhelmine von Zenge ist keineswegs von ‚gleichberechtigtem' Austausch geprägt.

II. „Du bist nichts anders als ich"[25]

Allerdings fungieren auch andere wichtige Adressaten der Briefe Kleists keinesfalls als paritätische Partner. Bereits im ersten Brief an seinen ehemaligen Hauslehrer Christian Ernst Martini wird dies deutlich. Kleist eröffnet diesen Brief mit einer *captatio benevolentiae*:

---

20 „Ließ die Instructionen oft durch. Es wäre am beßten wenn du sie auswendig könntest. Du wirst sie brauchen." An Wilhelmine von Zenge, 16. August 1800, S. 76.

21 An Wilhelmine von Zenge, April/Anfang Mai 1800, S. 57.

22 Vgl. David Deißner: *Moral und Motivation im Werk Heinrich von Kleists*. Tübingen 2009, der Kleists ‚Gegenrechnen' im kommunikativen und sozialen Austausch mit seinem grundsätzlichen Zweifel an der Zweckfreiheit menschlichen Wohlwollens begründet. Vgl. ebd., S. 58 f.

23 An Wilhelmine von Zenge, April/Anfang Mai 1800, S. 56.

24 Ebd.

25 An Wilhelmine von Zenge, 13. November 1800, S. 159.

„Halten Sie mich für keinen Streitsüchtigen, mein Freund! Weil ich diesen Brief mit jener Streitfrage anfange, die wir in unserer Unterredung wegen Kürze der Zeit unentschieden lassen mußten."[26] Außerdem bittet er Martini um seine Meinung mit der Schmeichelei, dass der Adressat „sicher und gewiß" sein könne, dass Martinis Rückmeldung „geprüft und überlegt"[27] sein werde. Damit scheint den epistolaren Anforderungen eines auf gleichberechtigtem und wertschätzendem Austausch beruhenden Briefwechsels Genüge geleistet zu sein. Diese ‚Bitte' um Rat wird jedoch dadurch konterkariert, dass Kleist diese Meinung nur zum ‚Vergleich' mit seinem eigenen Standpunkt heranziehen und nicht als wie auch immer geartete Entscheidungshilfe nutzen möchte:

> Niemand kann besser wissen, was zu meinem Glücke dient, als ich selbst; Niemand kann so gut wissen, wie ich, welcher Weg des Lebens unter den Bedingungen meiner physischen und moralischen Beschaffenheit für mich einzuschlagen am besten sei; eben weil dies Niemand so genau kennt, Niemand sie so genau ergründen kann, wie ich.[28]

Noch deutlicher wird der Briefautor Heinrich von Kleist, wenn er Martini implizit verdeutlicht, wie seine Hinweise aussehen sollten: „Es ist also ein wahres Wort, daß man nur den um Rath fragen soll, der keinen giebt."[29] Damit verabsolutiert Kleist sich selbst und streicht die ‚Anderen' als ‚Niemand' durch. Sein ehemaliger Lehrer – und seine Schwester Ulrike als ‚Co-Adressatin' – werden rhetorisch-argumentativ als zu der ‚Allgemeinheit' gehörend definiert, die zwar aus einzelnen, quantifizierbaren Individuen besteht, im Kollektiv aber nur mit dem Namen ‚Niemand' belegt werden kann. Damit wird zweierlei deutlich: Zum einen degradiert der Briefautor seinen epistolaren Kommunikationspartner (und seine implizite Briefpartnerin) zu intellektuellen Stichwortgebern: ein ‚Streitgespräch' harrt der Fortsetzung, diese ist jedoch nicht auf dualen Austausch gerichtet, da einer der beiden Gesprächsteilnehmer den ‚Streit' für sich bereits entschieden hat und das ‚Ergebnis' samt Begründung dem anderen nur noch darlegt. Und da die Lösung des Streitfalles bereits feststeht, ein weiterer ‚Streit' also überflüssig ist, bleibt dem Angesprochenen nur noch die Zustimmung – oder das Schweigen. Die Briefpartner fungieren also innerhalb des epistolaren Kontakts nicht als gleichberech-

26 An Christian Ernst Martini, 18. und 19. März 1799, S. 19.
27 Ebd., S. 21.
28 Ebd., S. 20.
29 Ebd.

tigte Austauschpartner, sondern als - bestätigende - Komplementärfunktion des Briefautors.

Ottokar betont in Kleists Trauerspiel *Die Familie Schroffenstein*: „Zwei Werte hat ein jeder Mensch: den einen / Lernt man nur kennen aus sich selbst, den andern / Muß man erfragen."[30] Und Peter Philipp Riedl[31] bemerkt in Auseinandersetzung mit Kleists Essayistik luzide:

> In Kleists Beispielen [im Essay *Über die allmählige Verfertigung der Gedanken beim Reden,* I. K.] erfolgt jedoch kein Wissensaustausch mit Erkenntnisgewinn auf beiden Seiten, sondern der Gesprächspartner bildet für den eigentlich Erkenntnissuchenden lediglich eine Art von personifizierter Initiation in psychologischer Hinsicht.[32]

Daher bleibt zwar das Individuum als Deutungsmacht insofern unhintergehbar, als es immer schon ein Einzelsubjekt ist, das dem Wort seine Bedeutung zuweist, sodass Sprache und Subjektivität sich grundlegend wechselseitig bedingen. Dieter Heimböckel zitiert in diesem Zusammenhang Achim Geisenhanslüke, der formal auf Kant zurückgeht und inhaltlich auf Überlegungen Henri Meschonnics beruht: „Ohne Subjekt ist die Sprache leer, ohne Sprache ist das Subjekt blind".[33] Allerdings bleibt die Bedingung der Möglichkeit von Verstehen überhaupt grundlegend intersubjektiv verfasst, weil die basalen Kategorien der Verständigung kollektivierte sein müssen, wie es Ottokar auf den Punkt bringt.

Heinrich von Kleist geht allerdings noch einen Schritt über die Funktionalisierung des Gegenübers zu einem ‚Spiegel' des Ich hinaus, wenn er seine Verlobte Wilhelmine von Zenge nicht nur zum Objekt seiner Bildungsbemühungen degradiert, sondern ihr in einem Wunschtraum[34]

---

30 Heinrich von Kleist: Die Familie Schroffenstein. In: Heinrich von Kleist: *Sämtliche Werke und Briefe in vier Bänden.* Hg. v. Ilse-Marie Barth, Klaus Müller-Salget, Stefan Ormanns u. Hinrich C. Seeba. Frankfurt a. M. 1987-1997, im Folgenden zitiert unter der Sigle DKV mit Band und Seitenzahl bzw. Versnummer; hier DKV I, 155, Vs. 797-799.

31 Peter Philipp Riedl: Die Macht des Mündlichen. Dialog und Rhetorik in Heinrich von Kleists „Über die allmählige Verfertigung der Gedanken beim Reden". In: *Euphorion* 98 (2004), S. 129-151.

32 Ebd., S. 146.

33 Zitiert nach Dieter Heimböckel: *Emphatische Unaussprechlichkeit. Sprachkritik im Werk Heinrich von Kleists. Ein Beitrag zur literarischen Sprachskepsistradition der Moderne.* Göttingen 2003, S. 38, Anm. 105.

34 „Wahrlich, wenn ich Dich nicht hätte, und reich wäre, ich sagte à toutes les beautés des villes. Ich durchreisete die Gebirge, besonders die dunklen Thäler, spräche ein von Haus zu Haus, und wo ich ein blaues Auge unter dunkelen Augenwimpern, oder bräunliche Locken auf dem weißen Nacken fände, da wohnte ich ein Weilchen und sähe zu ob das Mädchen auch im Innern so schön sei, wie von außen." An Wilhelmine von Zenge, 5. September 1800, S. 110.

quasi ex negativo vor Augen führt, wie er sich eine zu ihm ‚passende' Partnerin vorstellt. Kleist wählt dafür im Hinblick auf die Beziehung zu „Mädchen"[35] allgemein die berühmte Metapher des Klarinetten-Mundstücks:

> [...] und wäre ein Mädchen auch noch so vollkommen, ist sie *fertig*, so ist es nichts für mich. Ich selbst muß es mir formen und ausbilden, sonst fürchte ich geht es mir, wie mit dem Mundstück an meiner Clarinette. Die kann man zu Dutzenden auf der Messe kaufen, aber wenn man sie braucht, so ist kein Ton rein. [...] Da schnitt ich mir von einem gesunden Rohre ein Stück ab, formte es nach meinen Lippen, schabte und kratzte mit dem Messer bis es in jeden Einschnitt meines Mundes passte --- und das gieng herrlich. Ich spielte nach Herzenslust.[36]

Damit ist die Beziehung zwischen beiden definiert nicht als gleichberechtigter Austausch zweier autonomer Individuen, sondern als Schöpfungsakt eines Subjekts, das ein ‚passendes' Objekt kreiert.[37] Neben der Hybris des allmächtigen Schöpfertums nach dem eigenen Bilde ist diese Passage auch deswegen interessant, weil sie die Verbindung von Kommunikation, Beziehungsstruktur, Bildung und Individuation verdeutlicht. Die kommunikative Verkehrsform im Umgang mit dem Partner ist ästhetisch strukturiert, sie wird verglichen mit dem emotionalen Mehrwert individualen Musizierens. Zugleich funktioniert diese Kommunikation aber nur, wenn erstens das Gegenüber nicht als autonomes Subjekt wahrgenommen wird, sondern als ein von eben jenem Subjekt auf die eigenen Zwecke hin zugerichtetes Objekt fungiert. Damit wird dem Objekt der Status eines Individuums abgesprochen. Das Objekt hat erst dann vollkommene Daseinsberechtigung, wenn es ‚passgenau', der Form der

35 Ebd.

36 Ebd., H. i. O.

37 Mit der Struktur des autokreativen Schöpfungsaktes zielt das ‚Identitätsprogramm' des Briefautors eben nicht auf die - auf ein Du gerichtete - Liebe als Nachvollzug der ‚Stimme des Herzens'. Vielmehr fungiert die - scheinbare - Ausrichtung auf ein Du als Projektionsfläche des Briefautors, die Adressierung der vermeintlichen *lingua amoris* zielt nicht auf die wechselseitige Erhebung von Ich und Du in der - Sprache der - Liebe, sondern fokussiert die Exterritorialisierung des adressierenden Individuums in einem zweiten - adressierten, also theoretisch ‚anderen' - Individuum, das praktisch allerdings mit dem adressierenden Individuum identisch ist. Insofern liegt die Betonung dieses Liebesverhältnisses im Hinblick auf den Briefautor gerade nicht auf der „Selbst-*vervollkommnung*" (Urs Strässle: *Heinrich von Kleist: Die keilförmige Vernunft*. Würzburg 2002, S. 72, Hervorhebung I.K.). Zentral ist vielmehr der Selbstbezug des brieflichen Individuums in der paradoxalen Struktur des Du=Ich. Übersteigert wird diese Struktur noch in der ‚Todeslitanei', vgl. dazu den Schluss dieses Beitrags.

Lippen[38] nachgebildet, also dem Subjekt zuhanden ist. Damit stellt dieses Objekt quasi die Negativ-Folie des Subjekts dar und füllt die ‚Freiflächen' des handelnden Subjekts aus („jeden Einschnitt meines Mundes"[39]). Somit kreiert das Subjekt ein reziprokes Simulakrum[40] seiner selbst, eine Gegen-Kopie, durch die wiederum jegliche Spannung und Diskrepanz, alle Brüche und Lücken der eigenen Individuierung ausgestopft und somit eskamotiert werden. Damit ist scheinbar eine Übereinstimmung zwischen Subjekt und Objekt erreicht und eine harmonische Beziehung gesichert. Doch abgesehen davon, dass diese Homologie nur eine temporäre ist, die genauso lange anhält, wie das Individuum - um im Bild zu bleiben - Klarinette spielt, verlagert Kleist zweitens mit dieser Idyllen-Version einer passgenauen Entsprechung der Geschlechter die avisierte Homologie von Subjekt und Objekt auf die Mann-Frau-Relation[41] und stellt somit das Weibliche selbst als Signifikat aus, als Leerstelle, die die Lücke

38 Interessanterweise hat Kleist auch bei diesem Wort („Lippen") ursprünglich den Begriff „Munde" gesetzt (vgl. Heinrich von Kleist: *Sämtliche Werke.* Historisch-kritische Ausgabe. Hg. v. Roland Reuß u. Peter Staengle. Basel/Frankfurt a. M. 1988 ff., hier Bd. IV/1: Briefe, S. 259, Z. 12), ein Hinweis darauf, dass hier weniger die äußere Begrenzung des Mundes durch die Lippen zentral ist, sondern dass es um die Form des Mundes geht, siehe hierzu auch den folgenden Interpretationsvorschlag. Zur problematischen Publikation des Kleist'schen ‚Brief-Werkes' vgl. Peter Staengle: „noch ein Blättchen Papier für Dich". Zu Heinrich v. Kleists Brief an Wilhelmine von Zenge vom 20./21. August 1800. In: *Modern Language Notes* 117 (2002), S. 576-583, sowie Klaus Müller-Salget: Heinrich von Kleists Briefwerk. Probleme der Edition eines mehrfach fragmentierten Textes. In: Werner M. Bauer/Johannes John/Wolfgang Wiesmüller (Hg.): *„Ich an Dich". Edition, Rezeption und Kommentierung von Briefen.* Innsbruck 2001, S. 115-130.

39 An Wilhelmine von Zenge, 5. September 1800, S. 110.

40 Zum Begriff des Simulakrums vgl. Renate Lachmann: *Gedächtnis und Literatur. Intertextualität in der russischen Moderne.* Frankfurt a. M 1990, S. 27: „Jedem Zeichen, jedem Bild (als Zeichenkomplex) ist das Gegenzeichen, das Simulakrum, als ‚falsches' und ‚trügerisches' eingeschrieben. Indem das Simulakrum das Gleiche als Nichtgleiches, das Ähnliche als Nichtähnliches zu erkennen gibt, entzieht es dem Zeichen die es stabilisierende semantische Legitimation."

41 Justus Fetscher interpretiert die Briefe an Wilhelmine von Zenge als Elemente einer *lingua litterae*, „als kategoriale verschobene Entwürfe eines Briefromans. Dabei beerben und überdrehen sie alle überlieferten Perversionen dieses Genres: das Moment heteronomer Verführung, Kopfverdrehung, Rollenvertauschung, Sprach- und Schrift-Maskerade, das Konvergieren des Briefwechsels auf - und seine Ersatzfunktion für - die sexuellen [sic!] Vereinigung, die Verwirrung der personalen und erotischen Identität: kalkuliert vom Schreiber und dem Adressaten angedreht." Justus Fetscher: Schrift verkehrt. Über Kleists Briefwerk. In: *Beiträge zur Kleist-Forschung* 20. Hg. v. Lothar Jordan. Würzburg 2008, S. 105-128, hier S. 118.

im eigenen Selbst nur spiegelt.[42] Insofern wird der Versuch, eine Liebesbeziehung einzugehen, tautologisch zu einer autorelationalen Beziehung des Individuums mit sich selbst.[43]

Deutlich wird diese Selbstbezüglichkeit des Briefautors auch in der epistolaren Reflexion über seine Zukunft gegenüber seiner Verlobten. Strukturell weist diese Passage Ähnlichkeiten zum ersten Brief an Kleists ehemaligen Hauslehrer Martini auf: Auch hier geht es Kleist in Bezug auf die medialen Bedingungen brieflicher Kommunikation nicht um Austausch, also adressierte Kommunikation, sondern um eine Spiegelung des Ich im Anderen. Während Christian Ernst Martini allerdings als Teil der ‚Allgemeinheit' und damit als ‚Niemand' kategorisiert wird, so fungiert Wilhelmine von Zenge nicht mehr über den Umweg eines Kollektivs, sondern direkt als autorelationales Objekt des brieflichen Subjekts: „Ich will von mir mit Dir reden, als spräche ich mit mir selbst. Gesetzt Du fändest die Rede eitel, was schadet es? *Du bist nichts anders als ich*, und vor Dir will ich nicht besser erscheinen, als vor mir selbst".[44]

---

42 Gerhart Pickerodt: Zwischen Erfahrung und Konstruktion. Kleists Bildentwürfe in den Pariser Briefen des Jahres 1801. In: *Jahrbuch der deutschen Schillergesellschaft* 38 (1994), S. 89-115, hier besonders S. 112 ff., interpretiert die Idyllen-Vision Kleists, das angestrebte Ideal einer „Zweisamkeit des amönen Landlebens [...] als Streben nach einer Verabsolutierung des Ich, welches den leeren Raum der aufgelösten sozialen Bezüge mit eigener Substanz auffüllt", was direkt auf die Metapher des Klarinetten-Mundstücks übertragbar ist.

43 Damit geht die epistolare Korrespondenz über „Geschlechter- und Papierrollen" und auch über „Konstruktionen von Weiblichkeit und Männlichkeit wie Form- und Funktionszitate, die den Brief an die Stelle der Person stellen, die Person zur schriftlichen Figur machen" (Fetscher: Schrift verkehrt [wie Anm. 41], S. 115), deutlich hinaus. Wenn Kleist an seine Verlobte schreibt: „Jetzt will ich mein Versprechen erfüllen und Dir, statt meiner, wenigstens einen Brief schicken. Sei für jetzt zufrieden mit diesem Stellvertreter, bald wird die Post mich selbst zu Dir tragen." (an Wilhelmine von Zenge, 10. Oktober 1800, S. 144), dann ist das mit Justus Fetscher nicht nur als Rollenprosa (vgl. Fetscher: Schrift verkehrt [wie Anm. 41], S. 115) zu verstehen, sondern als weitere Substitution von *lingua individualis* und *lingua corporis* im Medium der *lingua epistolaris*.

44 An Wilhelmine von Zenge, 13. November 1800, S. 159, Hervorhebung I. K. Allerdings produziert Kleist „durch die totale und systematische Benutzung und Ausbeutung des Mediums Brief" (Elke Clauss: *Untersuchungen zum Liebesbrief im 18. Jahrhundert*. Stuttgart/Weimar 1993, S. 221) eben gerade keine „*Lücken*" (ebd., Hervorhebung im Text), die die Rezipientin zu füllen hätte, wie Elke Clauss konstatiert. In der Festschreibung Kleists als „Kalkulator", als „Dirigent" (ebd.) brieflichen (Liebes-)Austauschs lässt Clauss fundamentale Bedingungen epistolarer Kommunikation wie die Dialogizität und die grundlegende Medialität sowie Spezifika der Individuierung des brieflichen Ich außer Acht. In Clauss' reiner Adressatenbindung (Wilhelmine von Zenges Aufgabe sei einzig das „Deuten der männlichen Schrift und der Zeichen", ebd., S. 223) wird der

III. „*ein* Capital müssen wir haben"[45]

Ein in diesem Kontext letztes Beispiel für die zu einem unentwirrbaren Konglomerat widersprüchlicher Handlungsanweisungen, Appelle und Anforderungen verstrickten epistolaren Äußerungen des brieflichen Ich ist ein chiastischer Syllogismus, der schließlich sogar die Beziehung von Handlung und Verantwortung zwischen Wilhelmine von Zenge und Heinrich von Kleist umkehrt: „wenn Du es mir gelingen lassen könntest, mir an Dir eine Gattinn zu formen, wie ich sie für mich […] wünsche, […] dann, ja dann könntest <Du> mir für eine That lohnen…"[46] Hier wird also nicht nur Wilhelmine von Zenge zugemutet, ihr Handeln so zu organisieren, dass die ‚Gegengabe' Heinrich von Kleists ‚gerechtfertigt' ist, sondern sie soll auch noch die Verantwortung für die Handlungen Kleists, also für die ‚Qualität der Gegengabe' übernehmen: Nicht nur der Erfolg ihrer, sondern auch seiner Handlungen, metaphorisch also die Formung, die Passgenauigkeit des Klarinettenmundstücks, das ja Heinrich von Kleist schnitzt, verantwortet sie.

Auch in ganz lebenspraktischen Fragen wie der, auf welche Weise das Überleben materiell abgesichert werden soll, kommt der Verlobten Wilhelmine von Zenge eine gewisse Rolle zu. Zwar hat Heinrich von Kleist mit dem Ausscheiden aus dem Soldatenstand im Frühjahr 1799 nicht nur lebenspraktische Bedenken seiner Familie („Man […] fragte mich, welche Brodwissenschaft ich ergreifen wolle"[47]) und ihre sozialpolitischen Einwände („Man fragte mich, ob ich auf Connexionen bei Hofe rechnen könne?"[48]) ignoriert, sondern auch auf die Frage nach der Existenzsicherung durch eine entlohnte Tätigkeit eher gleichgültig reagiert:

> Welche Anwendung ich einst von den Kenntnissen [in der Wissenschaft, I.K.] machen werde, die ich zu sammeln hoffe und auf welche Weise ich mir das Brod, das

---

Blick verstellt auf die perforierte Struktur des brieflichen Ich selbst. So schafft die „Verrätselung von selbstentworfenen Systemen" eben gerade nicht „als diskursive Positivität einzig den hermeneutischen Bedarf des Verstehens" (ebd., S. 233), sondern jene Sehnsucht nach Verständnis bedingt diese Verrätselung und eskamotiert zugleich in ihr als der einzigen Ausdruckmöglichkeit eben jene Ineffabilität des Individuums. Auch „Entfernung und Phasenverzug des Dialogs" werden gerade nicht „zu unabdingbaren Voraussetzungen für ein vorgestelltes Liebesspiel" (ebd., S. 241), denn das verzweifelte Spiel mit den temporalen Schickungen ist weniger dual organisiert, sondern solipsistisch rückgebunden auf das epistolare Ich selbst.

45 An Wilhelmine von Zenge, 18. November 1800, S. 168, H. i. O.

46 An Wilhelmine von Zenge, 15. September 1800, S. 128.

47 An Christian Ernst Martini, 19. März 1799, S. 31.

48 Ebd.

> ich für jeden Tag und die Kleidung die ich für jedes Jahr brauche, erwerben werde, weiß ich nicht. Mich beruhigt mein guter Wille, keine Art von Arbeit und Broderwerb zu scheuen, wenn sie nur ehrlich sind.[49]

Außerdem beruft sich Heinrich von Kleist auf den „zufällige[n] Umstand" seines kleinen Vermögens, das ihn „vor dem tiefsten Elende, vor Hunger und Blöße in Krankheiten"[50] schützt, und profiliert eine kategorial andere Art des Eigentums als seiner angemessen: „*Bildung* schien mir das einzige Ziel, das des Bestrebens, *Wahrheit* der einzige Reichthum, der des Besitzes würdig ist. – Ich weiß nicht, liebe Wilhelmine, ob Du diese zwei Gedanken: *Wahrheit* und *Bildung*, mit einer solchen Heiligkeit denken kannst, als ich –"[51]

Aber wenngleich Heinrich von Kleist im November 1800 seiner Verlobten gegenüber sehr nachdrücklich bekräftigt, kein Amt ausfüllen zu wollen,[52] und sich auf „das ganze schriftstellerische Fach"[53] kapriziert, wobei hier noch die Laufbahn eines (populär-)wissenschaftlichen Autors gemeint ist, nicht die eines Literaten, so verraten sowohl Wortwahl als auch Gehalt der Appelle an Wilhelmine von Zenge die Grundstruktur des *quid pro quo*:

> Ja, mein liebes Minchen, *ein* Capital müssen wir haben, und wenn es kein *Geld* ist, so muß es *Bildung* sein, denn mit dem *Körper* können wir wohl darben, aber mit dem Geiste müssen wir es niemals, niemals – und wovon wollen wir leben, wenn wir nicht bei Zeiten sammeln?[54]

Zugleich kommt der Verlobten nicht nur, wie bereits dargelegt, die Rolle zu, das Tauschgeschäft der Liebe immer wieder neu zu ‚befeuern',[55] auch in konkrete pekuniäre Erwägungen zur künftigen Existenzsicherung wird sie – entgegen voriger Bekundungen des Briefautors – aktiv mit einbezogen:

---

49 An Christian Ernst Martini, 18./19. März 1799, S. 33.

50 Ebd., S. 34.

51 An Wilhelmine von Zenge, 23. März 1801, S. 212, H. i. O.

52 An Wilhelmine von Zenge, 13. November 1800, S. 156.

53 Ebd., S. 159.

54 An Wilhelmine von Zenge, 18. November 1800, S. 168, H. i. O.

55 „Aber jetzt umschließe ich Dich innig mit meinem *warmen* Herzen, mein liebes, liebes Minchen – o der *erste* Funke fieng Feuer – vielleicht wäre er doch erloschen, aber du hast es wohl verstanden, ihn zur Flamme anzufachen – o erhalte sie in der Glut, mein eignes Glück hängt daran, aber von Dir nur hängt es ab. O wache, wie die Vestalinnen, über die heilige Flamme, daß sie nicht erlösche, lege von Zeit zu Zeit etwa ein neues erworbenes Verdienst hinzu, und schlafe nie ein auf den Stufen". An Wilhelmine von Zenge, 18. November 1800, S. 170, H. i. O.

> Ich selbst habe mir schon ein kleines Ideenmagazin angelegt, das ich Dir wohl einmal mittheilen und Deiner Beurtheilung unterwerfen mögte. Ich vergrößere es täglich. Wenn Du auch einen kleinen Beitrag dazu liefertest, so könntest Du den Stolz haben, zu einem künftigen Erwerb auch etwas beizutragen. - Verstehst Du mich? -[56]

Ein knappes Jahr später lehnt Heinrich von Kleist ein Erwerbsleben als Schriftsteller ab: „Aber *Bücherschreiben* für Geld - o nichts davon."[57] Allerdings scheitern bekanntermaßen die weiteren Lebensentwürfe wie die Überlegung, ein Leben als Landmann in der Schweiz zu führen, oder der - neben der Militärlaufbahn - einzige weitere, gesellschaftlich und familial tolerable, kameralistische Beruf.[58] Schließlich ist Kleist bereit, sein Leben und sogar sein Schreiben unter ökonomischen Gesichtspunkten zu organisieren:

> Ich will mich jetzt durch meine dramatische Arbeiten ernähren [...]. In drei bis vier Monaten kann ich immer ein solches Stück schreiben; und bringe ich es nur à 40 Frid. d'or, so kann ich davon leben. Auch muß ich mich im Mechanischen verbessern, an Übung zunehmen und in kürzern Zeiten besseres liefern lernen.[59]

Allerdings charakterisiert Kleist die Notwendigkeit, sich in ökonomische Produktionsprozesse zu begeben - „und auch das nur bloß weil ich [sonst] verhungern müßte"[60] - selbst nicht nur als negativ, sondern sogar im Hinblick auf seine eigenen Fähigkeiten als defizient: „Meine Vorstellung von meiner Fähigkeit ist nur noch der Schatten von jener ehemaligen in Dresden. [...] Wär ich zu etwas Anderem brauchbar, so würde ich es von Herzen gern ergreifen: ich dichte bloß, weil ich es nicht lassen kann."[61]

Erschwerend kommt hinzu, dass der Briefautor nicht nur die ‚Ergebnisse' seiner literarisch-ästhetischen Produktion in pekuniär-wirtschaftliche Kontexte stellt, sondern dass auch das genuine Medium individualer Selbstaussage, seine ‚Herzenssprache', ökonomischen Bedingungen unterworfen zu sein scheint. Denn bis zur sogenannten Sprachkrise fun-

---

56 An Wilhelmine von Zenge, 18. November 1800, S. 170.

57 An Wilhelmine von Zenge, 10. Oktober 1801, S. 283, H. i. O.

58 „Du weißt, daß ich meine Carriere wieder verlassen habe. Altenstein, der nicht weiß, wie das zusammenhängt, hat mir zwar Uhrlaub angeboten, und ich habe ihn angenommen; doch bloß um mich sanfter aus der Affaire zu ziehen." An Otto August Rühle von Lilienstern, 31. August 1806, S. 371.

59 Ebd.

60 Ebd.

61 Ebd.

giert ‚das Herz'[62] für den Briefautor *cum grano salis*, der empfindsamen Vorstellung einer Kommunikation des Herzens gemäß, inklusive all seiner somatischen Nebenerscheinungen als unerschöpflicher Quell neuer Empfindungen, die in steter Substitution von Körper- und Schriftströmen[63] sowohl neue emotionale Ergüsse generieren als auch die Authentizität eben jener legitimieren.[64] Nun allerdings erscheinen die Äußerungen ‚des Herzens' seinem ‚Besitzer' nicht mehr als *lingua cordis*, als emphatischer Diskurs des empfindsamen 18. Jahrhunderts. Mit der Vorstellung des Herzens als Werkzeug, das sich im Gebrauch abnutzt,[65] bricht sich eine utilitaristische Vorstellung Bahn, die in ihrer Kosten-Nutzen-Erwägung eher Konzeptionen ökonomisch valider inkludierter Individualität bedient, die allerdings auch den Tod der *lingua cordis* gleichsetzt mit dem physischen Exitus der ganzen Person und insofern die radikale Endlichkeit menschlicher Existenz sowohl als Movens dichterischen Schaffens[66] begreift als auch in seiner atomisierten Bedeutungs- bzw. Relevanzlosigkeit erfasst.

So sieht es also zunächst so aus, als würde sich Heinrich von Kleists ‚Bestimmung zum Wort' in der literarischen Produktion und in der aktiven Teilnahme an ökonomischen Prozessen im Kontext kultureller Produktion zur Sicherung der eigenen Lebensgrundlage verwirklichen können. Dem entgegen stehen bekanntermaßen nicht nur die politischen Verhältnisse, die Kleist als tragikomische ‚alte Frau' karikiert,[67] und die eigene Gesundheit,[68] sondern auch der Misserfolg sowohl des *Phöbus*[69] als

62 Zum ‚Herzensdiskurs' vgl. neben Kording: (V)Erschriebenes Ich (wie Anm. 1) auch dies.: „Wie die Mäuse, die man aus Apfelkernen schneidet." Kleists Rezeption von Christoph Martin Wielands *Gandalin oder Liebe um Liebe*. In: Ingo Breuer/Katarzyna Jastal/Pawel Zarychta (Hg.): *Heinrich von Kleist und die Briefkultur um 1800*. Köln/Wien u. a. 2013, S. 183-196.

63 Vgl. Albrecht Koschorke: *Körperströme und Schriftverkehr. Mediologie des 18. Jahrhunderts*. München 1999.

64 Zur genaueren Herleitung vgl. meine in Anm. 1 erwähnte Dissertation.

65 „Jede Arbeit nutzt ihr Werkzeug ab […]. Und bei dem Dichten schrumpft das Herz ein." An Marie von Kleist, 20. Juli 1805, S. 355.

66 „Sollen wir unsre Kräfte einbalsamiren, und lebendig mit uns begraben? Keineswegs. Wir sollen sie brauchen." An Marie von Kleist, 20. Juli 1805, S. 355.

67 „Was sagen Sie zur Welt, d.h. zur Phisiognomie des Augenblicks? Ich finde, daß mitten in seiner Verzerrung etwas Komisches liegt. Es ist, als ob sie im Walzen, gleich einer alten Frau, plötzlich nachgäbe (sie wäre zu Tode getanzt worden, wenn sie fest gehalten hätte)". An Adolphine von Werdeck, 30. Oktober 1807, S. 403.

68 „meine Nerven sind zerrüttet, und ich bin nur periodenweise gesund." An Adolphine von Werdeck, 30. Oktober 1807, S. 403.

auch der von Oktober 1810 bis März 1811 erscheinenden *Berliner Abendblätter* sowie die teilweise bis zu Duellforderungen führenden Zerwürfnisse mit Adam Müller, Goethe, August Wilhelm Iffland oder Friedrich Ludwig Georg von Raumer. Der Anspruch des Briefautors, sich „mit seinem ganzen Gewicht, so schwer oder leicht es sein mag, in die Waage der Zeit [zu] werfen"[70] und mit Hilfe seiner literarischen Produktion die Zeitläufte zu beeinflussen,[71] sieht sich immer wieder durch eben jene ‚Zeit' befehdet:

> Ich ging aus D<resden> weg, wie du weißt, in der Absicht, mich mittelbar oder unmittelbar, in den Strom der Begebenheiten hinein zu werfen; doch in allen Schritten, die ich dazu that, auf die seltsamste Weise, contrecarrirt, war ich genöthiget, hier in Prag [...] meinen Aufenthalt zu nehmen. [...] Ich bin gänzlich außer Stand zu sagen, wie ich mich jetzt fassen werde.[72]

Angesichts seiner unklaren Lebensperspektive nicht nur aufgrund der politischen, sondern auch seiner eigenen finanziell prekären Verhältnisse bittet Kleist ein letztes Mal um eine Anstellung bei Karl August von Hardenberg,[73] ersucht Friedrich von Raumer „mit Übergehung der ganzen bewußten Entschädigungssache [...] um Übertragung der Redaction des churmärkischen Amtsblatts"[74] und versucht sich angeblich sogar Arsenik zu beschaffen.[75] Wie groß die Diskrepanz ist zwischen der derzeitigen – immer wieder scheiternden – Teilhabe an den Zeitläuften der Welt und dem noch vor wenigen Jahren verfolgten Lebensplan bzw. der auf diesen folgenden ‚Bestimmung des Gemüts' hin zu einer zumindest phasenweise eher einsam-kontemplativen *lingua literalis,* die die naturale und über künstlerische Artefakte vermittelte Welt literarisch-ästhetisch kommuni-

69 Zum *Phöbus. Ein Journal für die Kunst* vgl. Anton Philipp Knittel: Phöbus. Ein Journal für die Kunst. In: Ingo Breuer (Hg.): *Kleist-Handbuch. Leben – Werk – Wirkung.* Stuttgart/Weimar 2009, S. 162-166, sowie seinen Beitrag in diesem Band.

70 An Heinrich Joseph von Collin, 20. April 1809, S. 438.

71 „Geben Sie die Gedichte, wenn sie Ihnen gefallen, *Degen* oder wem Sie wollen, in öffentliche Blätter zu rücken, oder auch einzeln (nur nicht zusammenhängend, weil ich eine größere Sammlung herausgeben will) zu drucken; ich wollte, ich hätte eine Stimme von Erz, und könnte sie, vom Harz herab, den Deutschen absingen." An Heinrich Joseph von Collin, 20. April 1809, S. 438, H. i. O.

72 An Ulrike von Kleist, 17. Juli 1809, S. 443.

73 An Karl August von Hardenberg, 4. April 1811, S. 475.

74 An Friedrich von Raumer, 4. April 1811, S. 476.

75 Vgl. hier den Kommentar von Dieter Heimböckel zum Brief an Joseph von Buol vom 25. Mai 1809 (S. 441), S. 660.

ziert, wird Kleist angesichts einer Natur- und Landschaftserfahrung deutlich bewusst:

> Fast habe ich ganz und gar vergessen, wie die Natur aussieht. Noch heute ließ ich mich, in Geschäfften, die ich abzumachen hatte, zwischen dem Ober- und Unterbaum, über die Spree setzen; und die Stille, die mich plötzlich in der Mitte der Stadt umgab, das Geräusch der Wellen, die Winde, die mich anwehten, es gieng mir eine ganze Welt erloschener Empfindungen wieder auf.[76]

IV. Ich hätte „diese Freundin niemals gegen Dich vertauscht"[77]

In seinen letzten Lebensjahren rückt neben konkreten pekuniären Erwägungen zur Existenzsicherung auch die ökonomische Struktur persönlicher Bindungen wieder verstärkt in den Fokus des Briefautors, wenn sogar zwischenmenschliche Beziehungen von wirtschaftlichem Vokabular bestimmt werden. Heinrich von Kleist schreibt der neben seiner Schwester wichtigsten Vertrauten vor allem seiner letzten Jahre, Marie von Kleist, die seinem Wunsch nach einem gemeinsamen Freitod nicht botmäßig entsprechen wollte:

> Kan es Dich trösten, wen ich Dir sage, daß ich diese Freundin niemals gegen Dich vertauscht haben würde, wen sie weiter nichts gewolt hätte als mit mir leben? [...] Der Entschluß der in ihrer Seele aufging mit mir zu sterben, zog mich, ich kan Dir nicht sagen mit welcher unaussprechlichen und unwiederstehlichen Gewalt an ihre Brust, erinerst Du Dich wohl daß ich Dich mehrmals gefragt habe, ob du mit mir sterben willst? - Aber Du sagtest immer nein -[78]

Indem Kleist Marie gegen Henriette Vogel ‚vertauscht', funktionieren also wieder, wie bereits in den ersten Briefen deutlich wurde, Beziehungen nach kameralistischen Prinzipien der Rationalität und sorgfältigen Wirtschaftlichkeit. Zunächst scheint allerdings Kleists Kommunikation mit Henriette Vogel strukturell anders gelagert zu sein als der Austausch mit Martini, mit seiner Schwester Ulrike oder auch mit seiner zeitweiligen Verlobten:

> Es geht um gegenseitiges Erkennen und Anerkennen, wie auch schon in den Braut-Briefen an Wilhelmine, nur ist diesmal das Kommunikationsverhältnis symmetrisch

---

76 An Friedrich de la Motte Fouqué, 25. April 1811, S. 477.

77 An Marie von Kleist, 12. November 1811, S. 505.

78 An Marie von Kleist, 12. November 1811, S. 505 f.

statt asymmetrisch, Gabe und Gegen-Gabe entsprechen einander, so dass von einer Überlegenheit des einen gegenüber dem anderen keine Rede mehr sein kann.[79]

Sinnfälliges Zeichen dieser „Anökonomie des Opfers"[80] ist die sogenannte ‚Todeslitanei', bestehend aus einem Brief Kleists an Henriette Vogel und einem von Vogel an Heinrich von Kleist.[81] Die - vermeintliche - Ausgewogenheit resultiert aus dem Entstehungsgrund dieser Briefe, dem gemeinsamen Todeswunsch, durch den sich beide „schon die maximale Gabe versprochen haben, die man überhaupt geben kann: Die Gabe des eigenen Lebens. Mehr an Hingabe, an totaler Verausgabung geht nicht."[82]

Beide Briefe sind formal analog gebaut als Holophrase, als strenge Iteration von Possessivpronomen und Substantiv, nur selten ergänzt durch Adjektive oder Wort-Enumerationen. Allerdings führt nur Henriette Vogel den „Einwortsatz, der mit dem Namen des geliebten Du zugleich die Verwandlung des Kosmos in den Eigennamen betreibt, die universelle Erweiterung des Proprium durch die Unendlichkeit der Appellativa, die ihm zugeordnet sind",[83] ohne innere Brüche zu einem Ende. Während beide ihre ‚Briefe' mit der Anrede des jeweils anderen beginnen, signiert Henriette Vogel ihr Schreiben nach der obligaten Liebesformel[84] mit „Meine Seele sollst Du haben, Henriette". Zusätzlich stellt sie die Gerichtetheit ihrer Liebe noch einmal explizit aus mit dem drittletzten Kolon des Postskriptums („m armer kranker Heinrich") und authentifiziert ihre Liebeslitanei final abschließend mit dem Absender und Adressat

---

79 Günter Blamberger: Ökonomie des Opfers. Kleists Todes-Briefe. In: Detlev Schöttker (Hg.): *Adressat: Nachwelt. Briefkultur und Ruhmbildung*. München 2008, S. 145-160, hier S. 158 f.

80 Ebd., S. 156.

81 Beide Briefe sind abgedruckt in DKV IV, 519 f.

82 Blamberger: Heinrich von Kleist (wie Anm. 14), S. 465.

83 Gerhard Neumann: Hexenküche und Abendmahl. Die Sprache der Liebe im Werk Heinrich von Kleists. In: *Heinrich von Kleist. Die dramatische Verwirrung der Gefühle*. Tagung vom 12. bis 14. April 1985, Evangelische Akademie Hofgeismar. S. 76-120, hier S. 111. Holger Helbig bezeichnet in seiner Interpretation der beiden Liebesholophrasen Henriette Vogel als „Atopos", als „Figur der individuellen Wahrheit. Sie hat ihn erkannt, und er sie. Gerade diese vollständige Wahrnehmung ist die Ursache dafür, dass sie sich eigentlich nicht aussprechen lässt." Holger Helbig: Herr von Kleist und Frau Vogel beschließen ihren Tod und verwirren die Wissenschaft. Der Briefwechsel zwischen Heinrich von Kleist und Henriette Vogel als philologische Grenzsituation. In: Dorothea Lauterbach/Uwe Spörl/Uli Wunderlich (Hg.): *Grenzsituationen. Wahrnehmung, Bedeutung und Gestaltung in der neueren Literatur*. Göttingen 2002, S. 107-130, hier S. 119.

84 Henriette Vogel schreibt: „...wie über alles gedachte u zu erdenckende lieb ich Dich" (DKV IV, S. 520), während Kleist notiert: „...wie lieb ich Dich! -" (ebd., S. 519).

umfassenden „H.".[85] Der Brief Kleists weist jedoch signifikante Abweichungen auf: Bereits nach dem ersten Drittel der Kola findet sich das Problem der *conditio sine qua non* einer solchen universalen ‚Erweiterung des Proprium': „wie nenn ich Dich?"[86] Während Henriette Vogel den laudatorischen Hymnus streng formal generiert, zweifelt der sprachskeptische Kleist bereits vor der Hälfte seiner Litanei an der Aussagekraft der Denotativa. Insofern konterkariert die rhetorische Emphase „o, Liebste, wie nenn ich Dich?"[87] den Versuch, über die Iteration strukturell gleicher und inhaltlich das Universum ausschreitender[88] Kola zu einer Be-Nennung des geliebten Gegenübers zu gelangen. Schließlich falsifiziert der Briefautor seine - zunächst explizit an ein Du gerichtete - Todeslitanei nicht nur durch die Frage nach der Kategorie und dem grundsätzlichen Vermögen der Benennung als vergeblichen - und bereits in der Entstehung *ex definitio* zum Scheitern verurteilten - Versuch einer Fest-Stellung des Du. Überdies bezieht Kleist auch die Adressierung in einer Weise auf das eigene Selbst zurück, die bereits die Briefpartner um die Jahrhundertwende zu Komplementärfunktionen des Ich degradiert hatte: „Ach Du bist mein zweites besseres Ich".[89]

Interessant ist hier, dass nicht einfach nur eine Homologie von Du und Ich behauptet wird, wie der zweiten Signatur Henriette Vogels („H.") unterstellt werden könnte, oder dass das Du auf eine Spiegelfunktion des Ich reduziert wird. Vielmehr fungiert dieses Du als das ‚bessere' Ich, als Vervollkommnung des Individuums. Das Du bekräftigt die Anerkennung der ‚Verdienste' des Ich, das kurz zuvor „in Frankfurt an der Mittagstafel zwischen meinen beiden Schwestern"[90] „als ein ganz nichtsnützigen Glied der menschlichen Gesellschafft, das keiner Theilnahme mehr werth sey",[91] bezeichnet wurde; und schließlich eröffnet das Du eine teleologisch strukturierte ‚Zukunft', die in den theologisch-transzendenten Rahmen einer christlichen Konzeption des Jenseits gestellt wird:[92] Die

85 Ebd., S. 520.

86 Ebd.

87 Ebd.

88 Mit dem ‚Universum' ist hier sowohl das kosmologische („Sonne, Mond u Sterne, Himmel u Erde"; DKV IV, S. 519) als auch das chronografisch-individuale Welt-All („m Vergangenheit u Zukunft", ebd.) gemeint.

89 Ebd.

90 An Marie von Kleist, 10. November 1811, S. 503.

91 Ebd., S. 504.

92 Helga Gallas: Gesetz, Begehren und Sexualität bei Kleist. In: *RISS. Zeitschrift für Psychoanalyse* 8/24, Zürich 1993, S. 5-18, hier S. 18, interpretiert einzelne Werke Kleists psychoanalytisch im Hinblick auf die Frage nach dem Verhältnis der Protagonisten zu

letzten Appellativa antizipieren das Du gleichzeitig als bereits den Sphären eines christlichen Jenseits angehörend[93] als auch als Instanz der Gnade und Vergebung.[94] Damit wird zum einen die apotheotische Struktur des Freitodes legitimiert, der nicht nur den Schrecken des Todes, sondern auch die „Freuden dieser Welt"[95] in einen „Triumpfgesang [...] meine[r] Seele in diesem Augenblick des Todes"[96] verwandelt. Zum anderen aber geriert sich das Ich mit seiner Reflexion auf die Defizienz der Sprache, auf die grundlegende und unaufhebbare Differenz zwischen Zeichen und Bezeichnetem, die die strenge Form der gemeinsamen Todeslitanei unterbricht, und der autoreflexiven Rückbindung des Du auf das Ich in seiner Funktion als teleologischem Heilsstifter als einziger Adressat beider Litaneien.

Der Briefautor vereinnahmt hier also das andere Du nicht nur als Komplementärfunktion oder als Teil der eigenen Person, er beschreibt das Du nicht nur als identisch mit sich selbst, sondern sogar als ‚besseres' Ich,[97] als Möglichkeit der eigenen defizienten Realität zu entfliehen. Daher kann im Hinblick auf die hier vorliegende Lesart nicht von Doppelmord oder von Mord und Selbstmord gesprochen werden. In diesem Fall erscheint der Begriff des „Doppelselbstmordes" legitim, nicht weil die Tötung einer bereits Todkranken als mittelbarer Selbstmord bezeichnet werden könnte, sondern weil das briefliche ICH erst sein ‚eigentliches' und im Anschluss sein defizientes ICH fest-stellt.[98]

‚dem Gesetz' und bilanziert: „Auf Erden siegt die symbolische Ordnung mit ihrem Gesetz der Kastration und der Verpflichtungen der Verträge. Im Tode jedoch gelingt dem Protagonisten ein Triumph über das Gesetz, da er sich in eine Art ewiges Leben eingehen sieht - eine Allmachts- und Unsterblichkeitsphantasie, die an Worte oder Schrift gebunden ist: Der Triumph über das Gesetz durch Schreiben, durch Literatur."

93 „o, Himmelstöchterchen, m Gotteskind [...], m Schutzengel, m Cherubim u Seraph" (DKV IV, S. 519).

94 „die Vergebung m Sünden, m Zukunft u Seeligkeit [...], m Fürsprecherin u Fürbitterin" (ebd.).

95 „Wir unsererseits, wollen nichts von den Freuden dieser Welt wissen und träumen lauter himmlische Fluren und Sonnen, in deren Schimmer wir, mit langen Flügeln an den Schultern, umherwandeln werden." An Sophie Müller, 20. November 1811, S. 507.

96 An Marie von Kleist, 9. November 1811, S. 502.

97 Insofern teile ich die Einschätzung von Gabriele Kapp nicht, dass die Stellung der Autor-Instanz hier ‚peripher' sei; vgl. Gabriele Kapp: *„Des Gedankens Senkblei". Studien zur Sprachauffassung Heinrich von Kleists 1799-1806*. Stuttgart/Weimar 2000, S. 226.

98 Daher ist der Freitod des brieflichen ICH alles andere „als ein finales Projekt des teleologischen Diskurses". Karl-Heinz Bohrer: *Der romantische Brief. Die Entstehung ästhetischer Subjektivität.* Frankfurt a. M. 1987, S. 139 et passim.

Damit ist in der Tat „Kleists Inszenierung seines Todes [...] ein letztes Experiment, ein Rechenkunststück an der Schwelle zum Unberechenbaren".[99] Unberechenbar wird dieses ‚Kunststück' aber nicht, weil die Ökonomie von Gabe und Gegengabe in Schieflage geraten wäre[100] oder weil der Briefautor des merkantilen Prinzips *quid pro quo* plötzlich nicht mehr mächtig ist. Vielmehr werden kameralistische Prinzipien letztgültig *ad absurdum* geführt, indem die handelnden Personen, die Subjekte ökonomischen Handels - mit Ausnahme des Briefautors selbst - zu verhandelbaren, tausch- und austauschbaren Objekten werden, dem Subjekt quasi frei verfügbar.

Während zunächst also Heinrich von Kleists ökonomische Überlegungen fokussiert sind auf das konkrete Tauschgeschäft der Liebe - ‚biete Brief, wünsche Kuss' - und Nützlichkeitserwägungen im Hinblick auf die eigene Individualität die zwischenmenschlichen Beziehungen bestimmen, beeinflusst mit zunehmendem Sozialisationsdruck die Notwendigkeit, sich wirtschaftlich abzusichern, Kleists Lebensentscheidungen. Damit fungieren nach der großen Erschütterung durch die Kant-Krise und dem Scheitern des ‚Lebensplanes' als zwar utopische, aber zumindest entwerfbare Berechnungsgröße diverse fremdrelationale Lebensentwürfe (Leben als Gelehrter, als Landmann, als Ehemann, als Kameralist und Verwalter etc.) als feste Stellgrößen in dem Versuch, so über die Zukunft zu verfügen wie über die Menschen. Letztlich aber scheitern alle Bemühungen, ‚Lebenszwecke' zu berechnen und sie dadurch fest zu stellen, an der Unverfügbarkeit des Lebens durch einen Menschen, der angesichts der eigenen paradoxalen Struktur des Ich die zeitgenössisch schon angezählte, aber noch nicht ganz überholte lineare Rationalität als ökonomische Rechnungsgröße nicht mehr ins eigene Leben integrieren kann und der gleichzeitig von deterministischen nicht-linearen Strukturen wie der Chaostheorie zeitgeschichtlich noch zu weit entfernt ist, um ein alternatives ‚Berechnungsschema' des Lebens für sich sinnvoll etablieren zu können.

---

99 Blamberger: Heinrich von Kleist (wie Anm. 14), S. 467.

100 „Normalerweise heißt Geben können seine Überlegenheit beweisen, wer die Gabe nicht in adäquater Weise erwidern kann, gerät sozusagen in Schuldknechtschaft, in den Stand der Unterlegenheit. Das begründet das Gabenspiel mit allen Zwangs- und Beschämungsgesten in Kleists Brautbriefen, das von einem prinzipiellen Missverhältnis von Gabe und Rückgabe ausgeht." Blamberger: Ökonomie des Opfers (wie Anm. 79), S. 159.

II. Ökonomien des Tausches und des Ausgleichs

Wert des Lebens.
Zur Ökonomie der Rettung bei Kleist

Johannes F. Lehmann

Kleists Texte können allesamt als Rettungstexte gelesen werden. Insbesondere die Novellen funktionieren fast alle über eine Rettungshandlung bzw. ein Rettungsereignis, das - und das ist dann auch der Inhalt der Geschichten - diskursiv und praktisch bewältigt werden muss. Sei es Josephes und Jeronimos Rettung vor Hinrichtung und Selbstmord durch das Erdbeben, sei es die versuchte Rettung Gustavs durch das Schauspiel der Fesselung durch Toni in der *Verlobung*, die Rettung der Marquise vor den Vergewaltigern durch einen Vergewaltiger, die Rettung des Pestkranken Findling Nicolo bei gleichzeitigem Tod des eigenen Sohnes durch Piachi, die Rettung des Schlosses vor dem Ruin durch Gespenstergerüchte im *Bettelweib von Locarno* oder schließlich die Rettung der Kirche durch den Gesang in der *Heiligen Cäcilie*. Immer geht es um Rettungen, ihre Durchführung, ihr Scheitern und am meisten: um ihre Bewältigung. Auch in den Dramen spielen Rettungen eine zentrale Rolle, ich nenne nur den *Guiskard*, wo es gleich zu Anfang darum geht, dass das Volk den Heerführer um Rettung anfleht, oder den *Prinz Friedrich von Homburg*, der im Tausch für die Rettung seines Lebens Ruhm und Glück und Liebe opfern will.

Ich möchte im Folgenden erstens den Begriff und das Narrativ der Rettung auf das Thema der Ökonomie und auf Tauschen und Täuschen beziehen, zweitens auf den um 1800 virulenten Diskurs der Lebensrettung aufmerksam machen, der mit dem biologischen Leben einen ökonomischen Wert setzt, der mit anderen Wertbegriffen wie dem der Ehre in Konflikt gerät, und schließlich drittens vor diesem Hintergrund einige Bemerkungen zu Kleists *Michael Kohlhaas* machen, insbesondere zur sogenannten Abdeckerszene und Kohlhaas' Entschluss, sein Leben, statt es zu retten, gegen die Rache am Kurfürsten zu tauschen.

I.

Rettung ist ein Begriff, der eine spezifisch strukturierte Handlungs- oder Ereignissequenz bezeichnet und somit als ein Narrativ gelten kann. Man kann Narrative der Rettung in vier notwendige, aber variable Elemente zerlegen: Wer? (1) rettet wen? (2) mit welchen Mitteln? (3) wovor/woraus? (4) Die Frage nach dem zu rettenden Gut und den dabei einzusetzenden Mitteln ist immer auch eine Frage der Entscheidung, die in der Situation der Bedrohung/Rettung und unter dem Druck extremer zeitlicher Knappheit getroffen werden muss. Im Narrativ der Rettung spielen daher die Momente des Tausches und der Wertsetzung in einer dem ökonomischen Kalkül ähnelnden und es doch transzendierenden Weise eine zentrale Rolle: Was und wen bin ich bereit im Tausch wofür zu retten? Rette ich aus dem brennenden Haus das Bild oder das Futteral und um den Preis welchen Lebens? Rette ich ein fremdes Kind unter Inkaufnahme des Todes des eigenen? Diese ethischen Fragen werden in der Moralphilosophie in Form von Modellsituationen durchgespielt, die jeweils ein ethisches Dilemma erzeugen. Dabei handelt es sich typischerweise um Rettungssituationen, an Hand derer *der Wert* des zu rettenden Lebens diskutiert wird. Berühmt ist das sogenannte Trolley-Problem: Darf (durch Umlegen der Weiche) der Tod einer Person in Kauf genommen werden, um das Leben von fünf Personen zu retten?

Rettungen sind demnach, nicht nur bei Kleist, Tauschakte, in denen ganz unmittelbar und ad hoc über Werte entschieden wird, wenn etwa die Rettung des einen Lebens mit dem Leben eines anderen sozusagen bezahlt wird oder zumindest bezahlt werden soll. So wirft sich Josephe dem Mob entgegen, um ihren und Don Fernandos Sohn zu retten. „Leben Sie wohl, Don Fernando mit den Kindern! rief Josephe – und: hier mordet mich, ihr blutdürstenden Tiger!"[1] Ähnlich opfert sich auch Mariane für Gustav, indem sie, als er kommt, um sie vor der Guillotine zu retten, so tut, als kenne sie ihn nicht. Und der Prinz Friedrich von Homburg wird erst dann vom Kurfürsten begnadigt und vor dem Tod gerettet, als er bereit ist, sein Leben für das Prinzip der Gesetzestreue zu opfern.

Bei all diesen Rettungen des Lebens spielt nun nicht nur der Tausch als Medium der Wertmessung bzw. -setzung eine zentrale Rolle, sondern auch die Täuschung. Jeweils geht es darum, eine Sache gegen eine andere zu tauschen, und exakt in dieser semiotischen Operation der Äquivalentsetzung zwischen dem einen und dem anderen nistet immer schon die

---

1 Zitiert wird nach der Ausgabe: Heinrich von Kleist: *Sämtliche Werke und Briefe in vier Bänden.* Hg. v. Ilse-Marie Barth, Klaus Müller-Salget, Stefan Ormanns u. Hinrich C. Seeba. Frankfurt a. M. 1987-1997. Im Folgenden unter der Sigle DKV mit Band und Seitenzahl in Klammern im Anschluss an das betreffende Zitat; hier: DKV III, 219.

Täuschung, da die eine Sache, und sei sie auch monetär *wert*äquivalent, doch nie die andere Sache *ist*. Zumal ja der ökonomische Tausch immer darauf abzielt, einen Mehrwert zu erzielen, Gewinn zu machen, sonst würde sich der Tausch ja nicht lohnen. Der Lohn des Tausches gründet also in einer Art perspektivischer Täuschung in dem Sinne, dass dem einen im Tausch eine Sache mehr wert erscheint als eine andere. Der ökonomische Tausch basiert darauf, dass die getauschten Dinge zugleich objektiv äquivalent und subjektiv nicht äquivalent erscheinen. Oder aber darauf, dass durch Täuschung Äquivalenzen vorgetäuscht werden, die gar nicht bestehen. In den *Berliner Abendblättern* bilden Berichte über den Messbetrug eine Art *basso continuo* der polizeilichen Tagesmitteilungen.

Täuschungen sind bei Kleist nun auch die zentralen Operationen in Situationen der Rettung. Man kann das Feld wie folgt strukturieren: Es gibt erstens die Täuschung als Mittel der Rettung, um einen Tausch *durchzuführen:* So täuscht Mariane in der *Verlobung* vor, sie *kenne* Gustav nicht, um sich für ihn, an seiner Stelle, zu opfern, um ihm das Leben zu retten. Und auch im *Bettelweib* will der Marquis mit „erkünstelter Heiterkeit"[2] so tun, als gebe es keinen Spuk, damit dieser nicht als Gerücht jeden Tauschwert des Schlosses ruiniert und damit den Tausch des Schlosses gegen Geld zur Rettung aus bedenklichen ökonomischen Umständen verhindert. Zweitens gibt es, und öfter, die Täuschung als Mittel der Rettung, *um den Tausch (den Tausch der Körper auf Leben und Tod) zu verhindern.* So täuscht Don Fernando im *Erdbeben* in der Kirche vor, es handele sich nicht um Josephe und Jeronimo und seine Autorität als Sohn des Stadtkommandanten sei noch in Kraft, um zu verhindern, dass hier Leben gegen Tod getauscht werden muss, um den Mob zu besänftigen (die Toten sind der Preis für das Leben, das mit diesem Sühneopfer gerettet werden soll). Und Toni täuscht mit einer Fesselung vor, Gustav ihrem Stiefvater Congo Hoango ausliefern zu wollen, um Zeit für seine Rettung zu gewinnen, damit dieser nicht mit seinem Leben für das Unrecht, das die Weißen den Schwarzen angetan haben, bezahlen muss. Es gibt schließlich drittens den Tausch durch Zufall in der Rettung: So wird im *Erdbeben* zwar der Sohn Josephes und Jeronimos gerettet, aber nur um den Preis, dass der Mob seine Mordlust an der Tötung des Sohnes von Don Fernando sättigt. Den durch Zeugung erworbenen Sohn hat Don Fernando verloren, dafür aber einen durch Rettung erworbenen gewonnen. Wie sehr die hier angedeutete Analogie von Rettung und Zeugung

2 Heinrich von Kleist: *Das Bettelweib von Locarno* (DKV III, 262).

des Lebens auch eine ökonomische Frage ist, wird dann im *Findling* durchgespielt, wo eine solche Rettung, wie sie am Ende des *Erdbebens* erzählt wird, bewältigt werden muss. Der mittlerweile mutmaßlich impotente[3] Händler Piachi gewinnt durch eine zufällige Rettung einen Sohn, der ihm teuer zu stehen kommt, nämlich um den Preis des eigenen – und versucht im Modus einer ökonomischen Substitutionslogik den neuen Sohn als Erben und damit an die Stelle des alten einzusetzen. Letztlich aus ökonomischen Gründen wird der gerettete an die Stelle des gezeugten Sohnes gesetzt, womit Piachi seine Zeugungsunfähigkeit durch Adoption ökonomisch kompensieren will. Der Text kennt aber zugleich ein anderes Modell der Rettung, das wiederum den ökonomischen Tausch transzendiert: Piachis junge Frau begehrt noch immer jenen Mann, der sie einst aus dem brennenden Hause ihres Vaters, das aufgrund seiner ökonomischen Funktion ans Meer grenzt, gerettet hatte und dabei gestorben war. Dieses fetischartige Begehren des Retters übersteigt wie Rettung und Retterhandlungen selbst die ökonomische Logik des Tausches. Auch die Marquise von O.... glaubt noch lange nach ihrer Rettung vor den soldatischen Vergewaltigern, ihr Retter müsse als ein Engel vom Himmel herabgestiegen sein. Und wenn die dort am Ende doch noch geschlossene Ehe mit diesem sehr irdischen Retter dann mit vertraglichen Klauseln und ökonomischen Regelungen ermöglicht wird, markiert das zu dieser Idee des Retters den größtmöglichen Gegensatz.[4]

Dass Rettungen zwar Tauschakte sind, zugleich aber das Prinzip des ökonomischen Tausches transzendieren, liegt nicht zuletzt an der spezifischen Zeitlichkeit in der Rettung. Denn ‚Rettung' bezeichnet und klassifiziert eine Handlungssequenz bzw. Geschehensfolge als Aufeinandertreffen und Ineinandergreifen von zwei Ereignisreihen: die angedrohte, erwartete oder bereits eingetretene Gefahr bzw. die wahrscheinliche Vernichtung auf der einen und das unwahrscheinliche Überleben trotz dieser Drohung auf der anderen Seite. So setzt bzw. inszeniert das Narrativ der Rettung eine Geschehens- oder Handlungssequenz, in der ein lau-

3 Die These der „Impotenz des Händlers", der ich hier folge, stützt sich zum einen auf den im Text stark betonten Altersunterschied zwischen Piachi, dem „Alten" (DKV III, 265 u.ö.), und seiner „jungen [...] Gemahlin" (DKV III, 267) und zum anderen auf den Satz, dass Elvire „von dem Alten keine Kinder mehr zu erhalten hoffen konnte" (ebd., 267). Vgl. auch Adam Soboczynski: Die Impotenz des Händlers und das Geheimnis einer trefflichen Frau. Ökonomie und Verstellung in Kleists Novelle ‚Der Findling'. In: *Kleist-Jahrbuch* 2000, S. 118-135.

4 Vgl. hierzu Johannes F. Lehmann: Rettung bei Kleist. In: Nicolas Pethes (Hg.): *Ausnahmezustand der Literatur. Neue Lektüren zu Heinrich von Kleist.* Göttingen 2011, S. 249-269.

fender *Prozess,* wie zum Beispiel eine Hinrichtung, unweigerlich und bald zum Tod oder Untergang von Betroffenen führt, wenn niemand oder nichts diesen Prozess (in letzter Sekunde) aufhält oder umkehrt. In dem Maße, wie dieser selbstlaufende Prozess als *gerichteter Prozess* erscheint, dessen unerbittliches Voranschreiten das Folgende unausweichlich und alternativlos macht, tritt einerseits die Unumkehrbarkeit der Zeit machtvoll hervor und erscheint andererseits die Rettung als Zeitumkehrung, als Zeitunterbrechung oder als ‚Umschlag'. Wir sprechen immer da von Rettung, wo sonst Verlust, Untergang oder Tod unausweichlich gewesen wären. Im Moment der Rettung überkreuzen sich so zwei Verlaufsmöglichkeiten, eine wahrscheinliche und eine unwahrscheinliche, eine lebensvernichtende und eine lebenserhaltende - und beide werden durch diesen plötzlichen Wechsel als Alternativen sichtbar, die nur durch den schmalen Grat von (göttlicher) Gewalt und (bloßer) Kontingenz der Rettung getrennt sind.

Das Moment der Zeitumkehrung oder der Zeitunterbrechung öffnet die Rettung hin auf die Dimension der Katastrophe wie auf die des Wunders. Beides sind Wendungen bzw. Umkehrungen. Gerettet werden heißt, in einer Wendung der Dinge der *Unumkehrbarkeit der Zeit,* mithin also dem Irdischen, entrissen zu werden, und sei es durch eine Katastrophe. Retter erscheinen, da sie wie eine Vertikale die Horizontale des irdischen Zeitablaufes schneiden, im Licht dieses Wunderbaren, als Engel oder als göttliche Helden, in jedem Fall als eine Macht über den Tod.

Insofern Rettungen als Umkehrungen der Zeit fungieren, ja als die Aufhebung irdischer Zeitabläufe, wenn etwa die Gewalt des Erdbebens den Ablauf der Hinrichtung anhält und aufhebt, erzeugen sie eine Art Bann des Jetzt, eine Art Stillstellung der Zeit. Das gilt nicht nur für das *Erdbeben in Chili,* wo in der sogenannten Talutopie eine Art Amnesie herrscht und Josephe, im Bann ihrer wunderbaren Rettung stehend, vergisst bzw. nicht antizipieren kann, welche Gefahren sie in der Kirche erwarten;[5] es gilt auch für Elvire im *Findling,* die noch immer im Bann ihres Retters steht und mit Hilfe des Bildes ihres Retters und eines Rede- und Erinnerungsverbots sich in dieser Gegenwärtigkeit einschließt.[6] Es gilt schließlich auch für die vier Brüder, die angesichts der wunderbaren Rettung des Klosters vor ihrer eigenen Gewalt durch die Musik der heili-

5 Vgl. hierzu Johannes F. Lehmann: Macht und Zeit in Heinrich von Kleists *Erbeben in Chili.* In: Roland Borgards/Johannes F. Lehmann (Hg.): *Diskrete Gebote. Geschichten der Macht um 1800. Festschrift für Heinrich Bosse.* Würzburg 2002, S. 161-183.

6 Vgl. hierzu noch einmal Soboczynski, Die Impotenz des Händlers (wie Anm. 3).

gen Cäcilie zunächst „zu Stein erstarrt" (DKV III, 301) sind und noch Jahre nach diesem Ereignis immer um Mitternacht das „gloria in excelsis" brüllen.

Fragt man nun vor diesem Hintergrund nach dem Verhältnis von Rettung und Ökonomie bei Kleist, ergibt sich ein doppelter Befund. Einerseits erscheinen Rettungen als Überschreitung und Transzendierung jeder ökonomischen Logik des Tausches, denn in der Rettung geht es um die Setzung eines absoluten Wertes, nicht aber um den kalkulierenden Vergleich relativer Werte zum Zweck des Gewinns. Immer sprengt die Rettung und die Rettung des Lebens in ihrem Bezug auf einen absoluten Wert die bloß ökonomische Berechnung. Die Rettung suspendiert dabei zugleich jene Zeit, die seit Adam Smith gerade das Fundament der Ökonomie und der Werttheorie darstellt.

Rettungen sind aber andererseits selbst immer in einem fundamentalen Sinne Tauschakte und Akte der Wertsetzung, die so auf die uneinholbaren Bedingungen jeder Ökonomie verweisen, auf das Leben und auf die Zeit. Wenn Kleist in seinen Texten so obsessiv Rettungen thematisiert, dann weil sie einerseits immer ins Metaphysische absoluter und nicht mehr verhandelbarer Werte hineinreichen, andererseits aber doch ein Moment des Tausches enthalten, eine im Narrativ der Rettung wie in Zeitlupe beobachtbare Zone kommunikativer Verhandlungen mit ihren Zeichen-, Wert- und Identitätsdeutungen. Am Grund dieser Tauschhandlungen und kommunikativen Zeichenverhandlungen liegt der Wert des Lebens selbst. Das Fundament jeder Arbeit und jeder ökonomischen Produktion ist für Kleist wie für Smith und Ricardo das Leben, das sich verbraucht.[7] Das gilt auch und gerade für den Dichter:

> Jede Arbeit nutzt ihr Werkzeug ab, das Glasschleifen die Augen, die Kohlengräberei die Lungen, usf. Und bei dem Dichten schrumpft das Herz ein. Eins ist des andern wert. Sollen wir unsre Kräfte einbalsamieren, und lebendig mit uns begraben? Keinesweges. Wir sollen sie brauchen. Wenn sie tot sind, so haben sie ihre Schuldigkeit getan. ‚Das Leben ist nichts wert, wenn man es achtet.' Es ist schon tot, wenn wir, es aufzuopfern, nicht stets bereit sind. (DKV IV, 346)[8]

---

7 Vgl. hierzu Joseph Vogl: *Kalkül und Leidenschaft. Poetik des ökonomischen Menschen.* München 2002, S. 340 f.

8 Brief an Marie von Kleist, Juli 1805 aus Königsberg. Vgl. auch Kleists Meditation des Lebensbegriffs in dem Brief an Wilhelmine von Zenge vom 21.7.1801, in dem es ebenfalls heißt: Das Leben ist „eine Habe, die nichts wert ist, wenn sie uns etwas wert ist." Und einige Zeilen vorher: „Wer es mit Sorgfalt liebt, moralisch todt ist er schon, denn seine höchste Lebenskraft, nämlich es opfern zu können, modert, indessen er es pflegt." (DKV IV, 247).

Das Leben gewinnt seinen Wert nur in dem Maße, indem man es als Energie verbraucht, ohne dass es je von dem so gewonnenen Produkt repräsentiert werden könnte. Das Leben ist letztlich unrettbar.

II.

Das biologische Leben wird Ende des 18. Jahrhunderts als selbst quasiökonomischer Arbeitsprozess aus Verbrennung und organischer Autopoiesis beschrieben und als Bedingung jeder ökonomischen Produktivität Objekt der Biopolitik. Das Leben wird um 1800 als unbedingt zu rettendes Gut entdeckt. Lebensrettungen avancieren im Rahmen staatlicher bzw. fürstlicher Bemühungen um ökonomische Steigerung von Ressourcen zur staatlichen Aufgabe. Seit den 70er Jahren des 18. Jahrhunderts werden aller Orten Rettungsgesellschaften gegründet und fürstliche Edikte publiziert, die Lebensrettung von Ertrunkenen, Erhängten, Erfrorenen etc. fordern.

Die Lebensrettung Verunglückter wird so zur praktischen politischen und polizeilichen Aufgabe. Die Macht, die sich so nun positiv auf das bloße, das biologische Leben bezieht, rechnet mit den Kontingenzen, die das Leben treffen können. So erlässt etwa der Herzog Ernst Friedrich von Sachsencoburg 1789 eine *Verordnung die Errettung verunglückter Personen* betreffend. Er beschreibt ein ganzes Arsenal an potentiellen Zufällen und Gefahren, die dazu führen können, dass Körper leblos scheinen, aber doch noch nicht tot und also noch zu retten sind. Da die Zeichen des Todes trügen können, befiehlt der Fürst seiner Obrigkeit und seinen Untertanen, „welche einen solchen tod scheinenden Körper am ersten antreffen",[9] zu versuchen, ihn ins Leben zurückzubringen. Je nachdem, ob es sich um Ertrunkene, Erfrorene, Erstickte etc. handelt, werden dann die jeweiligen Maßnahmen im Einzelnen aufgeführt.

Damit diese hier befohlene Verhaltensweise zum Normalfall werden kann, muss das nackte Leben eines Menschen, also das, was an bloßer biologischer Substanz übrig bleibt, wenn man von seiner sozialen Rolle und seinem rechtlich definierten Stand absieht, als wertvolles Gut eingeschärft werden. Das ist aber problematisch, weil das bloße Leben eines tot scheinenden Körpers in den Bereich der Unehrlichkeit, der Rechtlo-

9 Ernst Friederich Herzog zu Sachsen, Sachsencoburg: Verordnung die Errettung verunglückter Personen betr. In: *Journal von und für Deutschland* 1789, 6. Jahrgang, 1. Stück, S. 72-86, hier S. 73.

sigkeit fällt. So kämpfen die vielen oft ähnlich formulierten Edikte zur Errettung verunglückter Personen gegen „Vorurteile", die dafür sorgen, dass der tot scheinende Mensch nicht als wertvolles, noch zu rettendes Lebewesen, sondern als Toter angesehen wird, der *als toter Körper* in den Macht- und Rechtsbereich des Souveräns fällt. Das Berührungstabu bzw. das Ehrproblem, das Tod und Toten in der Frühen Neuzeit anhaftete (unehrliche Berufe wie Schinder, Henker etc.), kommt *ex negativo* in den Edikten zur Rettung verunglückter Personen in der Weise zum Ausdruck, dass die Fürsten befehlen, tot scheinende Menschen zu retten, ohne diese von der Obrigkeit erst ehrlich machen zu lassen. „Wir verordnen", heißt es daher in der *Meklenburgschen Patent Verordnung zu Rettung verunglückter Personen,*

> daß, wenn jemand, er sei wes Standes oder Wesens er wolle, einen Menschen in dem unglücklichen Zustande, daß entweder fremde oder eigene Gewalt an ihm ausgeübet worden, antrift, er ohne lange zu zaudern, und erst die obrigkeitliche Besichtigung abzuwarten,[10]

versuchen soll, diesen zu retten.

Die fremde oder eigene Gewalt, die hier möglicherweise ursächlich und schuldhaft gewirkt hat, zieht den Verunglückten eigentlich in die Rechtssphäre des Souveräns. Vielleicht handelt es sich auch um einen Selbstmörder, dessen „Infamie" sich durch Berührung auf den Retter übertragen würde. So reflektiert das *Meklenburgsche Patent* auf die Ursachen solcher Vorurteile: „hatte die Obrigkeit nicht selbst solches Vorurteil dadurch genärt, daß sie gewöhnlich Unglückliche, die im Verdacht des Selbst-Mordes waren, mit dem Brandmark der Infamie bezeichnet und dem Büttel übergab?"[11] Aus diesem Grund herrsche leider die, wie es heißt, „barbarische" Gewohnheit zu warten, bis ein Gerichtsbeamter durch Handauflegung den tot scheinenden Körper ehrlich macht. Der König von Dänemark beklagt in seiner Verordnung, ebenfalls aus dem Jahr 1789,

> daß man es für die Ehre verfänglich hält, dergleichen Körper anzufassen, geschweige Versuche, selbige vom nahen Tode zu retten, anzustellen, wenn sie nicht zuvor von einem Beamten oder anderen Gerichtspersonen mittelst Auflegung der Hand berühret worden.[12]

---

10 Ebd.

11 Ebd., S. 225.

12 Bielefeld, L./Christian VII. König v. Dänemark: Erinnerung an die bereits unterm 22sten April 1772 ergangene königl. Verordnung wegen Rettung der durch plözliche Unglüksfälle dem Anscheine nach leblos gewordenen Personen. In: *Schleswig-Holsteini-*

Jetzt aber - im Paradigma der Lebensrettung - muss man von juristischen Schuldfragen absehen und das Ereignis als Unfall behandeln und denjenigen, der von diesem Unfall betroffen wurde, als zu rettendes Leben.[13] Die Ablösung der sozialen, rechtlichen Identität von der biologischen Substanz bzw. der Gattungszugehörigkeit ist exakt der Prozess, der im *Erdbeben in Chili* die Talutopie inauguriert. Als verurteilte Verbrecherin ist Josephe infam, aber Don Fernando gemeindet sie als die biologische Nährerin seines Kindes in die Wir-Gruppe aller derer ein, deren Leben gerettet wurde.

Die vielen fürstlichen Rettungsedikte und städtischen Initiativen zur Gründung von Rettungsgesellschaften überkreuzen sich bei dem Versuch, das biologische Leben als Wert zu setzen, mit den ökonomischen Bemühungen um Aufhebung der Unehrlichkeit. Diese wiederum stehen im engen Zusammenhang mit der Aufhebung der Zünfte, Kleists Lieblingsgegenstand, da gerade die Zünfte an Begriffen der Ehre festhalten.[14] Dabei geht es letztlich in beiden Fällen darum, die Gruppe der arbeitenden Bevölkerung quantitativ zu steigern. So heißt es in einem anonymen Traktat über Unehrlichkeit aus dem Jahr 1790, dass der Staat „die Klasse der arbeitenden Bürger vermehren"[15] soll. Das bezieht sich einerseits auf Lebensrettungen. In einem Appell an die Fürsten heißt es in diesem Text:

> Nehmt Fürsten! dem Gesetze diese unnöthige, zum Theil lächerliche Infamie, trennet von der Handlung die unnützen Formalitäten, gebt euren Unterthanen selbst das rühmliche Beispiel, und diese werden keinen Anstand finden, das fliehende Leben des Unglücklichen, der sich selbst erhenkte, zurück zu halten, den Strick loszuschneiden, alle Mittel der Belebung anzuwenden, und bedürfenden Falles zu beerdigen.[16]

Das bezieht sich andererseits auch - qualitativ - auf die Beziehung des Menschen zum Staat. Denn der Unehrliche ist, weil er aus dem bürgerlichen Recht ausgegrenzt wird, immer höchstens „halb brauchbar für den Staat."[17] In den *Berliner Abendblättern* wird dies in einem Aufsatz über

---

sche Provinzialberichte 3 (1789), 2. Bd., S. 1-13, S. 5. H. M. Marcard: Ueber die Hindernisse die sich der Rettung verunglückter und leblos gewordener Personen entgegen setzen; Beyspiele davon, und Mittel dawider. In: *Hannoverisches Magazin* 17 (1779), S. 1169-1182, bringt plastische Erzählungen, welche Folgen das Berührungstabu hat.

13 Zum Begriff des Unfalls als ein nicht moralisches, sondern soziales Übel siehe François Ewald: *Der Vorsorgestaat.* Mit einen Essay von Ulrich Beck. Frankfurt a. M. 1993, S. 20 ff.

14 Vgl. hierzu Anonym: Unehrlichkeit und unehrliches Begräbniß. In: *Almanach für Aerzte und Nichtaerzte* 1790, S. 96-121, hier S. 101/102.

15 Ebd., S. 108.

16 Ebd., S. 101/102.

17 Ebd., S. 104.

den *Geist der neueren preussischen Gesetzgebung* als die „intensive Macht" des Staates bezeichnet, die dadurch gesteigert wird, dass die Einwohner an die Interessen des Staates geknüpft werden.[18] Der Staatsbürger soll als Lebender Teil der Nation sein und nicht vom Recht her als ehrlich oder unehrlich, rechtlich oder rechtlos konstruiert werden. Die Inklusion/Exklusion läuft nun über die Begriffe von Staat und Nation, nicht länger über Kategorien des Rechts und der Ehre.

Das biologische Leben, das um 1800 als national-ökonomische Ressource entdeckt wird, als Wert, der aber – wie das Leben selbst – nur Wert ist, wenn er verausgabt wird, wenn er sich verbraucht, gerät in Konflikt mit jenen sozialen Distinktionen, die bis um 1800 über Recht und Ehre kommuniziert werden.

III.

Dazu möchte ich abschließend kurz noch auf *Michael Kohlhaas* eingehen, wo ja die Unehrlichkeit des Abdeckers in einer, wie ich glaube, zentralen Szene des Textes thematisch wird. Und dies ist durchaus nicht der Situierung der Handlung im 16. Jahrhundert geschuldet, im Gegenteil gehört der Abdecker zu jener Berufsgruppe, deren Unehrlichkeit als allerletztes aufgehoben wurde. Zwar war in Preußen schon 1784 in einem königlichen Edikt bestimmt worden, dass zumindest „die Söhne der Abdecker, wenn sie die verwerfliche Arbeit noch nicht getrieben haben, noch treiben wollen, zu ehrlichen Geschäfften zugelassen werden"[19] sollen, die „Anrüchigkeit" des Abdeckers wurde aber erst durch eine Kabinettsorder vom 4. Dezember 1819 aufgehoben,[20] also erst acht Jahre nach Kleists Tod.

Die Abdeckerszene ist im Text ein – von der Forschung bisher vernachlässigter – Wendepunkt in der Erzählung, insofern als Kohlhaas nach den tumultuarischen Szenen auf dem Dresdner Marktplatz, wo sich

---

18 Vgl. Heinrich von Kleist (Hg.): *Berliner Abendblätter.* Nachwort u. Quellenregister v. Helmut Sembdner. Darmstadt 1982, 51. Stück, S. 199 f.

19 Christian Friedrich Germershausen: *Oekonomisches Reallexicon worinn alles was nach den Theorien und erprobten Erfahrungen der bewährtesten Oekonomen unsrer Zeit zu wissen nöthig ist in alphabetischer Ordnung zusammengetragen, berichtiget und mit eigenen Zusätzen begleitet wird.* Erster Band. Leipzig 1795, S. 15.

20 Vgl. Christian Friedrich Koch: *Lehrbuch des Preussischen gemeinen Privatrechts. Zweite verbesserte und vermehrte Auflage.* I. Band. Berlin 1851, S. 164. Koch unterscheidet strikt Ehrlosigkeit, Unehrlichkeit und Anrüchigkeit.

am Befehl des Junkers an einen Knecht, die unehrlichen Pferde zu berühren, eine Rebellion entwickelt, sein Rechtsbegehren aufgibt.[21] Sein Wille, heißt es, war „durch den Vorfall, der sich auf dem Markt zugetragen, in der Tat gebrochen" (DKV III, 99). Und zwar so sehr, dass er sogar bereit ist, den Junkern „mit völliger Bereitwilligkeit und Vergebung alles Geschehenen, entgegenzukommen" (ebd.), falls diese ihn um einen finanziellen Vergleich bitten würden. Und wenig später, als er versucht, sich mit Hilfe Nagelschmidts aus der widerrechtlichen Haft zu befreien, ist sein Ziel nicht mehr, das „Geschäft der Rache" wieder aufzunehmen, sondern nach Übersee auszuwandern: „denn die Dickfütterung der Rappen hatte seine, von Gram gebeugte Seele auch unabhängig von dem Widerwillen, mit dem Nagelschmidt deshalb gemeinschaftliche Sache zu machen, *aufgegeben.*" (DKV III, 112; Hervorhebung J.L.) Diese fundamentale Wende in der Erzählung ist in der Forschung mehr als stiefmütterlich behandelt worden.[22] Worin aber besteht der Zusammenhang zwischen der Abdeckerszene, ihrer Thematisierung des Unehrlichkeitsproblems und Kohlhaas' Aufgabe seines Rechtsbegehrens? Wieso bricht die Abdeckerszene Kohlhaas' intransigente Insistenz auf das Recht? Die Abdeckerszene führt an Hand der Pferde, die an den Schinder gekommen sind, den rechtlichen und ökonomischen Zusammenhang von Ehre und Leben vor, insofern die Pferde, weil sie biologisch schon fast tot sind und daher ökonomisch wertlos, zugleich, wie es ausdrücklich heißt, in „staatsrechtlicher" Hinsicht bereits tot *sind,* nämlich unehrlich. Die staatsrechtliche Toterklärung ist eine Art Rückzug des Rechts, der das biologische Leben der Pferde als nacktes Leben, als tötbares Leben hervorbringt, indem er das Leben jedes Rechtsschutzes entkleidet. Die Szene zeigt nun exakt die gleiche paradoxe Struktur von Recht und Leben, wie sie auch in den fürstlichen Rettungsedikten begegnet, die Paradoxie nämlich, in die die Macht gerät, wenn sie das bloße, biologische Leben gegen die eigenen rechtlichen Ausschlussakte aus letztlich ökonomischen Gründen wieder einschließen will. Während der Junker, der dem Abdecker das Pferd, nachdem seine Identität festgestellt wurde, für Geld abgekauft hat, einerseits dem Knecht befiehlt, das unehrliche Pferd zu be-

---

21 Vgl. zum Rechtsbegehren und zum „Rechtgefühl" ausführlich Johannes F. Lehmann: *Im Abgrund der Wut. Zur Kultur- und Literaturgeschichte des Zorns*. Freiburg i. Br. 2012, S. 266-295.

22 Das gilt auch für Lothar Jordan: Dresden im „Kohlhaas" - Kohlhaas in Dresden. In: *Beiträge zur Kleist-Forschung* 21 (2007/2008), S. 207-218. Er zeigt zwar, dass die Szenen in Dresden „genau die Mitte" (ebd., S. 209) der Erzählung bilden (was nicht genau stimmt), interessiert sich aber nicht für die Wendung, die hier geschieht.

rühren (und damit seinen Befehl höher wertet als das Vorurteil der Unehrlichkeit), achtet er aber anderseits selbst peinlichst darauf, den Abdecker nicht zu berühren und ihm das Geld zuzuwerfen. Daraus entwickelt sich dann jener Tumult, von dem es heißt, dass er Kohlhaas' Seele gebrochen hat, ohne dass Kohlhaas aber Zeuge dieses Tumultes gewesen ist. Erklären kann man diese plötzliche Resignation des Rechtsfanatikers demnach nicht unmittelbar psychologisch.

Am widersprüchlichen Ineinander von biologischem und rechtlichem Status der Pferde wird aber das Ineinander von Recht und Leben selbst vorgeführt. Das Recht, wenn es sich abwendet, produziert rechtloses, d. h. nacktes Leben, das ohne Rechtsschutz nur mehr biologisches Leben ist. Zum anderen ist das Recht, überall, wo es *gebraucht* wird, Mittel des Lebens und der Ökonomie, auch da, wo es, wie in der Rettung, gegen die selbst produzierte Rechtlosigkeit vorgehen will. So führt die Abdeckerszene vor Augen, dass Recht und Leben einander durchdringen. Ein reines, sozusagen göttliches Recht, an dem Kohlhaas in all seinen Rollen bis dahin festgehalten hat, gibt es nicht. So gibt Kohlhaas mit von Gram gebeugter Seele diese Illusion auf – und stellt seinerseits um von Recht auf Macht/Leben.

Gebrochen wird an dieser Stelle auch die Textlogik, die exakt ab hier umstellt von einer realistischen auf eine fantastische Fallgeschichte. Die zentrale Frage in ihr lautet nun nicht mehr, wie Kohlhaas sein Recht bekommt, sondern ob er sein Leben retten kann oder will. Mit dem Zettel der Zigeunerin gewinnt Kohlhaas' Leben einen Wert, einen Tauschwert, den er nun nicht nur einsetzt, um sein Recht zu bekommen (ins Recht zurückzukehren), sondern für einen Triumph der Rache über den sächsischen Kurfürsten. Der Erfolg dieses Tauschaktes unter Einsatz des Lebens liegt dann auch weit jenseits des Ökonomischen, nämlich einerseits in der Steigerung der Ehre durch die Nobilitierung der Söhne und andererseits in der Steigerung des Lebens, in der biologischen Vitalität, die in den rüstigen Nachkommen sich niederschlägt.

Indifferente Nemesis: Zur Ökonomie des Ausgleichs bei Heinrich von Kleist

Yves Schumacher

Kleists „paradoxale Schreib-Formen" und „offene Text-Strukturen"[1] unterwandern gezielt die Möglichkeit abschließender Sinnzuschreibung, so der in der Kleist-Forschung etablierte Konsens, dessen Augenmerk auf der formalen Charakteristik Kleist'scher Texturen liegt. Von Kleists Schreibverfahren sollen auch die folgenden Überlegungen handeln und sich dabei auf die ökonomische Logik konzentrieren, die im systematischen Austausch linguistischer Werte im Modus negativer Äquivalenz[2] zum Ausdruck kommt. Genauer wird es um die Frage gehen, ob in der konzeptuellen Verschränkung von Ökonomie und Gerechtigkeit zur Figur der Nemesis sich Kleists polar organisierte Kompositionen diskursgeschichtlich anschlussfähiger erweisen als es bei aller vorgreifenden Modernität[3] den Anschein macht.

I. Ökonomie und Gerechtigkeit

Kleists Affinität zur Experimentalphysik, deren aktuellen Stand er als eifriger Hörer von Christian Ernst Wünschs Vorlesungen verfolgte, wird von der Kleist-Forschung nicht allein unter biografischen, sondern ebenso unter poetologischen Gesichtspunkten registriert. Die Gesetzmäßigkeiten der Natur, die in Wünschs physikalischen, insbesondere elektrischen Versuchen zum Ausdruck kamen, werden gemeinsam mit Adam Müllers philosophischer *Lehre vom Gegensatz* als zentraler Impuls für Kleists Ausbildung seiner im „gemeine[n] Gesetz des Widerspruchs"

---

1 Anton Philipp Knittel/Inka Kording: Einleitung. In: Dies. (Hg.): *Heinrich von Kleist. Neue Wege der Forschung*. Darmstadt 2003, S. 7-16, hier S. 9.

2 Negative Äquivalenz stellt einen Sonderfall der poetischen Funktion nach Roman Jakobson (Linguistik und Poetik. In: Ders.: *Poetik. Ausgewählte Aufsätze 1921-1971*. Hg. v. Elmar Holenstein u. Tarcisius Schelbert. Frankfurt a. M. 2005, S. 83-121) dar, insofern Elemente aus zwei Paradigmen kombiniert werden, die im Verhältnis semantischer Opposition stehen. Für Kleist symptomatisch ist der Fall, dass dasselbe Element durch entsprechende Kombination sich als beiden Paradigmen zugehörig erweist und sich damit eine Figur der Unentscheidbarkeit ergibt.

3 Vgl. Knittel/Kording: Einleitung (wie Anm. 1), S. 7.

(SW II, 330)[4] kulminierenden Sicht der Dinge gewertet.[5] Was Kleist über die Natur lernte, projizierte er demnach auf die geschichtlich-kulturelle Sphäre menschlichen Handelns, indem er auch hier eine dem Polaritätsverhältnis elektrischer Ladungen entsprechende Logik ansetzte.

Wenn Kleist selber allerdings eine „Übereinstimmung zwischen den Erscheinungen der physischen und moralischen Welt" (SW II, 321) konstatiert, so lässt er dabei, die wissenschaftshistorische Stoßrichtung der Kleist-Forschung seinerseits relativierend, keinen Vorrang der physikalischen Perspektive erkennen. Zu fragen wäre vielmehr, ob Kleists Beschäftigung mit der Naturwissenschaft nicht immer schon unter dem Gesichtspunkt reziproker Analogiebildung geschah, was konzeptuell nicht allein eine Naturalisierung menschlichen Verhaltens, sondern ebenso eine Moralisierung des Naturgeschehens zur Folge hätte. Hat sich für Kleist im Zuge seiner Studien ein universelles Prinzip der Polarisierung zu erkennen gegeben, so muss sich in dessen Doppelcharakter auch eine moralische Seite zeigen: eine Gerechtigkeitsfigur, die jedoch ihrer Funktion nach von einem physikalischen Gesetz nicht zu unterscheiden wäre. Eine solch naturhafte Gerechtigkeit ist seit der Antike als Nemesis[6] bekannt und hat im alttestamentlichen Talionsgesetz ebenso ihren Nieder-

---

4 Zitiert wird hier und im Folgenden unter der Sigle SW mit Band und Seitenzahl in Klammern im Anschluss an das betreffende Zitat aus: Heinrich von Kleist: *Sämtliche Werke und Briefe.* 2 Bde. Hg. v. Helmut Sembdner. 9., vermehrte und revidierte Aufl., München 2001.

5 Von einer „Poetologie des Widerspruchs" spricht Benjamin Specht (*Physik als Kunst. Die Poetisierung der Elektrizität um 1800.* Berlin/New York 2010, S. 312). Zur Verbindung von Wissenschaftsdiskurs und Poetologie vgl. weiter Herminio Schmidt: *Heinrich von Kleist. Naturwissenschaft als Dichtungsprinzip.* Stuttgart 1978; Otto Lorenz: Experimentalphysik und Dichtungspraxis. Das „geheime Gesetz des Widerspruchs" im Werk Heinrich von Kleists. In: Nicholas Saul. (Hg.): *Die deutsche literarische Romantik und die Wissenschaften.* München 1991, S. 72-90; Jürgen Daiber: „Nichts Drittes ... in der Natur?" Kleists Dichtung im Spiegel romantischer Selbstexperimentation. In: *Kleist-Jahrbuch* 2005, S. 45-66; Roland Borgards: „Allerneuester Erziehungsplan". Ein Beitrag Heinrich von Kleists zur Experimentalkultur um 1800 (Literatur, Physik). In: Markus Krause/Nicolas Pethes (Hg.): *Literarische Experimentalkulturen. Poetologien des Experiments im 19. Jahrhundert.* Würzburg 2005, S. 75-101. Für einen aktuellen Überblick siehe auch Günter Blamberger: *Heinrich von Kleist. Biographie.* Frankfurt a. M. 2011, S. 51-84 (Kap. III: Science or Fiction?).

6 Kleist selber verwendet das Wort „Nemesis" in seinen Texten höchst selten, meines Wissens nur im *Findling* („Aber die Nemesis, die dem Frevel auf dem Fuß folgt" [SW II, 213] - so auch im *Index zu Heinrich von Kleist. Sämtliche Erzählungen, Erzählvarianten, Anekdoten.* Bearbeitet von Helmut Schanze. Frankfurt a. M. 1969, S. 206 vermerkt) und in der *Hermannsschlacht* („Er läuft der Nemesis, der er entfliehen will, entgegen!" [Vs. 1443]).

schlag gefunden wie in der eschatologischen Variante des Evangeliums, wonach die Letzten die Ersten sein werden:[7] ausgleichende Gerechtigkeit.

Wird nach der Ökonomie in Kleists Schreiben gefragt, so ließen sich inhaltsbezogen zahlreiche Stellen anführen, die Handel, Geldgeschäfte, Schulden, Erbschaften und ähnliches zum Gegenstand haben. Doch nicht um die literarische Schilderung ökonomischer Praxis wird es im Folgenden gehen, sondern um eine bemerkenswerte Parallele zwischen der unlängst von Joseph Vogl diskutierten „Oikodizee" im Theoriediskurs der klassischen Ökonomie und der damit korrespondierenden Gerechtigkeitsfigur der Nemesis in Kleists Texten.[8] Eine wenig beachtete Anekdote Kleists möge hierfür eine erste Idee geben, wenn in *Mutwille des Himmels* (SW II, 265 f.) die Befehlsgewalt des todkranken Generals Dieringshofen dort Schiffbruch erleidet, wo es um den sprichwörtlich Letzten Willen geht. Der General möchte ohne jede Verrichtung an seiner Leiche beigesetzt werden. Dahinter steht, unschwer zu erraten, der Widerwille, von der Rolle des zu Lebzeiten Bestimmenden in jene des Bestimmten wechseln zu müssen. „Er befahl bestimmt", schreibt Kleist (und man beachte die zweideutige Doppelung), „dass niemand, ohne Ausnahme, seinen Leib berühren solle [...]" (SW II, 265). Natürlich wird die Leiche des Generals dennoch ‚berührt', weil nur der Feldprediger instruiert wurde, nicht aber der Kammerdiener, der, nichts Böses denkend, früh morgens den Barbier zur Leichenwaschung bestellt. Der Letzte Wille des Generals wird somit nicht durch den unspezifischen Zufall durchkreuzt, sondern durch den titelgebenden „Mutwille[n] des Himmels", dem hier die Funktion einer Instanz des Ausgleichs zukommt, die in Umkehr der Verhältnisse zuletzt den Diener über den Herrn verfügen lässt. Und dies genau so lange, bis eine Markierung der Mitte erreicht ist und der Feldprediger dem Treiben Einhalt gebietet: just nach der Hälfte der Rasur. „[M]it halbem Bart" (SW II, 266), so heißt es, wird die Leiche des Generals schließlich begraben.

Der Himmel, von dem im Titel der Anekdote die Rede ist, durchkreuzt nicht nur den Willen des Generals, sondern auch den Auftrag des Feldpredigers, womit Kleists Himmel sich vom Tun und Lassen religiöser

---

7 Vgl. Mt. 19, 30.

8 Joseph Vogl (*Das Gespenst des Kapitals*. Zürich 2010/2011, S. 58 f.) weist darauf hin, dass im 18. Jahrhundert und darüber hinaus „ökonomische Funktionsideen direkt nach dem Vorbild natürlicher Gesetzmäßigkeiten modelliert" wurden, insbesondere was die „Formulierung von Gleichgewichtsregeln" nach der Art von kommunizierenden Röhren betrifft.

Institutionen als gänzlich unabhängig erweist. Niemand auf Erden scheint den himmlischen Willen für sich gepachtet zu haben; niemand vollstreckt den himmlischen Willen willentlich, am wenigsten diejenigen, die sich als dessen exklusive Vollstrecker ausgeben. Der Mutwille des Himmels geschieht, so oder so, und zwar nicht als konkrete transzendente Instanz, die ins irdische Geschehen eingreift, sondern ungleich abstrakter als universelles Ausgleichsprinzip, das allein und notwendig *ex post* aus dem Zusammenspiel irdischer Aktanten überhaupt greifbar wird. Unbeeindruckt von bestehenden Machtverhältnissen, Wahrscheinlichkeiten, moralischen Normen und juristischen Gesetzen, weil in keiner Weise als historisch-anthropomorphes Bewusstsein funktionierend, verfolgt der Mutwille Kleist'scher Nemesis eine Ökonomie des Ausgleichs, deren kalkulierte Unberechenbarkeit irritiert. So lehrt auch das *Deutsche Wörterbuch*: „die rechtssprache stellt mutwillen in gegensatz zu dem was recht und gesetz erheischen [...]."[9] Die Willkür des Himmels wird somit Gesetz jenseits aller irdischen Gesetze gewesen sein: kontingente Notwendigkeit, auf deren Zeitstruktur noch zurückzukommen sein wird.

Penthesilea, um ein zweites Beispiel symmetrischer Vergeltung anzuführen, muss nach ihrer Blut-,Tat' im Sinne des Ausgleichs sterben, und sie muss genau *so* sterben, wie Kleist sie sterben lässt: Führte zu Achills Tod jene fatale Abkopplung ihres Körpers von der symbolischen Handlungssphäre, sühnt die Amazone mit dem eigenen Tod, der genau gegenläufig durch die Verkehrung von asymbolischer Körperbewegung in Sprache erfolgt. Bei Achill konnte Penthesilea nur dann sein, wenn sie nicht bei *sich*, wenn sie also zur Beißhemmung, zum Küssen, nicht fähig war. Folglich lässt Kleist sie im Anschluss an ihren blutigen Kontrollverlust die entgegengesetzte Todesart durch Kultivierung erleiden, die nach Arnold Gehlen semiotisch darin besteht, einen Bewegungsablauf zunächst zu einer symbolischen Körpergeste, einem bloßen Andeuten zu verkürzen, d. h. motorisch zu hemmen, und schließlich die Geste ins Wort zu verschieben.[10] Penthesilea stirbt durch sublimiertes Sprech-Han-

9 Mutwille. In: *Deutsches Wörterbuch von Jacob und Wilhelm Grimm*. Bd. 6: L. M. Bearbeitet von Moriz Heyne. Leipzig 1885, Sp. 2832-36, hier Sp. 2832.

10 Vgl. Arnold Gehlen: *Der Mensch. Seine Natur und seine Stellung in der Welt.* Wiesbaden 1997, S. 200: „Die Entlastung von der Unmittelbarkeit der Situation, im rein sprachlichen Bewältigen derselben und im Zurückbehalten der Handlung, macht es dann möglich, auf Grund bloß ,vorgestellter', in der Sprache situationsfrei ,vergegenwärtigter' Lagen Handlungen anzusetzen."

deln:[11] „So! So! So! So! Und wieder! - Nun ist's gut." (V. 3034) Das indexikalische Zeichen mit seinem gestischen Charakter dominiert folgerichtig diesen tödlichen Vers, oder besser griechisch: den fünfhebigen *stichos*, der, da ihn niemand jambisch skandieren wird, zugleich fünf-hiebig zu nennen ist. „Sie sank, weil sie zu stolz und kräftig blühte!" (V. 3040), erklärt Prothoe zum Schluss durchaus richtig das Strukturgesetz der Nemesis, die zum Zuge nur dort kommt, wo Übertreibung und mithin das Abweichen vom neutralen Mittelmaß stattfindet. Die Fallhöhe des *Genus grande* ist für Kleists Trauerspiel entsprechend unabdingbar.

II. Polarer Monismus

Technisch gesprochen besteht das Kleist'sche Verfahren darin, negative Äquivalenzen zu bilden, deren Elemente, einer Pendelbewegung oder dem Heben und Senken von Waagschalen vergleichbar, in einem metonymischen Grund-Folge-Verhältnis stehen. Es kann deshalb nicht überraschen, dass die Forschung Kleists formales Erkennungszeichen einer „genau reziproken Bewegung"[12] oder „verkehrten Wiederholung"[13] regelmäßig auch dort festgehalten hat, wo diese nicht im Zentrum der Analyse stand. Hingegen kommt gerade dort, wo das Erkenntnisinteresse sich explizit auf Kleists „Poetik der Gegensätzlichkeit"[14] richtet, der Versuch einer Begründung des auffälligen Formalismus über biografische Bezüge nicht hinaus. Dabei gäbe es durchaus Wege, das Kleist'sche Verfahren diskursiv zwingender zu verankern. Etwa durch die Berück-

11 Vgl. dazu auch Bettine Menke: Die Worte und die Wirklichkeit, anlässlich der Frage nach ‚Literatur und Selbsttötung', am Beispiel Heinrich von Kleists. In: *Kleist-Jahrbuch* 2004, S. 21-41, hier S. 36 f. Der Zusammenhang von kultivierender Triebunterdrückung und blindem Gewaltexzess, den László Földényi (*Heinrich von Kleist. Im Netz der Wörter.* München 1999, S. 76) an Kohlhaas aufzeigt, ließe sich auch auf die deformierte Weiblichkeit der Amazone beziehen. Vgl. dazu auch Klaus Müller-Salget: *Heinrich von Kleist.* Stuttgart 2002, S. 228.

12 Bernhard Greiner: Kant mit Kleist: die Krisis erhabener Interpretation des Zufalls in der Kunst *(Das Erdbeben in Chili).* In: Bernhard Greiner/Maria Moog-Grünewald (Hg.): *Kontingenz und Ordo. Selbstbegründung des Erzählens in der Neuzeit.* Heidelberg 2000, S. 177-189, hier S. 186.

13 Bettine Menke: *Prosopopoiia: Stimme und Text bei Brentano, Hoffmann, Kleist und Kafka.* München 2000, S. 664.

14 Rüdiger Görner: *Gewalt und Grazie. Heinrich von Kleists Poetik der Gegensätzlichkeit.* Heidelberg 2011.

sichtigung der Spinoza-Renaissance des späten 18. Jahrhunderts[15] und des dabei erfolgten Durchbruchs des spekulativen Monismus, mit dem sich jegliche binären Oppositionen dergestalt relativieren, dass das jeweils andere das eine nicht nur in reziproker Weise bedingt, sondern in letzter Konsequenz mit ihm substanziell identisch ist. War Kant noch zu sehr dem alten Empirismus verpflichtet, als dass es zu mehr als jener beiläufigen Mutmaßung bezüglich einer „gemeinschaftlichen, aber uns unbekannten Wurzel"[16] der Gemütskräfte hätte reichen können, so hing Fichte noch zu sehr dem cartesischen *ego cogito* an und kontaminierte Spinozas göttliche Substanz[17] mit dem Anthropomorphismus eines absoluten Bewusstseins.[18] Bei Kleist dagegen scheint die Konsequenz einer radikalen Depersonalisierung Gottes zum Weltprinzip abstrakter Relationalität gezogen zu sein, wozu Spinoza selber einmal anmerkte:

> Indessen bin ich mir darüber im Klaren, dass viele diese Auffassung als widersinnig verwerfen und sie ernst in Erwägung zu ziehen nicht gewillt sind - allein deshalb, weil sie gewohnt sind, Gott eine andere Freiheit zuzuschreiben, sehr verschieden von derjenigen, die wir vorgetragen haben, nämlich einen unbedingten Willen.[19]

Sofern die eine Substanz alles umfasst, so hat alles Attribut Gottes zu sein. „Gott" wird mit Spinoza zum Namen für den Möglichkeitsraum, worin Schöpfung sich überhaupt realisieren kann. Nun lassen sich Spinozas von Descartes übernommene Attribute (*res cogitans/res extensa*) jedoch dahingehend verallgemeinern, dass die monistische Substanz Attribute welcher Qualität auch immer stets als Paar aufweist; als ein Paar, dessen zwei Glieder im Modus des komplementären Ausschlusses aufeinander bezogen sind. In Fichtes *Wissenschaftslehre* kommt der algebrai-

---

15 Als „Initiator der Spinozarenaissance" (Detlev Pätzold: *Spinoza - Aufklärung - Idealismus. Die Substanz der Moderne.* Frankfurt a. M. 1995, S. 94) im deutschsprachigen Raum gilt Friedrich Heinrich Jacobi, der 1785 *Über die Lehre des Spinoza in Briefen an den Herrn Moses Mendelssohn* publizierte. Vgl. auch Rüdiger Otto: *Studien zur Spinozarezeption in Deutschland im 18. Jahrhundert.* Frankfurt a. M. 1994, S. 172 f.

16 Immanuel Kant: *Kritik der reinen Vernunft I* (= Werkausgabe, Bd. III). Hg. v. Wilhelm Weischedel. Frankfurt a. M. 1977, S. 66 (A15/B29).

17 Vgl. Baruch de Spinoza: *Ethik in geometrischer Ordnung dargestellt.* Lateinisch-Deutsch. Neu übers., hg. u. mit einer Einl. vers. v. Wolfgang Bartuschat. Hamburg 1999, S. 31.

18 Vgl. Johann Gottlieb Fichte: *Grundlage der gesamten Wissenschaftslehre (1794) als Handschrift für seine Zuhörer.* Einl. u. Reg. v. Wilhelm G. Jacobs. Hamburg 1994, S. 40 f. Zu Fichtes Spinoza-Rezeption und -Kritik in der ersten *Wissenschaftslehre* siehe Pätzold: Spinoza (wie Anm. 15), S. 149-154; Jean-Marie Vaysse: *Totalité et subjectivité. Spinoza dans l'idéalisme allemand.* Paris 1994, S. 73-81.

19 Spinoza: Ethik (wie Anm. 17), S. 71 ff. - Leibniz (*Theodizee*, § 207) folgte Spinoza darin, dass er Wunder als unbedingte Willensäußerung Gottes verwarf.

sche Charakter eines dergestalt verallgemeinerten Modells vielleicht erstmals deutlich zum Ausdruck, wenn Ich und Nicht-Ich als sich ausschließende Teilmengen einer totalen „Quantität"[20] gedacht werden. Die sich realisierende Substanz folgt so der polaren Struktur einer Gleichung aus jeweils zwei Werten, die sich gegenseitig bedingen und sich, wenn man ihr Verhältnis dynamisiert, ablösen.

Auf dem Grundschema des polaren Monismus basieren auch die naturphilosophischen Ausläufer des 19. Jahrhunderts, deren Ausprägung vielleicht am sinnfälligsten in Goethes *Farbenlehre* wird: Der Farbenkreis ist nichts anderes als die anschaulich gemachte Zuordnungsfunktion komplementärer Farbwerte, die somit den je gegenüberliegenden Wert als Nachbild sich folgen lassen. Es kann geradezu als das Markenzeichen der Episteme um 1800 gelten, konsequent in polaren Gleichungen zu verfahren, in Plus und Minus, Säure und Lauge, in semantischen Oppositionen, die eine Totalität verbürgen, die den Titel der Schöpfung noch verdient und als organisierendes Prinzip in den Phänomenen erkennbar bleibt. Auch Kleists Schreibverfahren lässt sich als prägnante Umsetzung dieses regelhaften Spiels der Oppositionen deuten, indem es nicht allein nach der Formel metaphorischer Äquivalenz, sondern spezieller: der Negativ-Äquivalenz verfährt. Die derart codierte Selektion setzt die kontraintuitiven Wendungen ins Werk, wonach Ratlosigkeit sich als Quelle des Einfalls entpuppt (*Über die allmähliche Verfertigung der Gedanken beim Reden*), Marionetten als Inbegriff der anmutigen Bewegung hervorgehen (*Über das Marionettentheater*), die Verkörperung des sittlichen Pflichtgefühls als Triebtäter entlarvt wird (*Die Marquise von O...*) und ein zum Tode Verurteilter genau dann begnadigt wird, wenn er nicht mehr länger am Leben hängt (*Prinz Friedrich von Homburg*).

Kleists literarisches Wasserzeichen gibt sich jedoch nicht nur aus der anfechtbaren Distanz der Paraphrase zu erkennen, sondern prägt sich auch der unstrittigeren Ebene von Syntax und Grammatik ein, wie ein Blick auf *Das Bettelweib von Locarno* zeigt:

> Am Fuße der Alpen, bei Locarno im oberen Italien, befand sich ein altes, dem Marchese gehöriges Schloß, das man jetzt, wenn man vom St. Gotthard kommt, in Schutt und Trümmern liegen sieht: ein Schloß mit hohen weitläufigen Zimmern, in deren einem einst, auf Stroh, das man ihr unterschüttete, eine alte kranke Frau, die sich bettelnd vor der Tür eingefunden hatte, von der Hausfrau aus Mitleiden gebettet worden war. (SW II, 196)

20 Fichte: Wissenschaftslehre (wie Anm. 18), S. 51.

Zunächst ist auf die Topographie des Schauplatzes hinzuweisen, der, nicht anders zu erwarten, zugleich ganz unten, nämlich „[a]m Fuße der Alpen", und ganz oben, „im oberen Italien", zu liegen kommt; dort also, wo das christliche Ethos der weltlichen Macht den Fuß auf den Nacken setzt. Doch nicht nur der Plot, sondern auch die Sprache wird in Kleists später Erzählung von ihrem Ende her regiert; d. h. es wird genau genommen nicht nach vorne offen gehandelt, sondern im heilsgeschichtlichen Sinne erfüllt. Und dieses Erfüllen zeigt sich in beinahe jedem Satz, so auch im eben zitierten, wenn die Verb-Tempora in eine seltsame Konstellation treten: So führt der zweite Teil des Satzes nach dem Doppelpunkt zwar das Imperfekt des Anfangs weiter („auf Stroh, das man ihr unterschüttete"). Auf die verbale Form eines Vollzugs folgt jedoch am Ende des Satzes mit einem Plusquamperfekt („gebettet worden war") die Form eines abgeschlossenen Zustands, der dem Vollzug zeitlich vorausgeht. Oder mit anderen Worten: Man war dabei, der alten Frau, die bereits gebettet war, ein Bett zu bereiten. Unterstützt wird diese signifikante Verkehrung der Zeitlogik im *Hysteron proteron* durch das kataphorische Pronomen „ihr", das seine Bestimmung durch das Nomen „alte kranke Frau" ebenfalls verspätet erfährt. Die syntagmatische Gliederung von Bestimmendem und Bestimmtem wird invertiert. Das Resultat bildet den latenten Grund seiner Herbeiführung. „Er befahl bestimmt" hieß es in der Anekdote vom kranken General, eine semantische Unentscheidbarkeit, die sich auch dort erst vom Ende her betrachtet als Negation der vordergründigen Autorität zu erkennen gab. Wer bei Kleist „bestimmt" bestimmt, wird bestimmt worden sein.

> Der Marchese, der, bei der Rückkehr von der Jagd, zufällig in das Zimmer trat, wo er seine Büchse abzusetzen pflegte, befahl der Frau unwillig, aus dem Winkel, in welchem sie lag, aufzustehen, und sich hinter den Ofen zu verfügen. (SW II, 196)

Kann zufällig genannt werden, was einer Gewohnheit („abzusetzen pflegte") entspricht; wurde die Gewohnheit nicht auf das Ziel hin entwickelt, dass der Zufall eintreten kann? Wer also ist hier Opfer und wer Täter? Kleists Text lässt keine klaren Entgegensetzungen mehr zu. Täter und Opfer sind vielmehr als Täter-Opfer oder Opfer-Täter zu bezeichnen, was im Anschluss an Stefanie Marx als performative Selbstreflexion heilsgeschichtlicher Erzähllogik gelesen werden kann.[21]

---

21 Vgl. Stefanie Marx: *Beispiele des Beispiellosen*. Würzburg 1994. Einen ähnlichen Ansatz verfolgt Bernd Fischer: *Ironische Metaphysik. Die Erzählungen Heinrich von Kleists*. München 1988. – Zur Indifferenz von Opfer und Täter in der Duellsituation vgl. Günter Blamberger: Agonalität und Theatralität. Kleists Gedankenfigur des Duells im Kontext

Die Inversion von Grund und Folge kehrt im Laufe der Erzählung zuverlässig wieder: So war der Marchese „erschüttert" (Resultat), als er „das unbegreifliche Geräusch wahrnahm" (Vollzug) (SW II, 197). Der Haushund „legt sich, Kopf und Beine zusammen gekauert [also schon liegend, Y. S.], in der Mitte des Zimmers nieder", um sich danach in einer syntaktischen Volte des Subjekt-Verb-Objekt-Schemas wiederzufinden: „[R]ückwärts gegen den Ofen weicht er aus." (SW II, 198) Das passive Aktiv eines Objekt gewordenen Subjekts, das in Verkehrung der Redewendung hinter den Ofen gejagt wird.

Wer möchte, kann im folgenden Satz gar die grammatische Vorwegnahme des kurz bevorstehenden Zerfalls erkennen:

> Das Ehepaar, zwei Lichter auf dem Tisch, die Marquise unausgezogen, der Marchese Degen und Pistolen, die er aus dem Schrank genommen, neben sich, setzen sich, gegen eilf Uhr, jeder auf sein Bett [...]. (SW II, 198)

Aus diesen Elementen kann beim besten Willen kein kohärenter Hauptsatz mehr destilliert werden. Dem ersten und damit maßgeblichen Subjekt „Das Ehepaar", ein Singular, folgt ein Hauptsatzverb im Plural – „setzen sich" – doch „setzen sich" nicht etwa beide, sondern erneut in die Einzahl wechselnd „jeder auf sein Bett". Damit wird die Zeitangabe als numerisches Sinnbild lesbar, wenn die „eilf", das Einsen-Paar, grammatisch zunächst in die Mehrzahl der Ziffern und schließlich in die elementare Einzahl gespalten wird. Das Ehepaar setzen sich jeder auf sein Bett. Die kommende Ruine zeichnet sich bereits ab.

Vor dem Hintergrund der syntaktisch legierten Widersprüche ist der in der Forschung wiederholt formulierte Standpunkt, dass bei Kleist Polaritäten weder in Synthesen aufgehen noch sich solchen annähern würden,[22] dahingehend zu revidieren, dass selbst dieser einfache Gegensatz von Polarität und Synthese zum Oxymoron einer polarisierten Synthese/synthetischen Polarität geraten muss und damit keineswegs einen „undialektischen Antagonismus"[23] darstellt. Nirgends wird dies deutlicher als im vieldiskutierten Schlusssatz des *Erdbebens in Chili*: „[S]o war es ihm fast, als müßt er sich freuen." (II, 159) Die Figur der Unentscheidbarkeit verbürgt am Ende eines von perspektivischen Wendungen des Glücks und Unglücks gezeichneten Plots deren zielgenauen Kreuzungspunkt in Don Fernandos bebender Urteilskraft.

---

der europäischen Moralistik. In: Knittel/Kording (Hg.): Heinrich von Kleist (wie Anm. 1), S. 131-146, bes. S. 131 f.

22 Vgl. Daiber: „Nichts Drittes ... in der Natur?" (wie Anm. 5), S. 47.

23 Specht: Physik als Kunst (wie Anm. 5), S. 345.

III. Indifferente Nemesis

Die hier vorgebrachte Kritik an einem im Verhältnis zu seinem Gegenstand unterkomplexen Binär-Modell einfacher Entgegensetzung führt schließlich zur Frage, ob für Kleist, der als Autor radikaler Kontingenz und Ironie kanonisiert ist, eine Poetik der absoluten Relativierung ohne bedingenden Gegenpart eines relativierenden Absoluten denkbar wäre. Der „Zurückweisung eines Glaubens an den absoluten Wert der Gerechtigkeit sowie an eine gerechte göttliche Ordnung“[24] steht ein Formalismus gegenüber, der als kritisches Verfahren zugleich auf einen ausgeprägten Sinn für Ordnung schließen lässt. Doch wäre dies wohlgemerkt eine Ordnung der Indifferenz, nicht speziell für den Menschen gemacht, sondern unparteiisch blind den Kosmos insgesamt organisierend, weshalb der Gerechtigkeitsbegriff auf eine Naturgesetzen analoge und damit potentiell inhumane Ebene zu liegen kommt. So betrachtet, würde Kleists als moderner Skeptizismus gelesene „Ironisierung der poetischen Gerechtigkeit“[25] eine zur monistischen Episteme anschlussfähige Prägung erhalten.

Dass in Kleists Texten Konzepte klassischer Metaphysik kollabieren, sei ebenso wenig bestritten wie seine Spitzen gegen die teleologischen Modelle idealistischen Zuschnitts, die von einer moralischen Idee der Menschheit aus konzipiert sind. Wenn Kleist allerdings Wahrheitsansprüche als persuasive Effekte rhetorischer Strategien vorführt,[26] so bleibt die alles unterminierende Figur des Chiasmus selber von der Defiguration ausgenommen, um den „Schnitt oder die Spaltung, die Kleist in jede hermeneutische Betrachtung einführt“,[27] zu gewährleisten. Den auf klare Unterscheidung angewiesenen Sinnangeboten entzieht die Verschränkung logisch-semantischer Oppositionen die nötige Basis. Diese bei Kleist ‚gesetzmäßig‘ sich einstellende Relativierung selber aber zerfällt nie in die Beziehungs- und damit Sinnlosigkeit reiner Kontiguität. Als Figur der

24 Susanne Kaul: *Poetik der Gerechtigkeit. Shakespeare – Kleist.* München 2008, S. 21.

25 Ebd.

26 Vgl. Paul de Man: Ästhetische Formalisierung: Kleists *Über das Marionettentheater.* In: Ders.: *Allegorien des Lesens.* Aus dem Amerikanischen v. Werner Hamacher u. Peter Krumme. Frankfurt a. M. 1988, S. 205-233, hier S. 215: „In Kleists Text […] haben wir es von Anfang an mit der Kompatibilität von Erzählung (also Ästhetischem) und epistemologischem Argument zu tun oder, genauer, mit der Möglichkeit eines Formalisierungssystems, das Erzählung und Argument gemeinsam wäre.“

27 Bianca Theisen: Kleists Paradoxien des Lesens. In: Knittel/Kording (Hg.): Heinrich von Kleist (wie Anm. 1), S. 111-130, hier S. 126.

Indifferenz nimmt der Chiasmus - eine unablässige Kreuz(ig)ung, die grenzübergreifende Einheit stiftet - die dynamische Rolle eines relativierend-relativierten Absoluten ein und fungiert damit wider Erwarten als ein Residuum symbolischer Totalität.[28] Ein Kunstgriff, der sich nicht auf die sogenannt fiktionalen Texte beschränkt. Hinreichend bekannt sind die Stellen im *Aufsatz, den sichern Weg des Glücks zu finden* (SW II, 309). Nicht anders wird im *Brief eines Malers an seinen Sohn* vorgegangen, wenn „die göttlichsten Wirkungen [...] aus den niedrigsten und unscheinbarsten Ursachen hervor[gehen]" (SW II, 328), und ebenso im *Allerneuesten Erziehungsplan,* wenn behauptet wird, dass „die Natur einen Abscheu hätte, gegen alles, was [...] einen überwiegenden und unförmlichen Wert angenommen hat" (SW II, 329). Geradezu für Kleist gemacht ist die von ihm erwähnte modische Notiz Montesquieus, wonach zuerst die Perücken derart in die Höhe schossen, dass die Gesichter in die Körpermitte zu rutschen schienen, um dort anschließend von den Füßen abgelöst zu werden, weil die Schuhabsätze derart zulegten (vgl. SW II, 346). Alles, was Kleist sich vorsetzte, wurde ihm zur Allegorie der Nemesis, jener „Formel" (SW II, 338) im Modus der Metapher, mit der sich selbst das Knacken von Walnüssen (II, 201) auf dasjenige von Schädeln (SW II, 214) reimt, wie der *Findling* lehrt.

Im Rückblick mag es sogar scheinen, als ob Kleist sich in der Gestaltung seines eigenen Lebens der fixen Idee, einer polaren Dynamik zu gehorchen, nicht entziehen konnte. Woher der bald schon wieder verworfene Wunsch, „im eigentlichsten Verstande ein *Bauer* [zu] werden" (SW II, 695), wenn nicht als schöpferisches Äquivalent für das zerstörerische Treiben des früheren Soldaten, das fruchtlose Brüten des Studenten? Woher der zuversichtliche Gang in den Freitod, wenn nicht mit der latenten Erwartung, dass dem einen Leben voller Entbehrung und Enttäuschung ein besseres folgen mag? Doch das muss begründete Spekulation bleiben.

---

28 So muss die „Suspendierung des metaphysischen Rahmens", auf die Bernd Hamacher hinweist (*Offenbarung und Gewalt. Literarische Aspekte kultureller Krisen um 1800.* München 2010, S. 185), nicht zwingend als endgültiger „Bruch mit einer göttlich fundierten Weltordnung" (ebd., S. 181) gelesen werden, sondern könnte durch Kleists eigentümliche Verschränkung von Gewalt und Versöhnung in der Figur der Indifferenz auf einen gewandelten Gottesbegriff verweisen, der vor dem Hintergrund des monistisch geprägten Paradigmenwechsels zu interpretieren wäre.

Opus supererogatum. Verknappung und Verschwendung bei Heinrich von Kleist (mit einer Lösung des Münzrätsels in *Der zerbrochne Krug*)

Bernd Hamacher

I.

Charakteristisch für Kleists ‚uneigentlichen' Sprachgebrauch ist die ‚Rückversinnlichung' von Metaphern, das Wörtlichnehmen übertragener Redewendungen:

> Wie Manche, die am Hals des Freundes hängt,
> Sagt wohl das Wort: sie lieb' ihn, o so sehr,
> Daß sie vor Liebe gleich ihn essen könnte;
> Und hinterher, das Wort beprüft, die Närrin!
> Gesättigt sein zum Eckel ist sie schon.
> Nun, du Geliebter, so verfuhr ich nicht.
> Sieh her: als i c h an deinem Halse hing,
> Hab' ich's wahrhaftig Wort für Wort getan;
> Ich war nicht so verrückt, als es wohl schien.[1]

So erklärt Penthesilea das „Versehen", dass sie sich „bloß versprochen" und, der Suggestion der lautlichen Äquivalenz des Reims erlegen, „das Eine für das Andre", „Bisse" für „Küsse" gegriffen habe (DKV II, 254, Vs. 2981-2986). Ein sprachlicher Tauschprozess, der zur Täuschung führt: Metaphern werden gelebt, das Leben wird zu einer bloßen Metapher. Diese Austauschprozesse sind nicht nur in metaphorischem Sinne ökonomisch zu verstehen, werden sie doch von einem kreativen Generator gesteuert, der sich seinerseits am besten mit ökonomischen Kategorien beschreiben lässt: Es handelt sich um ein kreatives Verfahren, um aus vorhandenem Material Neues zu generieren. Konventionalisierte Redewendungen werden auf ihre wörtliche Bedeutung zurückgeführt, durch sprachliche Ähnlichkeits- oder logisch-semantische Gegensatzbeziehun-

1 Zitiert wird nach der Ausgabe: Heinrich von Kleist: *Sämtliche Werke und Briefe in vier Bänden.* Hg. v. Ilse-Marie Barth, Klaus Müller-Salget, Stefan Ormanns u. Hinrich C. Seeba. Frankfurt a.M. 1987-1997. Im Folgenden unter der Sigle DKV mit Band, Seiten- und Versangabe in Klammern im Anschluss an das betreffende Zitat; hier: DKV II, 254-255, Vs. 2991-2999 (H. i. O.).

gen (das „gemeine Gesetz des Widerspruchs"; DKV III, 546) neue Bedeutungen erzeugt. Dieses Verfahren lässt sich als eine dezidiert postgeniale Kreativität beschreiben, eine Kreativität, die vom Originalitätspostulat der Genieästhetik entlastet und die nicht als Kreation oder Invention, sondern als neuartige Kombination - und zuweilen darüber hinaus als Applikation des Kombinierten - modelliert ist.[2] Gegenüber einer ‚starken' Originalitätskreativität wird eine solche ‚schwache' kombinatorische Kreativität, die nichts Neues schafft, sondern das Bekannte auf neuartige Weise kombiniert und arrangiert, zumeist abgewertet[3] - ich möchte sie mit Blick auf Kleist aufwerten. Diese Kreativität ist ökonomisch auch insofern, als sie mit den knappen Ressourcen verantwortlich umgeht und im Recyclingprozess doch Neues hervorbringen kann. Selbstreflexiv zeigt sich dieses Prinzip der ‚Nachhaltigkeit' auch im Blick auf Kleists Œuvre selbst, das in seinem schmalen Umfang seinerseits eine äußerst knappe Ressource darstellt, die nach wie vor eine verschwenderische Fülle an Deutungen generiert.

II.

Dieses Wechselspiel von Verknappung und Verschwendung ist in Kleists Texten an vielen Stellen unmittelbar thematisch, und hier möchte ich den kreativen Zündpunkt ermitteln, an dem die ökonomische Metaphorik den Wert des verausgabten Sprachguts durch Verknappung steigert und dabei auch, als Metaphorik der Ökonomie, in ihrer hypertrophen Bildlichkeit verschwenderisch verfährt. Meine These lautet, dass hinter die-

2 Vgl. Frank R. Pfetsch: Kreatives Verhandeln in Politik und Wirtschaft. In: Rainer M. Holm-Hadulla (Hg.): *Kreativität*. 2. Aufl. Berlin 2001 (Heidelberger Jahrbücher, XLIV), S. 127-155, hier S. 128. Vgl. zu einer ersten Anwendung auf Kleist: Bernd Hamacher: „Auf Recht und Sitte halten"? Kreativität und Moralität bei Heinrich von Kleist. In: *Kleist-Jahrbuch* 2003, S. 63-78.

3 Vgl. Günter Abel: Die Kunst des Neuen. Kreativität als Problem der Philosophie. In: Ders. (Hg.): *Kreativität. XX. Deutscher Kongreß für Philosophie, 26.-30. September 2005 an der Technischen Universität Berlin. Kolloquienbeiträge.* Hamburg 2006, S. 1-21, hier S. 4: „*Schwache* Kreativität meint das kombinatorische Neu-Arrangieren bereits vorhandener Elemente. *Starke* Kreativität meint die Transformation, das Durchbrechen, das Ersetzen alter durch neue Prinzipien, Regularitäten und Gesetzmäßigkeiten." Vgl. dazu Bernd Hamacher: Zauber des Letzten - Zauber des Ersten? Epigonalität, Avantgardismus und das Problem der Kreativität - in der Moderne und bei Thomas Mann. In: Stefan Börnchen/Claudia Liebrand (Hg.): *Apokrypher Avantgardismus. Thomas Mann und die Klassische Moderne*. München 2008, S. 29-50.

sem Wechselspiel von Verknappung und Verschwendung, verstanden als Kippfigur, die scholastische und - nach der Verwerfung durch die Reformation - aufklärerisch neu gefasste Konzeption des *Opus supererogatum* steht. Nach scholastischer Lehre haben Jesus Christus und die Heiligen mehr gute Werke getan, als es ihrer Verpflichtung entsprochen hätte. Diese *Opera supererogationis*, sittliche Leistungen, die über das von der Kirche geforderte Maß hinausgehen, begründen als überschüssige Werke ein Verdienst, das einen Thesaurus für die Gläubigen bildet. Dieses angehäufte Kapital kann beim Ablasshandel dem Wirtschaftskreislauf zugeführt werden. Ermöglicht wird diese Begründung des Kapitals durch die Unterscheidung von Werken gemeiner Sittlichkeit, die durch das Gesetz geboten sind, und Werken höherer Sittlichkeit, die bloß angeraten sind und die man nicht von allen Gläubigen verlangen kann. Wer diese sittlichen Leistungen nicht selbst zu erbringen in der Lage ist, kann durch Ablasskauf vom Thesaurus zehren und so Sündenvergebung erlangen. Mit der Ablehnung der Werkgerechtigkeit verwarf dann Martin Luther auch die Lehre der *Opera supererogationis*,[4] bevor sie in der Aufklärung unvermutet wiederbelebt wurde.

Gotthold Ephraim Lessing bezog unter anderem dadurch eine Gegenposition zur lutherischen Orthodoxie seiner Zeit, dass er Positionen der katholischen Dogmatik in aufklärerischem Kontext neu rezipierte - so die Lehre von den ewigen Höllenstrafen (in der Schrift *Leibniz von den ewigen Strafen*), und so auch die Lehre der *Opera supererogationis*. Man kann Lessings schriftstellerische und argumentative Strategie geradezu mit Kleists ‚gegensätzischem' Verfahren im *Allerneuesten Erziehungsplan* exemplifizieren, dem Verfahren nämlich, das geprägt ist vom „gemeine[n] Gesetz des Widerspruchs", das uns geneigt mache, „uns, mit unserer Meinung, immer auf die entgegengesetzte Seite hinüber zu werfen." (DKV III, 546) So tritt Lessing in der Herausgabe der Fragmente des Hermann Samuel Reimarus als Verteidiger des Deismus gegen die Orthodoxie, in seinen „Gegensätzen des Herausgebers" aber als Verteidiger der Orthodoxie gegen den Deismus und bibelkritischen Rationalismus auf.[5] Und so aktualisiert er auch die scholastische Lehre des *Opus supererogatum* in einem

4 R. Seeberg: Opus supererogationis. In: *Realencyklopädie für protestantische Theologie und Kirche.* Begründet von J. J. Herzog. In 3. verbesserter u. vermehrter Aufl. unter Mitwirkung vieler Theologen u. anderer Gelehrter hg. v. D. Albert Hauck. Bd. 14. Leipzig 1904, S. 417-419.

5 Vgl. zu diesem agonalen argumentativen Verfahren, das es ermöglicht, Lessing mit Kleist und Kleist mit Lessing zu lesen, Bernd Hamacher: *Offenbarung und Gewalt. Literarische Aspekte kultureller Krisen um 1800.* München 2010, S. 61-64, 177-182.

ungewöhnlichen, weil dezidiert säkularen Kontext: in *Ernst und Falk*, den „Gesprächen für Freimäurer".[6] Im zweiten Gespräch geht es um den Staat, der die Menschen vereinige, sie aber gleichzeitig trenne, indem sie nicht als allgemeine oder „bloße", sondern als besondere Menschen, zum Beispiel als Deutsche oder als Christen, vereinigt würden. Anders als in Staaten, also durch Trennungen, könnten die Menschen zwar nicht vereinigt werden, doch seien diese Trennungen deswegen keineswegs „gut" oder „heilig". Vielmehr sollten „ihre Folgen so unschädlich" gemacht werden „als möglich". Dies lasse sich indes nicht gebieten:

> FALK. Aber geboten kann es doch auch nicht sein; durch bürgerliche Gesetze nicht geboten! Denn bürgerliche Gesetze erstrecken sich nie über die Grenzen ihres Staats. Und dieses würde nun gerade außer den Grenzen aller und jeder Staaten liegen. – Folglich kann es nur ein Opus supererogatum sein: und es wäre bloß zu wünschen, daß sich die Weisesten und Besten eines jeden Staats diesem Operi supererogato freiwillig unterzögen.[7]

Im Sinne der Scholastik handelt es sich also um ein Werk der höheren Sittlichkeit, das nur angeraten, nicht durch das Gesetz geboten werden kann. Zur Kippfigur kann das Werk dadurch werden, dass man durch die völlige Aufhebung der bürgerlichen Trennungen – anstatt nur ihre Folgen so unschädlich wie möglich zu machen – „den Staat selbst mit ihnen zugleich vernichten"[8] würde. Das *Opus supererogatum* würde dann zu einer nicht nur überflüssigen, unökonomischen Verausgabung, einer Energieverschwendung, sondern käme geradezu einem unverantwortlichen Umgang mit Ressourcen – in diesem Falle sittlichen, moralischen Ressourcen – gleich. Das Werk muss daher knapp gehalten werden, um ein gutes Werk, ein Werk der höheren Sittlichkeit, sein zu können – als verschwendetes wäre es zerstörerisch.

Diese Kippfigur lässt sich, bevor wir wieder zu Kleist zurückkehren, auch besonders gut mit Goethes *Iphigenie* exemplifizieren. Die Titelfigur beansprucht gegenüber Thoas im dritten Auftritt des fünften Aufzugs als Frau die Kraft zu ethisch sozialem Handeln:

---

6 Vgl. zum weiteren Kontext bei Lessing Dieter Arendt: Lessings ‚Nathan der Weise' und das opus supererogatum – oder: Der Mensch als Rolle und die Rolle des Menschen in der Aufklärung. In: *Diskussion Deutsch* 16 (1985), S. 243-263.

7 Gotthold Ephraim Lessing: *Werke*. In Zusammenarbeit mit Karl Eibl, Helmut Göbel, Karl S. Guthke, Gerd Hillen, Albert von Schirnding u. Jörg Schönert hg. v. Herbert G. Göpfert. Bd. 8: *Theologiekritische Schriften III. Philosophische Schriften*. München 1979, S. 464-465.

8 Ebd., S. 468.

Hat denn zur unerhörten Tat der Mann
Allein das Recht? Drückt denn Unmögliches
Nur Er an die gewalt'ge Heldenbrust?[9]

Diese ‚unerhörte Tat' ist das *Opus supererogatum*, eine moralische Tat, die über das durch Gebote und Gesetze Geforderte hinausgeht, moralische Gebote aus freien Stücken übertrifft und übererfüllt, dabei jedoch - und deshalb wird sie zur Kippfigur - selbst gegen das durch die Vernunft im Sinne eines wohlverstandenen Eigeninteresses Gebotene verstößt, um gerade dadurch reine Menschlichkeit zu ermöglichen - eine Tat für die Gemeinschaft also, die auf die Gefahr hin, sich selbst zu schaden und zu gefährden, das Eigeninteresse hinter das Gemeinwohl zurückstellt. Das Wagnis dieser Verschwendung wird hier besonders deutlich. Wird die Verausgabung übertrieben, zerstört sich das Werk selbst. Ein solches zwiespältiges *Opus supererogatum* geht Iphigenie gegenüber Thoas ein - in rückhaltloser Offenheit und Wahrhaftigkeit wagt sie alles, indem sie den von Pylades geschmiedeten Plan zum Raub des Götterbildes und zur anschließenden Flucht verrät, und sie gewinnt alles, obwohl sie nicht nur sich selbst, sondern Orest und Pylades mit gefährdet. Gerade die knappste und kostbarste moralische Ressource, Wahrhaftigkeit, wird rückhaltlos verausgabt und verschwendet - umso höher ist der Gewinn, so wie wenn der gesamte Einsatz beim Roulette nicht auf Rot oder Schwarz, sondern auf eine einzelne Ziffer gesetzt wird.

III.

Bei Kleist nun findet man ein solches *Opus supererogatum* zum Beispiel im Brief an Ulrike vom 13./14. März 1803 thematisiert: „Ich weiß nicht, was ich dir über mich *unaussprechlichen* Menschen sagen soll. - Ich wollte ich könnte mir das Herz aus dem Leibe reißen, in diesen Brief packen, und dir zuschicken. - Dummer Gedanke." (DKV IV, 313; H. i. O.) Auch hier geht es um die lebensgefährliche Verausgabung des knappsten, wertvollsten Gutes, bei Kleist gegenüber Goethe dadurch noch auf die Spitze getrieben, dass es sich nicht nur um einen ideellen Wert handelt, sondern dass ideeller und materieller Wert ineins fallen und ununterscheidbar sind. Das Herz steht metaphorisch für die unaussprechlichen Gefühle,

9 Johann Wolfgang Goethe: *Sämtliche Werke. Briefe, Tagebücher und Gespräche.* 40 Bde. Hg. v. Friedmar Apel u. a. I. Abt., Bd. 5: *Dramen 1776-1790.* Unter Mitarbeit v. Peter Huber hg. v. Dieter Borchmeyer. Frankfurt a. M. 1988, S. 610 (Vs. 1892-1894).

soll deren Wahrheit und Wahrhaftigkeit bezeugen, was die Sprache nicht vermag. Doch diese äußerste Verausgabung kippt von der höchsten Idealität in die tiefste Materialität, die Metapher wird wörtlich genommen. Als verausgabtes ist das Herz wertlos, nur ein roher Fleischklumpen, und daher erweist sich hier die Aporie des *Opus supererogatum*, das tödlich zu enden droht: Das kostbare Gut muss weiter verknappt bzw. sogar entzogen, darf nicht dem ökonomischen Kreislauf zugeführt werden, und damit ist aber auch die erstrebte Wahrhaftigkeit nicht erreichbar. Es gibt keine Währung, in die sie konvertibel wäre.

Ähnliche Konversionen oder Kippfiguren, verstehbar als ökonomische Tauschprozesse oder aber deren Verweigerung und Rücknahme, vollziehen sich, wie bereits eingangs angedeutet, in *Penthesilea*. Im Hinblick auf die Hyperbolik des Kampfes - die eine doppelte, sowohl körperliche als auch sprachliche, metaphorische Hyperbolik ist - bricht Penthesilea aus: „Verflucht das Herz, das sich nicht mäß'gen kann." (DKV II, 168, Vs. 720) Die radikale Verausgabung und Verschwendung wird verflucht, was im Hinblick auf die letalen Konsequenzen, die im Brief an Ulrike aufscheinen, durchaus verständlich ist. Die Rücknahme des *Opus supererogatum* ist eine Überlebensfrage. Jene Interpreten, die, Karl Schultze-Jahde folgend,[10] hier gegen alle Textzeugen gerne konjizieren und „noch" statt „nicht" setzen möchten - ‚Verflucht das Herz, das sich *noch* mäß'gen kann.' -, so dass aus der Selbstverfluchung Penthesileas wegen Verschwendung nun eine Verfluchung der Amazonen wird, die zur Mäßigung raten - jene Interpreten verkennen, im Unterschied zu Penthesilea selbst, die überlebenswichtige Bedeutung ökonomischen Maßhaltens bei Kleist.

Im 9. Auftritt wird die kreative Bedeutung eines Zwischen- bzw. Schwellenraumes für ökonomisch-metaphorische Tauschprozesse deutlich. Penthesilea sieht unverwandt in die Sonne, wie es in einer Bühnenanweisung heißt: Sie ist auf Achill fixiert. Sie will Berggipfel aufeinander türmen und ihn dann „[b]ei seinen goldnen Flammenhaaren" zu sich herniederziehen, bis sie das Spiegelbild der Sonne im Fluss erblickt: „Ich, Rasende! / Da liegt er mir zu Füßen ja! Nimm mich –" (DKV II, 193, Vs. 1384-1388). Sie will sich in den Fluss stürzen. Es finden mehrfache Ver-

---

10 Vgl. Karl Schultze-Jahde: „Verflucht das Herz, das sich nicht mäß'gen kann" (Penthesilea, Vers 720). In: *Jahrbuch der Kleist-Gesellschaft* 1925/1926, S. 133-134; ders.: ‚Penthesilea' 720 und 747. In: *Archiv für das Studium der neueren Sprachen* 169 (1936), S. 9-17. Jochen Schmidt: *Heinrich von Kleist. Studien zu seiner poetischen Verfahrensweise.* Tübingen 1974, S. 41, Anm. 43, spricht von der „überzeugenden Textbesserung" Schultze-Jahdes.

tauschungen statt: zwischen oben und unten, Himmel und Wasser, Realität und Spiegelbild, Metapher und Realität. Zur Katastrophe droht auch hier wieder die Verausgabung im Sinne eines *Opus supererogatum* zu führen. Die Verausgabung als Voraussetzung eines Beweises von Wahrhaftigkeit basiert notwendigerweise auf der Einzigartigkeit und damit Unersetzbarkeit des Verausgabten. Das aber ist ganz und gar unökonomisch. Zum Überleben erforderlich ist ein ökonomischer Umgang zum Beispiel mit der Realität von Gefühlen. Als metaphorische sind sie reproduzierbar und können damit eingetauscht werden, sprich der Kommunikation dienen. Freilich geht bei diesem Recyclingprozess, der Kreativität als postgenialer Kombinatorik, die Einzigartigkeit als rückhaltlose, körperliche Preisgabe und Verschwendung verloren.

Dass diese Problematik gerade auf der Brücke ausagiert wird, ist symptomatisch. Penthesilea befindet sich in einem Schwellenraum, dem privilegierten Ort für metaphorische Übergänge. Sie scheint augenblicksweise einen archimedischen Punkt erreicht zu haben, von dem aus sie über die Sonne als Zentralmetapher des abendländischen Denkens[11] herrschen und in diesem Schwellenraum des Ausagierens der metaphorischen Bewegung eine Metaposition, eine Metametapher, gewinnen könnte, die sie die Metapher(n) des Absoluten kontrollieren ließe. Penthesilea kann indes diese Metaposition nicht besetzen, weil diese ökonomische Konventionalität und Konvertibilität der Metaphorik ihr in ihrem Streben nach Einzigartigkeit nicht zugänglich ist. Zur ökonomischen Mäßigung ist sie nicht in der Lage. Der Schwellenraum Brücke ist im szenischen Kontext zugleich Übergang in den Tod. Penthesilea kann nicht zwischen Metapher und Person, Zeichen und Bedeutung, Zeichen und Realität unterscheiden, will die Sonne zu sich niederziehen. Sie setzt sich durch diese Verschwendung der Einzigartigkeit der Gefahr des Wahnsinns aus, was eine Vorausdeutung auf den Schluss bildet.

Achill steht diesem Drängen nach anökonomischer Verausgabung hilflos gegenüber. Zu Beginn des 11. Auftritts, als er ohne Helm, Rüstung und Waffen auftritt, fragt er: „Soll ich den seid'nen Latz noch niederreißen, / Daß ihr das Herz mir harmlos schlagen seht?" (DKV II, 194, Vs. 1408-1409) Für ihn ist die ökonomische Konventionalität der Metaphorik unhintergehbar. Das *Opus supererogatum* eines verausgabenden Wahrhaftigkeitsbeweises ist für ihn nicht vorstellbar. Er erwägt, im Unterschied zu Kleist, nicht, sich das Herz herauszureißen. Das Angebot eines

11 Vgl. Jacques Derrida: Die weiße Mythologie. Die Metapher im philosophischen Text. In: Ders.: *Randgänge der Philosophie*. Hg. v. Peter Engelmann. Wien 1988, S. 205-258.

Blicks auf die nackte Brust muss genügen. Der Blick ins Innere der Brust ist selbst bei völliger Entkleidung nicht möglich. Es bleibt nur das Vertrauen in die Konventionalität der metaphorischen Bedeutung, damit die Zeichenhaftigkeit seines Auftritts nicht missverstanden wird.

Penthesileas Selbsttötung als Sprechakt, der die tödliche Verbindlichkeit metaphorischen Sprechens dokumentiert, kann vor diesem Hintergrund als Ausführung dessen gesehen werden, was bisher noch vermieden wurde bzw. nicht möglich erschien: ein *Opus supererogatum* als radikale Verausgabung, die den höchsten Wert, das Leben, verschwendet.

IV.

Im Lustspiel *Der zerbrochne Krug* kann dagegen eine Lösung herbeigeführt werden, die die dargestellten Aporien vermeidet. Unter dieser Genrevoraussetzung kann ein *Opus supererogatum* als Wahrhaftigkeitsbeweis gelingen. Wie aber ist dies möglich? Die Aufgabe stellt sich Walter im ursprünglichen, in der Druckfassung dann so genannten „Variant"-Schluss, in dem er gegenüber Eve den Wahrhaftigkeitsbeweis erbringen und sie von der Haltlosigkeit von Adams Lügengebäude überzeugen muss:

> WALTER Steh auf, mein Kind.
> EVE Nicht eher, Herr, als bis ihr eure Züge,
> Die menschlichen, die euch vom Antlitz strahlen,
> Wahr macht durch eine Tat der Menschlichkeit. (DKV I, 362, Vs. 1951-1954)

Sich als wahre Menschen zu erweisen und auch als solche erkannt zu werden ist für Kleists Figuren in der Tat am schwersten, werden sie doch gemeinhin entweder vergöttert oder verteufelt. Im Lustspiel muss Walter sich nun nicht das Herz aus dem Leibe reißen, um seine Wahrhaftigkeit unter Beweis zu stellen, im Lustspiel ist eine ökonomische Lösung möglich: Er kann sie sich erkaufen. Die Vertrauenskrise ist durch Geld lösbar: Die Erpressung Eves durch Adam muss durch eine Erpressung Eves durch Walter neutralisiert und überboten werden. So wie Adam sich eine erotische Belohnung erpressen wollte, so erhält auch Walter eine erotische Belohnung: einen Kuss, sogar „einen tüchtigen" (DKV I, 376, Vs. 2379). Hier findet keine Verwechslung und Vertauschung von Metapher und Realität statt, sondern ein ökonomischer Tausch: Geld gegen Vertrauen, Geld gegen Gefühl, Geld gegen Körper.

Bei der Frage, wie Walter diese Erpressung gelingt, handelt es sich um das vielleicht notorischste Rätsel der Kleist-Forschung, nach Klaus Müller-Salget „eine numismatische Unmöglichkeit, deren Deutung bislang nicht zufriedenstellend gelungen ist."[12] Nicht beachtet wurde aber bislang (auch Müller-Salget erwähnt es nicht), dass diese „Unmöglichkeit" - Gulden mit dem Bild des spanischen Königs waren nie in Umlauf[13] - mit Blick auf Aristoteles gar kein Problem darstellt: „Was die Erfordernisse der Dichtung betrifft, so verdient das Unmögliche, das glaubwürdig ist, den Vorzug vor dem Möglichen, das unglaubwürdig ist."[14] Möglich sind die Gulden mit dem Antlitz des Spanierkönigs nicht - entscheidend im aristotelischen Sinne, dem Kleist hier präzise folgt, ist jedoch, ob Eves Reaktion glaubwürdig ist:

> WALTER Vollwichtig neugeprägte Gulden sind's.
> Sieh her, das Antlitz hier des Spanierkönigs:
> Meinst du, daß dich der König wird betrügen?
> EVE O lieber, guter, edler Herr, verzeiht mir.
> [...]
> WALTER So glaubst du jetzt, daß ich dir Wahrheit gab?
> EVE Ob ihr mir Wahrheit gabt? O scharfgeprägte,
> Und Gottes leuchtend Antlitz drauf. O Himmel!
> Daß ich nicht solche Münze mehr erkenne! (DKV I, 376, Vs. 2369-2379)

Glaubwürdig wird Eves Reaktion, wenn man erkennt, dass hier nach dem Modell des *Opus supererogatum* gerechnet wird. Das verausgabte Gut muss im Wert bis zur Einzigartigkeit gesteigert werden, damit das Werk, in diesem Fall der Vertrauensbeweis, gelingt. Diese Wertsteigerung gelingt durch Verknappung. Den Gulden gibt es nicht, oder vielmehr: Es gibt nur diesen einen Satz, der sich in Walters Beutel befindet, er ist damit fast ein Unikat, und als solches - eine höchst seltene Goldmünze, die nie real in Umlauf war - steigt sein Wert ins Unermessliche.[15] Dann aber ist Eves Reaktion glaubwürdig, dann ist es nicht mehr rätsel-

---

12 Klaus Müller-Salget: *Heinrich von Kleist.* 2., durchges. u. überarb. Aufl. Stuttgart 2011, S. 193. Die Reihe der Deutungsversuche wird auch im vorliegenden Band durch Birger Priddat verlängert.

13 Vgl. ebd., S. 194, Anm. 35.

14 Aristoteles: *Poetik.* Griechisch/Deutsch. Übersetzt u. hg. v. Manfred Fuhrmann. Stuttgart 1982, S. 93.

15 Dass es nur der Dichter ist, der diese in der Realität unmöglichen Münzen geprägt haben kann, lässt abermals den Bogen zurück zu Lessing schlagen, zur Ringparabel in *Nathan der Weise.* Da der Stein auf dem Ring des Vaters ein Opal ist und Opale sich „gar nicht künstlich nachmachen" lassen, muss es sich bei allen drei Ringen, die die Söhne erhalten, um Fälschungen handeln: „Den echten Ring hat der Künstler!" Rüdiger Zymner: „Der Stein war ein Opal ..." Eine versteckte Kunst-Apotheose in Lessings morgenländischer „Ringparabel"? In: *Lessing Yearbook* 24 (1992), S. 77-96, hier S. 92.

haft oder unerklärlich, wieso sie das Konterfei des feindlichen Spanierkönigs plötzlich als „Gottes leuchtend Antlitz" verklärt oder misskennt, sondern diese vermeintliche hyberbolische oder schwärmerische Fehldeutung ist völlig konsequent im Hinblick auf die enorme Wertsteigerung, die an den Gulden plötzlich erkannt wird. Sie sind so viel wert, dass der Glaube an die Wahrhaftigkeit damit erkauft werden kann, für den Kleist in dem zitierten Brief an Ulrike ein reales Herz als Gegenwert für notwendig erachtet hatte. In der Komödie ist der Übergang von der realen Naturalwirtschaft mit der lebensgefährlichen Verausgabung vitaler Ressourcen zur symbolischen Geldwirtschaft vollzogen. Damit ist auch die Möglichkeit eröffnet - für die immerhin die Autorität des Aristoteles einsteht -, nach dem Prinzip der postgenialen Kreativität von dem Prägestock dieser Gulden immer neue Metaphern zu schlagen.

Ökonomie und Gastfreundschaft in Heinrich von Kleists *Die Verlobung in St. Domingo*

Evi Fountoulakis

I.

Die Grundlage jedes Tausches - wie auch die Grundoperation der Ökonomie - besteht in der Zirkulation äquivalenter Werte.[1] Im Folgenden möchte ich mich auf eine bestimmte Form konzentrieren, die man unter Betonung der Begriffsherkunft die Ökonomie der Ökonomie nennen könnte: die Ökonomie der (Gast-)Wirtschaft.[2] Οἰκονόμος bedeutet bekanntlich *Haushälter* oder *Wirt*, und *Wirtschaft* stellt die deutsche Übersetzung von Ökonomie dar, von *Wirt* im Sinne von *Gastgeber* und *bewirten* im Sinne von *(ein-)schenken*. Der Begriff Wirtschaft, der ab dem 10. Jahrhundert bezeugt ist, verweist „[e]igentlich [auf] ‚das, was mit der Tätigkeit als Wirt zu tun hat', wobei Wirt sowohl der ‚Hausherr' wie auch der ‚Gastwirt' sein kann".[3] Wir verbleiben bei dieser frühen, privaten Form von Gastwirtschaft, also der Gastfreundschaft. Dabei soll nicht nur der *oikos* zur Sprache kommen; der *nomos* ist der Gastlichkeit ganz grundlegend eingeschrieben, wie noch zu zeigen sein wird.

Gastfreundschaft bzw. Gastlichkeit ist ein pervasives Thema in Kleists Erzählungen (und in einigen Dramen, z. B. in *Amphitryon*). Unter Gastlichkeit verstehe ich mit Bezug auf Hans-Dieter Bahrs Arbeiten eine ausgeweitete Gastfreundschaft, die sich nicht nur auf das Gewähren von Unterkunft zwischen zwei Menschen bezieht, sondern eine Form der grundsätzlichen Hospitalität, die jeder Sprachverwendung von ‚Gast'

---

1 Die Verallgemeinerung unterschlägt die Frage, wer die postulierte Äquivalenz mit welchen Mitteln bestimmt; je nach ökonomischer Ordnung (Markt, Plan etc.) fällt die Antwort darauf unterschiedlich aus. Von Bedeutung ist im Folgenden die Parallele zwischen Tausch und Kauf, welche beide auf einem instantanen Wechsel basieren, in dem entweder beidseitig Waren oder Dienstleistungen getauscht oder diese gegen ein Tauschmittel wie Geld erworben werden.

2 Von altgriech. οικος „Haus" und νέμειν „(zu)teilen, verteilen" (früher: „weiden"), wovon sich auch νόμος „Regel" oder „Gesetz" ableitet.

3 Friedrich Kluge: *Etymologisches Wörterbuch der deutschen Sprache*. Bearb. v. Elmar Seebold. 24., durchges. u. erw. Aufl. Berlin 2002, „Wirtschaft", S. 993.

zugrunde liegt.[4] So inszenieren beispielsweise *Die Marquise von O...., Das Bettelweib von Locarno, Die Verlobung in St. Domingo* oder *Der Findling* die Gastlichkeit und ihre Verkehrung, die Ungastlichkeit, indem sie das „traumatisierende[...] Hereinbrechen"[5] des Gastes in den *oikos*[6] der Gastgeber thematisieren.

Auf den ersten Blick mag es paradox scheinen, Gastlichkeit und Ökonomie zusammenzuführen, da die Gastfreundschaft als Ethos gerade eine Freigabe außerhalb jeder wirtschaftlichen Effizienz sein soll, doch Kleists Darstellungen dieses Topos sind von ökonomisierenden Tendenzen geradewegs durchzogen. Am Beispiel der Erzählung *Die Verlobung in St. Domingo* möchte ich das Eindringen des Gastes in den *oikos* der Gastgeber skizzieren; ein besonderer Fokus liegt dabei auf dem Tausch als ökonomischem Element der Gastfreundschaft sowie auf der Performativität der Sprache (auf Schwur und Versprechen als ‚Gaben der Sprache'),[7] welche zur Täuschung hinführen.

Es sei deshalb kurz der Inhalt der Erzählung in Erinnerung gerufen: In Heinrich von Kleists 1811 erschienener Erzählung *Die Verlobung in St. Domingo* bittet ein „Fremder", Gustav von der Ried, inmitten der Haitianischen Revolutionskämpfe zwischen Einheimischen und Kolonialherren im Hause Congo Hoangos um Unterschlupf. Der fremde Gast wird zwar freundlich von Babekan und ihrer Tochter Toni aufgenommen, doch verbirgt sich hinter seiner Aufnahme der perfide Plan, ihn bis zur Rückkehr des Hausherrn festzuhalten, der ihn zweifellos töten wird. Zunächst scheint die Unheimlichkeit des Verrats nur der Sphäre der Gastgeber anzugehören; sie sind diejenigen, welche - nicht zum ersten Mal - eine Intrige inszenieren. Gustav von der Ried ist nicht nur ein Gast, sondern auch aufgrund seiner Hautfarbe ein Fremder und, mehr noch, der Feind, denn dem Ausnahmezustand der Revolution ist die Verletzung der nominellen Machtordnung inhärent, und so scheint der Verrat an den Ge-

---

4 Vgl. Hans-Dieter Bahr: *Die Befremdlichkeit des Gastes*. Wien 2005.

5 Jacques Derrida: *Adieu – Nachruf auf Emmanuel Lévinas*. München/Wien 1999, S. 87.

6 Die *Ökonomie* vereint etymologisch in sich schon Gabe und Wirtschaftlichkeit (eines Haushalts).

7 Vgl. Jacques Derrida: *Von der Gastfreundschaft*. Wien 2001, S. 53 f., und ders.: *Le parjure, peut-être („brusques sautes de syntaxe")*. Paris 2005. Vgl. auch Csongor Lörincz: Sprache und Zeit der Gastlichkeit (Kleist: Die Verlobung in St. Domingo). In: Evi Fountoulakis/Boris Previsic (Hg.): *Der Gast als Fremder. Narrative Alterität in der Literatur*. Bielefeld 2011, S. 75-110, hier S. 82: „Das Wort zu geben, sei es im Schwur oder im Versprechen, und es somit zugleich vom anderen zu erhalten, der diesem Wort überhaupt Glauben zu schenken vermag - dieses Geben wird möglich, gar notwendig, nur von seiner potentiellen Gefährdung, also von der Lüge, vom Meineid her."

setzen der Gastlichkeit - d. h. einem Fremden die Bitte um das existenziell Notwendige wie Schutz, Nahrung und Schlaf im eigenen Hause nicht zu verweigern - bereits vorweggenommen. Das gilt nicht nur für die juridischen Gesetze, sondern im Umfeld Congo Hoangos auch für das Gesetz der Gastfreundschaft: So hat der vorübergehend abwesende Hausherr befohlen, alle Weißen vorgeblich als Gäste, tatsächlich jedoch als Geiseln festzuhalten.

Der fremde Gast scheint lange Zeit nichts von der ihm durch die vordergründig mitfühlenden Gastgeberinnen drohenden Gefahr zu ahnen und wähnt sich bei ihnen in Gesellschaft solidarischer Leidensgenossinnen.[8] Als Congo Hoango unerwartet früh zurückkehrt, ergreift Toni zur Rettung Gustavs Maßnahmen, die ihn an Verrat glauben lassen: Sie fesselt den Schlafenden ans Bett, vorgeblich, um das Vorhaben Congo Hoangos zu unterstützen, und holt heimlich Gustavs Familie herbei. Doch Tonis Absicht, den fremden Gast zu retten, wird von diesem verkannt, so dass er sie schließlich aufgrund der von ihm vermuteten Täuschung tötet und sich, nachdem er seinen Irrtum erkannt hat, selbst richtet.

II.

Tauschverhältnisse basieren üblicherweise auf der stabilen Position der Tauschenden, zwischen denen Gaben zirkulieren; statt dieser vermeintlich stabilen Opposition zeichnen sich die sozialen Rollen von Gast und Gastgeber jedoch durch die Möglichkeit der Supplementation, der Austauschbarkeit aus.[9] Darauf weist auch die Etymologie indoeuropäischer Gastbegriffe hin, welche neben der semantischen Ambiguität zwischen ‚Fremdem' und ‚Gastfreund' (gr. *xénos*) oder ‚Fremdem' und ‚Feind' (lat.

---

8 Babekan begründet die Aufnahme des Fremden in ihrem (bzw. Congo Hoangos) Haushalt wie folgt: „Freunde der Weißen, die selbst viel der Parthei wegen, die sie ergriffen, von den Schwarzen leiden müßten, hätten ihn [den Fremden, E. F.] in ihrem Hause mitleidig aufgenommen." - Zitiert wird nach der folgenden Ausgabe: Heinrich von Kleist: *Sämtliche Werke*. Historisch-kritische Ausgabe. Hg. v. Roland Reuß u. Peter Staengle. Basel/Frankfurt a. M. 1988 ff., Bd. II/4, S. 7-94, hier S. 56. Im Folgenden zitiert unter der Sigle BKA mit Abteilung/Band und Seitenzahl in Klammern im Anschluss an das betreffende Zitat.

9 Vgl. Derrida: Von der Gastfreundschaft (wie Anm. 7), S. 90, und Ralf Simon: Ikononarratologie. Bildtheoretische Grundlegung der Narratologie in der Szenographie der Gastlichkeit. In: Alexander Honold/Ralf Simon (Hg.): *Das erzählende und das erzählte Bild*. München 2010, S. 303-329, hier S. 310.

hostis)[10] auch eine semantische Oszillation zwischen ‚Gast' und ‚Gastgeber' kennzeichnet; das gilt für das frühe gr. *xénos*, für das lat. *hospes*[11] wie auch für dessen Derivate, z. B. frz. *hôte*. Diese sprachliche Uneindeutigkeit nimmt bereits den Hinweis auf den der Gastlichkeit inhärenten Rollentausch vorweg. Deutete man die Begriffe Gast und Gastgeber als Oppositionen, läge es nahe, der Gastfreundschaft ein Tauschverhältnis zugrunde zu legen, wobei bewegliche Gaben zwischen den beiden stabilen Positionen zirkulierten. Die Instabilität der sozialen Rollen von Gast und Gastgeber jedoch verunmöglicht grundsätzlich einen solchen Tausch, was dennoch nicht bedeutet, dass er nicht stattfindet; Gastgeschenke und symbolische Gaben wie Dankesworte sind häufig Bestandteil von Gastbegegnungen. Der Gabentausch findet jedoch als Versuch statt, die Unberechenbarkeit des Gastes – Wer ist er? Was bringt er? – durch die Überführung in ein ökonomisches Kalkül zu tilgen. Mitgebrachte Objekte, die Erzählung über die eigene Herkunft und Identität, Reiseberichte usw. dienen der Beruhigung und der Tilgung einer potenziellen Gefahr. Die Gastbegegnung löst folglich Tauschrituale aus, die der „Kompensation einer Angst vor dem Gast"[12] dienen. Sie stellen den Versuch dar, den Gast aus seiner Paradoxie als den unfassbaren Dritten zu lösen und ihn in eine stabile soziale Bindung zu zwingen. Kleists Erzählung zeigt aber auch, dass der Gast genauso Gefahr läuft, in eine Mördergrube zu geraten, wie der Gastgeber, einen Mörder aufzunehmen, und somit dieselbe Unsicherheit bezüglich der Absichten seines Gastgebers hegen kann.

Die Gastbegegnung scheint strukturell einem Chiasma[13] unterworfen: Der Gast ist dafür verantwortlich, dass ich mich in der Rolle des Gastgebers finde, welche mit seinem Erscheinen einhergeht; doch indem ich gebe – indem ich als Gastgeber den Gast bewirte –, nehme ich zugleich: Indem ich dem Anderen mein Haus als sein eigenes anbiete, werde ich selbst zum Gast meines Gastes. Ich suspendiere den Gedanken einer Herrschaft sowohl über mich selbst als auch über den Anderen, indem ich ihm die Freiheit, über mich und das Meinige zu verfügen, anbiete. Der eigentliche Tausch findet somit nicht auf der Objekt-, sondern der Subjektebene statt.

---

10 Vgl. Kluge: Etymologisches Wörterbuch (wie Anm. 3), „Gast", S. 332.

11 Vgl. Emile Benveniste: *Indoeuropäische Institutionen: Wortschatz, Geschichte, Funktionen.* Frankfurt a. M. 1993, S. 78.

12 Simon: Ikononarratologie (wie Anm. 9), S. 306.

13 Vgl. Bernhard Waldenfels: *Antwortregister*. Frankfurt a. M. 2007, S. 423 u. Anm. 41.

Darüber hinaus beherbergt die Gastfreundschaft berechnende Tendenzen in den sogenannten „Gesetzen der Gastfreundschaft" - hier sind wir beim *nomos* des *oikos*: Derrida spricht in *Von der Gastfreundschaft* von

> eine[r] unauflösbare[n], nicht dialektisierbare[n] Antinomie zwischen *dem* Gesetz der Gastfreundschaft, dem unbedingten Gesetz der uneingeschränkten Gastfreundschaft (dem Ankömmling sein ganzes Zuhause und sein Selbst zu geben, ihm sein Eigenes, unser Eigenes zu geben, ohne ihn nach seinem Namen zu fragen, ohne eine Gegenleistung oder die Erfüllung auch nur der geringsten Bedingung zu verlangen) auf der einen und *den* Gesetzen der Gastfreundschaft auf der anderen Seite, jenen stets bedingten und konditionalen Rechten und Pflichten, wie die griechisch-lateinische, ja jüdisch-christliche Tradition, wie alles Recht und alle Rechtsphilosophie bis Kant und insbesondere Hegel sie über die Familie, die bürgerliche Gesellschaft und den Staat definieren.[14]

Die Nähe zum Tausch und zur Ökonomie findet sich insbesondere in den (pluralen) Gesetzen der Gastfreundschaft: Die sittlichen Gesetze der Gastlichkeit, welche mit der konventionalisierten Aufnahme des Gastes bestimmte Regeln vorschreiben bzw. perpetuieren, implizieren damit erstens die ‚Normalisierung' und Berechenbarkeit desjenigen, welchen gerade seine Unkalkulierbarkeit auszeichnet, und zweitens die Möglichkeit bestimmter Ausschlüsse, die sie selbst zu ungastlichen Gesetzen bzw. Gesetzen der Ungastlichkeit machen.[15]

Mit Derrida gesprochen konstituiert sich Gastfreundschaft aus unterschiedlichen Gabeakten.[16] Der Umstand, dass Geschenke nie selbstlos, ‚Präsente' im Sinne nur auf die Gegenwart verweisender und nicht für die Zukunft verpflichtender Aufmerksamkeiten sind, erschwert die Identifizierung einer von ökonomischen Gedanken losgelösten Gabe. (Damit gegeben werden kann, scheinen Ökonomie und ihr Gegenpart - es ließe sich Anökonomie[17] nennen - aufeinander angewiesen zu sein).[18]

---

14 Derrida: Von der Gastfreundschaft (wie Anm. 7), S. 60 f.

15 Vgl. Hans-Dieter Bahr: *Die Sprache des Gastes*. Leipzig 1994, S. 251, und Evi Fountoulakis/Boris Previsic. Gesetz, Politik und Erzählung der Gastlichkeit. In: Dies.: Der Gast als Fremder (wie Anm. 7), S. 7-27, bes. S. 9 u. Anm. 9. Zum Verhältnis von unbedingtem und bedingtem Gesetz der Gastfreundschaft vgl. Derrida: Von der Gastfreundschaft (wie Anm. 7), bes. S. 59-64.

16 Vgl. Jacques Derrida: *Falschgeld. Zeit geben I.* München 1993, S. 23. Siehe dazu auch Iris Därmann: *Theorien der Gabe zur Einführung*. Hamburg 2010, S. 120: „Nur in alimentärer Gabe und Bewirtung nimmt Gastfreundschaft Gestalt an."

17 „Anökonomisch" bedeutet in diesem Zusammenhang, dass die Gabe der Ökonomie nicht völlig fremd ist, dem ökonomischen Kreislauf gegenüber aber „einen Bezug von Fremdheit" wahrt (Derrida: Falschgeld [wie Anm. 16], S. 17).

18 „Soll das Unmögliche jedoch möglich werden, wie Derrida unentwegt einklagt und fordert, dann muss es sich kompromittieren, verraten und einschränken lassen", damit

Ob eine reine Gabe möglich sei, diese Frage stellt sich wiederholt im Umfeld der Gastfreundschaft. Als ‚unschuldigstes' Geschenk - frei von der Absicht auf persönlichen, politischen oder wirtschaftlichen Profit - sieht Bahr den Gast, der sich selbst als Geschenk gibt (z. B. sich in Liebe verausgabt, sein Leben riskiert o. ä.).[19] Jean Starobinski hingegen erachtet nur diejenige Gabe als „rein", welche keine Gegengabe erwartet, wie auch Derrida in *Falschgeld* ausführt.[20] Diese Gaben wären dann aber von der Zirkulation ausgeschlossen, da sie keinem Tausch unterworfen sind bzw. weder Objekt- noch Subjekttausch darstellen. Der Ökonomie haftet also das Ungastliche an, sie rechnet, anstatt einfach zu geben. Zugleich gibt es den *oikonomos* nur dort, wo der Haushalt nicht restlos verteilt (*nemein*), verschwendet wurde.

III.

In *Die Verlobung in St. Domingo* ist der Subtext der Gastlichkeit deutlich markiert: Die Erzählung liest sich als Abfolge einer Reihe von Szenen der Gastlichkeit. Von dem unerwarteten Einbruch des Gastes und der Bewirtung über die Frage nach der Herkunft und den Austausch von Gaben bis hin zum altertümlichen Brauch der Fußwaschung werden Stationen aufgezeigt, die für den Leser ohne Zweifel den *frame*[21] der Gastfreundschaft evozieren bzw. aktivieren. Zu dessen impliziten, d. h. kulturell gefestigten Strukturen gehören der Schutz bzw. die Bewahrung der Unversehrtheit des Gastes, der konventionelle Gabentausch, der Rollentausch durch den Empfang sowie die Verabschiedung des Gastes, womit der gastliche Aufenthalt aufgehoben ist.

Kleists Erzählung exponiert die Semantik der Gastfreundschaft in ihrer ganzen Breite: Erstens ist eine Situation äußerster Ungastlichkeit durch

---

es überhaupt in den „Raum einer distributiven Gerechtigkeit und Politik" eintreten kann, in dem es jedem (und nicht nur dem einen) Anderen gerecht werden kann (Därmann: Theorien der Gabe [wie Anm. 16], S. 129).

19 Vgl. Bahr: Sprache des Gastes (wie Anm. 15), S. 35.

20 Vgl. Jean Starobinski: *Gute Gaben, schlimme Gaben. Die Ambivalenz sozialer Gesten*. Frankfurt a. M. 1994, S. 106.

21 Handlungsrahmen, welche uns erlauben, die Bedeutungsstrukturen des realen Lebens zu identifizieren, zu bestätigen oder in Frage zu stellen (vgl. Erving Goffman: *Rahmen-Analyse. Ein Versuch über die Organisation von Alltagserfahrungen*. Frankfurt a. M. 1980, S. 19, 31 u. 36; darauf weist auch Simon hin in ders.: Ikononarratologie [wie Anm. 9], S. 305).

die Geiselnahme seitens Congo Hoangos, Babekans und - zumindest eingangs - Tonis gegeben. Zweitens wähnt sich Gustav unter den Bedingungen bedingter, d. h. ‚ökonomischer' Gastlichkeit aufgenommen, wie seine wiederholten Tauschversuche nahelegen. Drittens wird durch die Gabe Tonis - die Bereitschaft, sich selbst dem Tod hinzugeben[22] - ein Moment unbedingter Gastlichkeit personifiziert.

Gustav erscheint zunächst als überdeterminierter Gast im Sinne dessen, der ankommt, Unterkunft sucht und bewirtet wird. Die Etymologie des Namens ‚Gustav' kennt zwei Hypothesen, deren eine auf das Altslawische zurückverweist und ein Kompositum aus *Gost* („Gast") und *slava* („Ruhm") darstellt, ferner lässt sich sowohl aus Gustav wie auch aus August anagrammatisch der „Gast" gewinnen; auf den Gaststatus verweisen überdies die weiteren Namen und Bezeichnungen des Protagonisten wie „elend[st]er" (das Elend bezeichnet ursprünglich ein fremdes Land, lat. *exilium*) und Fremder.[23] Schließlich stellt die Ankunft des Gastes gewissermaßen die Urszene der Gastlichkeit dar: Verfolgt, „in der Finsterniß einer stürmischen und regnigten Nacht" (BKA II/4, 11), sucht jemand Schutz vor den Gewalten. Was er nicht wissen kann: Sein Empfang, der so gastfreundlich erscheint, wurde von den Gastgeberinnen antizipiert (er ist nicht der erste Weiße, der in diese Falle tappt), so dass er in eine *inszenierte* Szene der Gastfreundschaft gerät.[24]

Toni scheint über ein traditionell „europäisches" Bewusstsein der Gastfreundschaft zu verfügen, wenn sie sagt, „‚daß es schändlich und niederträchtig wäre, das Gastrecht an Personen, die man in das Haus gelockt, also zu verletzen. Sie meinte, daß ein Verfolgter, der sich ihrem Schutz anvertraut, doppelt sicher bei ihnen sein sollte [...]'" (BKA II/4,

---

22 „Denn die Blicke voll Verachtung, die der Fremde von seinem Bette aus auf sie geworfen hatte, waren ihr empfindlich, wie Messerstiche, durchs Herz gegangen; es mischte sich ein Gefühl heißer Bitterkeit in ihre Liebe zu ihm, und sie frohlockte bei dem Gedanken, in dieser zu seiner Rettung angeordneten Unternehmung zu sterben." (72 f.) - Toni gibt auch ihre Unschuld im Beischlaf.

23 „Elend" wird verschiedentlich als Attribut verwendet, u. a. bei Gustavs Ankunft als Selbstbezeichnung und am Ende der Novelle von Herrn Strömli (vgl. BKA II/4, 16 u. 86). „Fremder" ist die häufigste Bezeichnung für Gustav, so dass auf einzelne Nachweise verzichtet werden kann. Die Bezeichnung der „Fremde" ist euphemistisch bzw. angesichts der semantischen Ambivalenz von lat. *hostis*, des lateinischen Etymons von Gast, dessen Bedeutung zwischen Fremd und Feind oszilliert, deutlich bei letzterem angesiedelt.

24 Zur Inszenierung der Ankunft vgl. Lörincz: Sprache und Zeit der Gastlichkeit (wie Anm. 7), S. 76 f.

47).[25] Tatsächlich ist dieser Fremde eigentlich der ‚Feind' (*hostis*, um noch einmal auf die ambivalente Etymologie des Gastbegriffs zu verweisen) und gefährdet die ‚Patchwork-Familie', denn es gibt ein *a priori* ungastliches Lokalgesetz in Form eines Mandats, „in welchem allen Schwarzen bei Lebensstrafe verboten war, den Weißen Schutz und Obdach zu geben" (BKA II/4, 51). Das private Hausgesetz hingegen sieht vor, mit Toni als Köder die Weißen anzulocken und sie dann „hinzurichten". Gustav geht von einer bedingten Gastfreundschaft aus, die Tausch, Berechnung und Symmetrie bedeutet, obschon die prekäre Ausgangssituation ihm unbedingte Gastfreundschaft suggerieren müsste (die Gastgeberinnen nehmen ihn unter Gefährdung ihres eigenen Lebens auf bzw. das gehört zur Inszenierung ihrer Intrige, die eigentlich Geiselnahme ist); Toni allerdings scheint zu unbedingter Gastfreundschaft bereit, wenn man ihren Gedanken zur Rettung des Fremden, wie sie die Erzählstimme darlegt, Glauben schenken kann (vgl. BKA II/4, 72 f.).

Die prekäre Situation ist durch mehrfache Hostilitäten gekennzeichnet: erstens durch das Mandat, zweitens durch die Geiselnahme der Weißen (vgl. BKA II/4, 48 f.) und drittens durch die Toni drohende Todesstrafe für die gewährte letzte Liebkosung (vgl. BKA II/4, 10). Die Aufnahme des Gastes, die hier einer Gabe des Unmöglichen gleicht, da sie die Gastgeber selbst zu gefährden scheint, weist für denjenigen, der die Zeichen zu lesen bereit ist – d. h. für Figurenpersonal wie auch Leser –, bald Spuren einer verdeckten Geiselnahme auf: Wenn Babekan dem Fremden eröffnet: „Dies Haus, das jedem offen steht, gewährt euch keine Sicherheit, falls ihr euch nicht in eurem, auf den Hof hinausgehenden, Schlafgemach verbergt, und die Thüren sowohl, als auch die Fensterladen, auf das Sorgfältigste verschließt" (BKA II/4, 54), impliziert sie von Anfang an die Ungastlichkeit der Begegnung, die den Gast eigentlich zur Geisel werden lässt.

Die Ökonomie des Privathaushaltes (Zeit-, Warenaufwendung, ‚Gabentausch' u. ä.) schließlich wird in Kleists Erzählung sehr genau geschildert: Dass für den Gast gekocht wird, was er verlangt und erhält, der genaue Zeitverlauf – das ökonomische Bewusstsein eines Kreislaufs von Tauschprozessen ist offenkundig vorhanden; auch Unerwartetes und Unangenehmes wird in der omnipräsenten ‚Tauschlogik' ‚verdankt', wie sie auch der ambivalenten Semantik der Gabe entspricht – eine Gabe

25 Erzähltechnisch verwendet Kleist eine ambivalente Haltung: Durch Anführungszeichen als direkte Rede markiert, durch Konjunktiv jedoch deutlich als indirekte Rede – d. h. durch die Erzählinstanz gefiltert – erkennbar.

muss nichts Gutes sein.[26] Der sogenannte „Fremde" forciert unentwegt die Symmetrie (bzw. Reziprozität) der Gaben, so z. B. durch das angebotene Geld für die Lebensmittelkörbe an die Familie (vgl. BKA II/4, 19), das Kreuz als Verlobungsgeschenk, die Versprechung der Überführung Tonis in den schweizerischen *oikos*, aber auch die Vergeltung für Tonis vermeintlichen Verrat bzw. Wortbruch.

Gastfreundschaft, so hatte ich anfangs angedeutet, involviert als Tauschmanöver einen Rollentausch; fraglos tritt dieser hier nicht als gleichberechtigter Tausch zwischen Gast und Gastgeber zu Tage, obschon durch die Verlobung mit Toni Ambitionen auf die Hausherrschaft vermutet werden könnten; Toni soll jedoch in Gustavs „kleines Eigenthum" in der Schweiz überführt werden (vgl. BKA II/4, 44). Stattdessen zirkulieren Gaben als Objekte, die sowohl den Gast als auch die Gastgeberinnen im Rahmen dieser hostilen Ausgangssituation beruhigen sollen,[27] wozu insbesondere die Erzählungen der Herkunft bzw. der Identität gehören. Für diese wie auch für die beiden Binnenerzählungen Gustavs gilt, dass kein Zeuge außer den Sprechenden für sie einsteht, so dass transzendente Autoritäten unablässig als Zeugen angerufen werden.[28] Für die Bewirtung im Hause soll der Gast aber, wenn es nach Babekan und Congo Hoango ginge, mit dem eigenen und dem Leben seiner Familie zahlen. Dennoch finden zahlreiche Supplementationen in der Erzählung statt, so in der Figurenrede - Babekan spricht wiederholt an Tonis Stelle; häufig in der Vermischung der Stimmen von Erzählinstanz und Figur, d. h. in erlebter Rede - oder in der Ersetzung der Figuren (Toni tritt, vermittels des geschenkten Kreuzes, an Marianes Stelle). Vor allem aber erwecken die beiden Gastgeberinnen bei dem Fremden anfänglich kalkuliert Mitleid, indem sie sich selbst als Gäste bzw. Geiseln Hoangos darstellen, wodurch sie auch Gustavs Vertrauen gewinnen.[29]

---

26 Das zeigt auch das Beispiel *Gift* (‚Geschenk' wie in *Mitgift* oder ‚toxisches Gift'). So bereitet Babekan Gustav eine vergiftete Speise vor, da sie Toni des Verrats verdächtigt (vgl. BKA II/4, 51 f.).

27 Babekan inszeniert sich als hilflose Frau, die der „Willkür und Gewalttätigkeit" Congo Hoangos ausgesetzt sei (vgl. BKA II/4, 21), während der Fremde seine Furcht vor den rebellierenden Schwarzen zu tilgen versucht.

28 Vgl. die zahlreichen Anrufungen von „Himmel" (z. B. BKA II/4, 16, 18, 19 etc.) und „Gott" (z. B. BKA II/4, 17, 22, 41 etc.).

29 Gefühle wie Angst, Begierde, Mitleiden erscheinen einerseits als Movens der Figuren; sie werden von ihnen andererseits auch kalkulierend vorgespielt oder evoziert. Für den in die Intrige eingeweihten Leser findet eine chiastische Verkehrung der Stellvertretungen statt, die für ihn erkennbar nicht auf derselben Ebene angesiedelt sind: Babekan und Toni inszenieren sich als Geiseln, sind *de facto* jedoch (ständige) Gäste im

IV.

Die Verlobung in St. Domingo ist durchzogen von Wortfeldern, die auf den engen Zusammenhang zwischen der Ökonomie der Affekte, der Sprache und des Rechts verweisen: Wiederholt ist die Rede von Vertrauen und Misstrauen, Schwur und Eidbruch, Rettung und Verrat.[30] Dass auch Affekte und Sprechhandlungen zu den Gaben gehören bzw. die Logik der Tauschökonomie in Frage zu stellen vermögen, hält Iris Därmann in *Theorien der Gabe* fest:

> In der Liebe kann niemand zur Erwiderung und Gegenliebe verpflichtet werden; ein gegebenes und gehaltenes Wort zieht nicht automatisch ein erfülltes Versprechen als Gegenleistung nach sich. Anders steht es indes mit den Gütern: Die Schuld muss zu einem fälligen Termin und mit Zinsen zurückgezahlt werden, wenn man nicht als Dieb und Betrüger gelten will.[31]

Mit der Ökonomie der Sprache hängen in Kleists Erzählung auch die Ökonomien des Affekts und des Rechts[32] zusammen. Weshalb bedeutet und/oder erfordert ein Sprechakt eine Gabe? Was bedeutet es, „sein Wort zu geben"? Die Performativität der Sprache hat mit der Performativität der Gabe den Ereignischarakter gemein: „Die performative Kraft der Gabe erzeugt sich in und durch sich selbst. Indem die Gabe gegeben wird, bringt sie etwas hervor, das es außerhalb von ihr und ohne sie nicht geben würde: einen seitens des Gebers nicht erzwingbaren Zwang zur Erwiderung."[33] Wenn Gustav Toni sein Wort gibt,[34] wird die Singularität dieses Versprechens, das an das Vertrauen der Empfängerin gebunden ist, zugleich durch einen Tausch unterlaufen, denn gerade vor diesem ewigen Liebesschwur geschieht Folgendes: „[Der Fremde] nahm sich das kleine goldene Kreuz, ein Geschenk der treuen Mariane, seiner abgeschiedenen Braut, von der Brust; und, indem er sich unter unendlichen Liebkosungen über [Toni] neigte, hing er es ihr als ein Brautgeschenk,

---

Hause Hoangos; Gustav ist *de facto* eine Geisel, wird jedoch scheinbar als Gast aufgenommen.

30 Vgl. auch Lörincz: Sprache und Zeit der Gastlichkeit (wie Anm. 7), S. 76.

31 Därmann: Theorien der Gabe (wie Anm. 16), S. 139.

32 Ökonomie der Affekte und der Sprache kann man hier nicht voneinander trennen, denn dass Affekte nur einseitig zur Sprache kommen, muss als entscheidend für das Scheitern der Kommunikation gelten, das zur Katastrophe führt.

33 Därmann: Theorien der Gabe (wie Anm. 16), S. 99.

34 „Er schwor ihr, daß Liebe für sie nie aus seinem Herzen weichen würde, und daß nur, im Taumel wunderbar verwirrter Sinne, eine Mischung von Begierde und Angst, die sie ihm eingeflößt, ihn zu einer solchen That habe verführen können." (BKA II/4, 44)

wie er es nannte, um den Hals."[35] Folglich handelt es sich um einen Akt der Substitution, in dem der Fremde Toni sozusagen „unter Eid stellt"[36] – bezeichnenderweise folgt von Toni kein Wort, nachdem mit dem ersten genuin hospitablen Akt der Erzählung (dem Beischlaf) eine neue Situation eingetreten ist: Toni hat das ihr auferlegte Gebot, dem Weißen „die letzte" Liebkosung zu versagen, gebrochen; indem sie wortbrüchig wird, die Ihrigen verrät, also Verrat am Verrat begeht, positioniert sie sich an Stelle des Gastes als Grenzfigur (als die sie auch durch andere Anzeichen angelegt ist).[37]

Gerhard Neumann hat als Thema der Erzählung die Problematik des Kennens und Erkennens gesehen;[38] mit Georg Simmel gesprochen ist „Vertrauen, als die Hypothese künftigen Verhaltens [...] ein mittlerer Zustand zwischen Wissen und Nichtwissen um den Menschen. Der völlig Wissende braucht nicht zu *vertrauen*, der völlig *Nicht*wissende kann vernünftigerweise nicht einmal vertrauen."[39] Die Gabe der Sprache zeigt sich insbesondere an Sprechakten, denen es an referenzieller Überprüfbarkeit mangelt;[40] „das Wort geben" im Sinne von versprechen, schwören ist die Gabe von etwas, worüber man nicht verfügt, worüber auch der andere nicht verfügt. Denn das Wort gibt selbst keinen eindeutigen Aufschluss über eigene oder fremde Intentionen: Es besteht immer die Möglichkeit sich zu versprechen,[41] zu lügen, das Wort zu brechen, in anderen Worten,

---

35 Zu Gustavs „Verrat" an Mariane vgl. Lörincz: Sprache und Zeit der Gastlichkeit (wie Anm. 7), S. 101.

36 Vgl. Timothy J. Mehigan: *Text as contract. The nature and function of narrative discourse in the Erzählungen of Heinrich von Kleist*. Frankfurt a. M. 1988, S. 221: „The substitution is a paradigmatic one and obligates Toni to an oath of feality [sic!] [...]".

37 Als Liminalitätsfigur ist Toni bestimmt u. a. durch ihren geschlechtlich uneindeutigen Namen, durch ihre Beschreibung als Mestize, d. h. als Kind einer Mulattin und eines Weißen (eigentlich: Mischling zwischen Indianer/in und Weißem/r), durch ihre unterschiedlich wahrgenommene Positionierung zwischen selbstaufopfernder und Opfer verursachender Frau usw.

38 Vgl. Gerhard Neumann: Anekdote und Novelle. Zum Problem literarischer Mimesis im Werk Heinrich von Kleists. In: Tim Mehigan (Hg.): *Heinrich von Kleist und die Aufklärung*. Rochester, NY 2000, S. 129-157.

39 Georg Simmel: Das Geheimnis und die geheime Gesellschaft. In: Ders.: *Soziologie*. Frankfurt a. M. 1992, S. 383-455, hier S. 393.

40 Zum Gabencharakter der Sprache vgl. Lörincz: Sprache und Zeit der Gastlichkeit (wie Anm. 7), S. 83.

41 Die Nähe von ‚versprechen' und ‚sich versprechen', d. h. (u. U. unbeabsichtigt) Sätze zu sagen, von denen man erst im Nachhinein merkt, dass sie sozial bindend wirken, zeitigt in dieser Erzählung bekanntlich fatale Konsequenzen.

Meineid zu begehen.[42] In der hier konstellierten Ausnahmesituation (der potenzielle Feind erhebt Anspruch auf Gastfreundschaft) gewinnt die Fähigkeit, vertrauensvoll sein Wort zu geben und ebenso das Wort des Anderen anzunehmen, an Bedeutung. In Unkenntnis des Anderen jedoch entfällt die Möglichkeit, mit Simmel gesprochen eine „Hypothese künftigen Verhaltens" (s. o.) aufzustellen, die das gegebene Vertrauen begründet. Anstelle dessen treten zwei extreme Pole als mögliche Handlungsmaximen in den Vordergrund:

1. Es wird dennoch Vertrauen geschenkt, nicht unbedingt als „mittlerer Zustand zwischen Wissen und Nichtwissen", sondern als unbedingter Glaube. Nach Simmel gibt es hierbei keine empirische Rechtfertigung für eine bestimmte Annahme, vielmehr handelt es sich um den „mystische[n] Glaube[n] des Menschen an den Menschen".[43] Eine zu starke Ausrichtung auf die Anökonomie, d. h. die Tendenz zur ‚reinen' Gabe bzw. zur unbedingten Gastfreundschaft läuft allerdings Gefahr, der Gewalt und dem Exzess Vorschub zu leisten.

2. Der Sprache (Versprechen) wie auch dem Affekt (Liebe) wird der Charakter eines Kontrakts bzw. Vertrags zugeschrieben, der eine berechenbare Beziehung statuiert und dessen Bruch sanktionierbar ist. Die Gabe des Wortes baut auf Reziprozität auf, mit anderen Worten auf einem Kredit, dessen ausbleibende Erstattung ‚gerächt' oder vergolten werden kann. In einem zeitverschobenen Verhältnis wird nicht an die äquivalente Rückerstattung innerhalb einer bestimmten Frist „geglaubt" (vgl. lat. *credere*), sondern es wird damit gerechnet. Damit geht aber der Gabencharakter des Wortes verloren, denn die Gabe zeichnet sich bekanntlich gerade dadurch aus, dass sie nicht „im Voraus sicher berechnet und handhabbar gemacht zu werden"[44] vermag.

Die Divergenz zwischen ‚Credo' und ‚Kredit' verweist auf die Zeitbezogenheit des Gebens – der Gastfreundschaft wie auch anderer Gaben. Im Verlobungsversprechen bzw. Liebesschwur („Er schwor ihr, daß Liebe für sie nie aus seinem Herzen weichen würde", BKA II/4, 44) kreuzen sich verschiedene Zeiten: einerseits die Gabe des Schwurs als dauerhafte, ewige, die keine Ökonomie oder keinen Tausch zum Ziel hat, anderer-

42 Vgl. J. Hillis Miller: *Reading Narrative*. Norman 1998, bes. Kap. 12, und Derrida: Le parjure (wie Anm. 7).

43 Simmel: Das Geheimnis und die geheime Gesellschaft (wie Anm. 39), S. 393.

44 Därmann: Theorien der Gabe (wie Anm. 16), S. 119.

seits die (notwendige, endliche, ökonomische) Dauer bzw. ‚Frist' des Schwurs.[45]

Gustav scheint sein Versprechen ‚auf Kredit' zu geben; lieber noch würde er die Verlobung öffentlich machen – und damit teilweise legal, denn die Verlobung als Heiratsversprechen ist bindend.[46] Der Aufschub der Veröffentlichung, den er Toni gewährt, korreliert nicht mit der ‚Beständigkeit' seines Versprechens, das er eiligst bricht, indem er Toni bei der ersten Gelegenheit nach dem vermeintlichen Eidbruch tötet. Die Gabe des Wortes und seine Beständigkeit hingegen bedingen ein Warten-, Sein- oder Zulassenkönnen; das wäre eine mögliche Gegengabe, die weder wissentlich gegeben werden muss noch Gefahr läuft, eine empfangene Gabe als solche zu gefährden. Der Fremde münzt sein eigenes Wort (für das er keine explizite Gegengabe erhält) in einen Kontrakt um, in dem die Restitution des Gegebenen erwartet wird: Das Warten wird hier zum aktiven Zeitverlust gegenüber dem ‚neutralen' Zeitverlauf.[47] Tonis vermeintlicher Wortbruch hingegen erfolgt als Versuch, Zeit zu gewinnen, was Toni jedoch zum Verhängnis wird:

> Herr Strömli, nach einer langen, nur durch das Röcheln Toni's unterbrochenen Pause, in welcher man vergebens auf eine Antwort von ihr gehofft hatte, nahm das Wort und sprach: weil, nach der Ankunft Hoango's, dich, Unglücklichen, zu retten, kein anderes Mittel war; weil sie den Kampf, den du unfehlbar eingegangen wärest, vermeiden, *weil sie Zeit gewinnen wollte*, bis wir, die wir schon vermöge ihrer Veranstaltung herbeieilten, deine Befreiung mit den Waffen in der Hand erzwingen konnten. (BKA II/4, 87, Hervorhebung E. F.)

Jedes Versprechen ist einer ständigen Wiederholung unterworfen (die sich als seine ununterbrochene Bestätigung auffassen lässt): Ich habe dir

---

45 Vgl. dazu auch Lörincz: Sprache und Zeit der Gastlichkeit (wie Anm. 7), S. 106. Ebd., S. 97: „Das gegebene Wort ist auf das Glauben-Schenken angewiesen, es wird gleichsam vom Anderen (zurück)gegeben."

46 Adelung verwendet im Zusammenhang mit *verloben, Verlobung* und *Verlöbnis* mehrfach den Begriff „rechtskräftig": „Man gebraucht es nur noch [...] im engern Verstande, feyerlich und auf eine rechtskräftige Art zur Ehe versprechen." Johann Christoph Adelung: *Grammatisch-kritisches Wörterbuch der hochdeutschen Mundart, mit beständiger Vergleichung der übrigen Mundarten, besonders aber der Oberdeutschen.* Rev. u. berichtiget v. Franz Xaver Schönberger. Wien 1808, Bd. 4, S. 1087.

47 „Der Unterschied zwischen einer Gabe und einem beliebigen anderen Tauschvorgang liegt darin, daß die Gabe Zeit gibt. Dort, wo es Gabe gibt, gibt es die Zeit [E. F.: die Zeit wird rhythmisiert, aus der Neutralität gehoben], aber diese Gabe ist zugleich ein Verlangen nach Zeit [E. F.: Aufschub, Zeitaufspreizung]. Es, das Ding, darf nicht unmittelbar und im selben Augenblick zurückgegeben werden." Derrida: Falschgeld (wie Anm. 16), S. 58 f.

einmal versprochen, dich ewig zu lieben, und ich werde dich immer (wieder)lieben.[48] Dennoch scheitert dieser Kontrakt: Scheinbar bricht Toni damit, und Gustav verrät ihn mit seiner Affekthandlung, in welcher er Toni tötet bzw. den Vertragsbruch rächt. Der Fremde verlangt ‚Gegenzeichnung' seiner Gabe, womit sie nach Derrida keine reine Gabe sein kann; das ökonomische Kalkül Gustavs wird deutlich an seinem letzten Sprechakt, in dem er den ausgebliebenen Wechsel der Worte betont[49] – seine wiederholten Liebeserklärungen verlaufen ohne ersichtliche Anerkennung Tonis,[50] während der am Ende in Erinnerung gerufene pleonastische „Eidschwur" die Bindung des Eheversprechens unter Ausschluss des (anökonomischen) Affekts betont. Obschon es unentscheidbar bleibt, ob es sich bei der Tötung Tonis um einen Akt der Selbstjustiz oder um eine unkalkulierbare Affekthandlung handelt, scheint sich die konsequente Fortführung von Gustavs Reziprozitätsdenken im Selbstopfer zu finden, das durch die Vervollständigung der chiastischen Struktur von Gabe und Gegengabe von der Ökonomie nicht ausgenommen ist, die Zirkulation mit der Gabe des Todes jedoch beschließt.

48 Vgl. Jacques Derrida: *Eine gewisse unmögliche Möglichkeit, vom Ereignis zu sprechen.* Berlin 2003, S. 39.

49 „[D]enn du warst mir durch einen Eidschwur verlobt, obschon wir keine Worte darüber gewechselt hatten!" (BKA II/4, 88).

50 „Er setzte sich, da sie in Thränen zerfloß und auf seine Worte nicht hörte, auf den Rand des Bettes nieder [...]" (BKA II/4, 43); „doch da sie auf Alles, was er vorbrachte, nicht antwortete, und, ihr Haupt stilljammernd, ohne sich zu rühren, in ihre Arme gedrückt, auf den verwirrten Kissen des Bettes dalag [...]" (BKA II/4, 45).

Frauentausch und vertauschte Zeichen der Empfindsamkeit in Heinrich von Kleists *Die Marquise von O....*

Katharina Grabbe

Ausgehend von den beiden Stichwörtern ‚Tauschen' und ‚Täuschen' beschäftigt sich dieser Beitrag mit Heinrich von Kleists Erzählung *Die Marquise von O....* In den Blick genommen wird das wechselseitige Verhältnis von Tausch- und Zeichenordnung, also ökonomischen und sprachlichen Strukturen. Zunächst zum Tauschen: Den Überlegungen zu Kleists Erzählung stelle ich einige kurze konzeptionelle Anmerkungen zum Tausch voraus. Als Grundfigur des Tauschs kann der *Frauentausch* angesehen werden. Diese Tauschfigur hat unmittelbar mit dem Austausch von Zeichen im Sinne von Sprache zu tun. Bereits in theoretischen Texten der Aufklärung findet sich diese Figur, in der das Inzestverbot als Grenze zwischen Naturzustand und Gesellschaft gedacht wird. So beschreibt etwa Jean-Jacques Rousseau das Inzestverbot als das Übergangsmoment, das Gesellschaft und Sprache gleichzeitig konstituiert.[1] Der strukturalistische Anthropologe Claude Lévi-Strauss bestimmt in den *Elementaren Strukturen der Verwandtschaft* den Frauentausch als Paradigma für die jeglicher Kultur und Gesellschaft zugrunde liegenden ökonomischen Tauschstrukturen.[2] Lévi-Strauss' Schrift von 1949, die zu einem der Grundlagentexte des Strukturalismus wurde, führt den Tausch von Zeichen und Werten und damit die sprachlichen und ökonomischen Strukturen miteinander eng. In Lévi-Strauss' Modell bilden das Inzesttabu und das Gebot der exogamen Heirat, des Frauentauschs, das Moment des Übergangs zwischen Natur und Kultur. Das Inzestverbot verpflichtet dazu, keine Frauen aus dem eigenen Clan, der eigenen Familie, zu heiraten, sondern sich mit Frauen anderer Clans zu verbinden. Erst dadurch entsteht – folgt man dem strukturalistischen Modell – die Notwendigkeit zum Differenzdenken: zur Unterscheidung zwischen Eigenem und Fremdem wie zur geregelten Kommunikation. Das Inzestverbot als Übertritt

---

1 Siehe Jean-Jacques Rousseau: *Essai sur l'origine des langues*. Ligugé 1969. Vgl. auch: Jacques Derrida: Genese und Struktur des ‚Essai sur l'origine des langues'. In: Ders.: *Grammatologie*. Frankfurt a. M. 1983, S. 283-458.

2 Siehe Claude Lévi-Strauss: *Die Elementaren Strukturen der Verwandtschaft* [1949]. Frankfurt a. M. 1981.

in die kulturelle bzw. symbolische Ordnung markiert zugleich den Beginn von Sprache. Gesellschaft konstituiert sich über soziale Allianzen und ihre Regeln und Normen. Die Heiratsregeln begründen Verwandtschaftsstrukturen, die wie die Sprache als System von differenziellen Relationen funktionieren. Die Frauen, darauf hat insbesondere Luce Irigaray hingewiesen, zirkulieren als Werte oder Zeichen zwischen den Clans.[3] Dieser ‚erste Tausch', der Frauentausch, wird solchermaßen also als Eintritt in die kulturelle Ordnung gesetzt und zugleich als ‚Archetypus' für alle anderen Tauschsysteme, das der Waren ebenso wie das der Wörter. Der Frauentausch kann damit als Grundfigur des Ökonomischen gedacht werden.

In Kleists *Die Marquise von O....* gerät diese grundlegende Tauschordnung gründlich durcheinander. Bereits die Ausgangssituation verweist auf eine Störung der familialen Ordnung. Die Marquise lebt als Witwe und Mutter seit dem Tod ihres Ehemannes wieder im Haus ihrer Eltern. Als Witwe ist ihr Status innerhalb der gültigen familialen wie juristischen Ordnungen nicht eindeutig geklärt, denn mit der Heirat hat sie den Bereich der väterlichen Rechtsgewalt verlassen und die Vormundschaft durch den Ehemann ist mit dessen Tod verfallen.[4] Zurückgekehrt in ihre Herkunftsfamilie lässt sich die alte Familienordnung nicht einfach so wiederherstellen. Dass die Marquise die Rolle der Tochter als unverheiratetes und damit gleichbedeutend jungfräuliches Familienmitglied nicht mehr einnehmen kann, macht allein schon die Existenz von „mehreren wohlerzogenen Kindern"[5] augenfällig. Der bürgerlichen Familie, die der Kommandant und die Seinen figurieren, ist in der Erzählung mit dem uneindeutigen Status der Marquise von Anfang an ein Moment der Irritation eingeschrieben.

Die Vergewaltigung stellt einen besonders eklatanten und brutalen Verstoß gegen die Tauschordnung dar. Sie setzt den gewalttätigen Frauenraub an die Stelle des geregelten Frauentauschs und hebt die Familienordnung aus den Angeln, ohne neue Allianzen zu stiften. In Kleists

3 Vgl. Luce Irigaray: Frauenmarkt. In: Dies.: *Das Geschlecht, das nicht eins ist.* Berlin 1977, S. 177-198.

4 Vgl. Christine Künzel: *Vergewaltigungslektüren. Zur Codierung sexueller Gewalt in Literatur und Recht.* Frankfurt a. M./New York 2003, S. 37-39.

5 Heinrich von Kleist: Die Marquise von O.... In: Ders.: *Sämtliche Werke und Briefe in 4 Bänden.* Hg. v. Ilse-Marie Barth, Klaus Müller-Salget, Stefan Ormanns u. Hinrich C. Seeba. Band 3. Frankfurt a. M. 1990, S. 143-186, hier S. 143. Im Folgenden zitiert unter der Sigle DKV mit Angabe des Bandes und der Seitenzahl in Klammern im Anschluss an das betreffende Zitat.

Marquise von O.... ist die Vergewaltigung mehrfach und auf unterschiedliche Weise repräsentiert. Sie lässt sich dadurch als ‚verschobene Vergewaltigung' beschreiben.[6] In chronologischer Reihenfolge ist zunächst die versuchte Vergewaltigung der Marquise durch die russischen Soldaten zu nennen. Diese wird durch einen Offizier der russischen Truppen, Graf F..., zunächst verhindert und dann unmittelbar in eigener Täterschaft an der ohnmächtigen Marquise vollzogen. Vom Erzähler ausgelassen und durch den Gedankenstrich in der Narration markiert, wird die Vergewaltigung erst in ihren Folgen, der Schwangerschaft der Marquise, lesbar. Die Vergewaltigung findet sich des weiteren als Erzählung des Grafen über seinen Fieber-Traum repräsentiert, in dem die Marquise mit einem mit Schmutz beworfenen weißen Schwan parallelisiert wird.[7] Zudem lässt sich die Versöhnungsszene zwischen der Marquise und ihrem Vater in ihrer Spiegelbildfunktion für die ausgelassene und durch den Gedankenstrich markierte Vergewaltigung lesen.[8] An ihrem eigentlichen narrativen Ort in die Auslassung verschoben, ‚schiebt' sich die Vergewaltigung durch den Text. Statt des geregelten Frauentauschs, der als Garant der symbolischen Ordnung funktionierende Repräsentationsverhältnisse sichert, hebelt der Frauenraub die Repräsentationsverhältnisse aus. Die eigentliche Vergewaltigung wird im Text nicht auserzählt, stattdessen verweisen auf sie verschiedene uneindeutige Stellvertreter.

Ein weiteres Moment der Irritation im Text entsteht wiederum dadurch, dass die familialen Regeln des Tauschs nicht eingehalten werden. Die Brautwerbung des Grafen F..., des Vergewaltigers, um die Marquise entspricht, das wird an verschiedenen Stellen der Erzählung deutlich, nicht den Konventionen. So reagieren die Eltern der Marquise auch ohne Wissen um die Schuld des Bewerbers mit Verwunderung und Unverständnis auf den eiligen und drängenden Antrag des Grafen. Der Graf versucht durch die Heirat die Ordnung des Tausches wieder herzustellen - da die anderen Figuren die Dringlichkeit, die aus der unabänderlichen Verletzung der Tauschordnung resultiert, jedoch nicht verstehen, können sie diese nicht einordnen.

6 Vgl. Künzel: Vergewaltigungslektüren (wie Anm. 4), S. 25-31.

7 Vgl. zur Repräsentation der Vergewaltigung in dieser Metapher: Künzel: Vergewaltigungslektüren (wie Anm. 4), S. 31.

8 Vgl. Erika Swales: The beleaguered citadel. A Study of Kleist's *Die Marquise von O...* In: *Deutsche Vierteljahrsschrift für Literaturwissenschaft und Geistesgeschichte* 51 (1977), S. 129-147, und Eva-Maria Anker-Mader: *Kleists Familienmodelle. Im Spannungsfeld zwischen Krise und Persistenz.* München 1992, S. 95.

Einen weiteren deutlichen Verstoß gegen die Tauschregeln stellt die Beziehung zwischen Vater und Tochter dar. Insbesondere in der erotisch gefärbten Versöhnungsszene scheint das Grundgesetz der Tauschordnung, das Inzestverbot, unterlaufen zu werden. Nach dem Offenkundig-Werden ihrer Schwangerschaft wird die Marquise von ihrer Familie verstoßen und zieht sich auf ihren Landsitz zurück. Durch eine List überzeugt sich ihre Mutter jedoch von ihrer ‚Unschuld' bzw. ihrem Nicht-Wissen um die Ursachen und den Verursacher der Schwangerschaft und kann anschließend auch ihren Vater davon überzeugen. Die dann folgende Versöhnung zwischen Vater und Tochter liest sich so: Die Mutter

> schlich, […] dem Zimmer der Marquise zu, um doch zu hören, was sich zutrage? Sie vernahm, da sie mit sanft an die Tür gelegtem Ohr horchte, ein leises, eben verhallendes Gelispel, das, wie ihr schien, von der Marquise kam; und, wie sie durchs Schlüsselloch bemerkte, saß sie auch auf des Commendanten Schoß, was er sonst in seinem Leben nicht zugegeben hatte. Drauf endlich öffnete sie die Tür, und sah nun – und das Herz quoll ihr vor Freuden empor: die Tochter still, mit zurückgebeugtem Nacken, die Augen fest geschlossen, in des Vaters Armen liegen; indessen dieser, auf dem Lehnstuhl sitzend, lange, heiße und lechzende Küsse, das große Auge voll glänzender Tränen, auf ihren Mund drückte: gerade wie ein Verliebter! Die Tochter sprach nicht, er sprach nicht; mit über sie gebeugtem Antlitz saß er, wie über das Mädchen seiner ersten Liebe, und legte ihr den Mund zurecht, und küßte sie. Die Mutter fühlte sich, wie eine Selige; ungesehen, wie sie hinter seinem Stuhle stand, säumte sie, die Lust der himmelfrohen Versöhnung, die ihrem Hause wieder geworden war, zu stören. Sie nahte sich dem Vater endlich, und sah ihn, da er eben wieder mit Fingern und Lippen in unsäglicher Lust über den Mund seiner Tochter beschäftigt war, sich um den Stuhl herumbeugend, von der Seite an. […] Sie lud und führte beide, die wie Brautleute gingen, zur Abendtafel, an welcher der Commendant zwar sehr heiter war, aber noch von Zeit zu Zeit schluchzte, wenig aß und sprach, auf den Teller niedersah, und mit der Hand seiner Tochter spielte. (DKV III, 180 f.)

Die Versöhnung zwischen Vater und Tochter wird als inzestuöse Begegnung lesbar.[9] Die Beziehung zwischen Vater und Tochter verletzt das Inzestverbot und damit das grundlegende Gesetz der symbolischen Ordnung, durch das der Frauentausch allererst initiiert wird. Es zeigt sich unmittelbar, dass der Verstoß gegen die Tauschordnung Folgen für die Zeichenordnung hat, Frauen- und Zeichentausch Teil derselben ökonomischen Struktur sind. In dieser Episode sind der Kommandant und

---

9 Zum Vater-Tochter-Inzest in der Erzählung vgl. auch: Irmela Marei Krüger-Fürhoff: Epistomological Asymmetries and Erotic Stagings: Father-Daughter Incest in Heinrich von Kleist's *The Marquise of O…* In: *Women in German Yearbook* 12 (1996), S. 71-86; Gerhard Neumann: Skandalon. Geschlechterrolle und soziale Identität in Kleists Marquise von O… und in Cervantes' Novelle La fuerza de la sange. In: Ders. (Hg.): *Heinrich von Kleist. Kriegsfall – Rechtsfall – Sündenfall.* Freiburg i. B. 1994, S. 149-192, hier S. 174.

die Marquise sowohl Vater und Tochter als auch Liebhaber und Geliebte. Hier werden die Positionen der Figuren und ihre Beziehungen mehrdeutig. Sie sind sowohl als Vater-Kind-Konstellation wie auch als Liebespaar zu verstehen. Der Inzest als Verstoß gegen die Tauschregeln stört die symbolische Ordnung und lässt Mehrdeutigkeit statt Eindeutigkeit entstehen, sodass Positionen und Werte nicht mehr klar voneinander zu trennen und zu benennen sind.

Der Tausch bzw. Frauentausch wird noch an einer weiteren Stelle relevant. Am im Verhältnis zur Gesamtlänge relativ knappen Schluss der Erzählung heiraten die Marquise und der Graf gleich zweimal. Die erste Vermählung erfolgt eilig, nachdem sich der Graf auf die Zeitungsanzeige der Marquise, mit der sie den Vater ihres Kindes sucht, gemeldet und seine Schuld eingestanden hat. Die zweite Heirat berichtet der Text als Happy End. Dieses angesichts der vorhergehenden Ereignisse irritierende Happy End lässt sich als Resultat eines letztlich doch glückenden und beiderseits akzeptierten Frauentauschs lesen. Wie es dazu kommt, sei kurz ausgeführt: Nach der ersten Eheschließung leben die Marquise bzw. jetzt Gräfin und der Graf zunächst weiterhin getrennt. Aufgrund des „zarten, würdigen und völlig musterhaften Betragen[s]“ (DKV III, 185) des Grafen wird er nach der Geburt des Sohnes zu dessen Taufe eingeladen. Zu diesem „musterhaften Betragen“, das der Graf an den Tag legt, gehört, dass er weiß, was er in die Waagschale werfen muss:

> Er warf unter den Geschenken, womit die Gäste den Neugebornen bewillkommten, zwei Papiere auf die Wiege desselben, deren eines, wie sich nach seiner Entfernung auswies, eine Schenkung von 20 000 Rubel an den Knaben, und das andere ein Testament war, in dem er die Mutter, falls er stürbe, zur Erbin seines ganzen Vermögens einsetzte. (DKV III, 186)

Es geht hier also nicht nur um das korrekte moralische Verhalten, sondern insbesondere um das angemessene ökonomische Handeln. Der Kaufhandel bzw. Frauentausch wird angenommen: Der Graf fängt

> seine Bewerbung um die Gräfin, seine Gemahlin, von neuem an, erhielt, nach Verlauf eines Jahres, ein zweites Jawort von ihr, und auch eine zweite Hochzeit ward gefeiert, froher, als die erste, nach deren Abschluß die ganze Familie nach V… hinauszog. Eine ganze Reihe von jungen Russen folgte jetzt noch dem ersten […] (DKV III, 186)

Die neuerlich etablierte Tauschordnung erlaubt der Erzählung, in einem Happy End zu schließen. Der Schluss gibt mit der Erwähnung der weiteren Kinder dieser Verbindung, der „Reihe von jungen Russen“, einen Ausblick auf die nun geregelte Erb- und Generationenfolge. Die Re-

Etablierung der Tauschordnung ordnet also auch den Erzähltext und fügt ihn zu einem glücklichen Ende.

Ich komme zu dem zweiten Stichwort, dem Täuschen. In den bisherigen Überlegungen klang bereits an, dass die Störung der Tauschordnung in *Die Marquise von O....* – das Übertreten des Inzestverbots und das Nicht-Einhalten des geregelten Frauentauschs – mit weiteren Irritationen im Text einhergeht. Anhand der inzestuösen Versöhnungsszene zwischen Vater und Tochter wurde schon angesprochen, dass sich diese Verwirrung, die aus dem Verstoß gegen die Tauschordnung resultiert, als eine Verwirrung der Zeichen im Text fortsetzt. So werden durch die inzestuöse Verbindung die Familienverhältnisse und die Positionen innerhalb der verwandtschaftlichen Ordnung mehrdeutig, wenn der Vater bei seiner Tochter zugleich die Rolle des Liebhabers einzunehmen beansprucht. Die Zeichen werden vieldeutig, die Sprache täuscht.

Der Verstoß gegen die Tauschordnung ist kein einmaliges Moment innerhalb der Erzählung, sondern ist in dieser mehrfach verschoben. Auch die daraus resultierende Verwirrung der Zeichenordnung zieht sich durch den Text und prägt diesen. Die Erzählung zeigt sich allererst durch diese Verwirrung motiviert, ist doch der novellistische Einstieg über die Erwähnung der Zeitungsannonce der Marquise – das Skandalon bzw. die ‚unerhörte Begebenheit', mit der der Text beginnt – bereits eine Reaktion der Figur auf die Unlesbarkeit der Zeichen, mit denen sie sich konfrontiert sieht. Der Text wird ‚in Bewegung' gehalten durch die Suche nach Erklärungen – durch den Versuch, die Zeichen auf eine eindeutige Lesart zu bringen und damit zu verstehen. Diese Bewegung der Zeichendeutung beginnt mit dem Einstieg, mit dem der Erzähler die Leser auf die Spur setzt. Leser und Figuren sind damit beschäftigt, die Geschehnisse zu interpretieren und die Zeichen, die ihnen begegnen, zu lesen. Diese Lese- und Interpretationsbewegung lässt der Text jedoch zu keinem Abschluss kommen. So wird z. B. bis zum Schluss nicht zweifelsfrei aufgeklärt, ob die durch den Erzähler mit dem Gedankenstrich markierte Stelle im Text tatsächlich die Vergewaltigung der Marquise durch den Grafen enthält – und noch weniger, wie sich die Figuren in dieser nicht ausgeführten Situation verhalten. Dies setzt sich als Interpretationsbewegung in der Forschungsliteratur fort, etwa mit den unterschiedlichen Deutungen zur Rolle der Marquise bei der Vergewaltigung und der daraus abgeleiteten Frage, ob es überhaupt eine war.[10]

10 Vgl. als einflussreiches Beispiel: Dorrit Cohn: Kleist's *Marquise von O....* The problem of knowledge. In: *Monatshefte* 67 (1975), S. 129-144.

Am deutlichsten ausgestaltet wird das Bemühen um Verstehen anhand der Figur der Marquise. Einige Wochen nach dem Angriff auf die Zitadelle und der Vergewaltigung während ihrer Ohnmacht sieht sich die Marquise mit für sie unverständlichen körperlichen Zeichen konfrontiert. Als zweifache Mutter deutet sie diese als Anzeichen einer Schwangerschaft, kann sich jedoch keinen Reim darauf machen. Ihre Suche nach Antworten vollzieht sich in mehreren Schritten: dem vorsichtigen Gespräch mit der Mutter, dem Hinzuziehen eines Arztes und einer Hebamme und schließlich in dem Schalten der Anzeige, mit der sie den Vater ihres Kindes sucht. Auffällig hieran ist, dass das Fehlgehen der Zeichen bzw. die Unmöglichkeit ihrer eindeutigen Lesbarkeit anhand der Körperzeichen, der Körpersprache ausgehandelt wird. So richtet sich auch das Interpretationsbemühen der Leser an körpersprachlichen Zeichen aus: Der Erzähler macht nur selten Angaben über die Gedanken und Ansichten seiner Figuren,[11] stattet sie jedoch mit zahlreichen an der Oberfläche ihrer Körper ausgetragenen Anzeichen für solche dahinter - scheinbar - verborgenen Gedanken oder Gefühle aus. Diese Zeichen sind die Hinweise, die die Leser erhalten und die sie zu interpretieren versuchen, ohne dass diese je eindeutig werden würden. Ein Beispiel dafür ist etwa das häufige Erröten oder Erbleichen der Figuren, ohne dass der Erzähler Aufschluss über das damit bezeichnete Gefühl gibt. Die Zeichen, die sich auf keine eindeutige Lesart festlegen lassen, täuschen die Figuren wie die Leser der Erzählung und lassen in ihrer Mehrdeutigkeit die Interpretationsbewegung immer wieder ins Leere laufen.[12]

Den Körper als sprachliches Zeichen, anhand dessen hier die Uneindeutigkeit der Zeichen, die mit dem Verstoß gegen die Tauschordnung einhergeht, vorgeführt wird, möchte ich noch unter einem anderen

---

11 Eine Ausnahme bildet etwa die Passage, in der berichtet wird, welche Gedanken sich die Marquise über den Vater ihres Kindes macht (vgl. DKV III, 168). Auffällig ist dabei, dass auch hier die Innensicht keine eindeutige Gefühlslage anbietet, sondern ambivalente Einschätzungen transportiert. So scheint der Marquise ihres Kindes „Ursprung, eben weil er geheimnisvoller war, auch göttlicher zu sein […], als der anderer Menschen" (DKV III, 186). Im Widerspruch dazu steht die wenige Sätze später folgende Einordnung des Erzeugers ihres Kindes, der der Erzähler zustimmt: „indem sie sehr richtig schloß, daß derselbe doch, ohne alle Rettung, zum Auswurf seiner Gattung gehören müsse, und, auf welchem Platz der Welt man ihn sich auch denken wolle, nur aus dem zertretensten und unflätigsten Schlamm derselben, hervorgegangen sein könne" (ebd.).

12 Zur Zweideutigkeit der Zeichen in der Erzählung vgl. auch: Dirk Grathoff: Die Zeichen der Marquise: Das Schweigen, die Sprache, die Schriften. In: Ders.: *Kleist. Geschichte, Politik, Sprache.* 2. verb. Aufl. Wiesbaden 2000, S. 75-95.

Aspekt des Tauschs, des Vertauschens und der Täuschung betrachten. Dabei geht es mir um einen Zeichentausch und eine Bedeutungsverschiebung, die das Zeicheninventar der empfindsamen Literatur in Kleists *Die Marquise von O....* erfährt. Von verschiedenen Seiten ist in der Forschung darauf hingewiesen worden, dass die *Marquise von O....* Elemente und Motive der Literatur der Empfindsamkeit bzw. des bürgerlichen Trauerspiels enthalte und in dieser Bezugnahme zugleich parodiere.[13] Als Hinweis auf eine solche Parodie wurde etwa das „ausgeprägt sentimentale, melodramatische Verhalten der Familie“[14] gelesen. Das bürgerliche Familienmodell, das die Kommandantenfamilie in der Erzählung figuriert, ist jedoch, wie weiter oben ausgeführt, bereits mehrfach in seiner Ordnung gestört. Die Familienordnung in *Die Marquise von O....* ist durch den Verstoß gegen die Tauschordnung durcheinander geraten. Mit dem Modell der bürgerlichen Familie steht in der Erzählung zugleich das Zeicheninventar dieser neuen bürgerlichen Ordnung auf dem Spiel. So lässt sich argumentieren, dass Kleists Erzählung sich nicht nur an Motiven, Handlungselementen und Figurenkonstellationen des zeitgenössischen Familiendramas bzw. genauer des bürgerlichen Trauerspiels bedient. Vielmehr geht mit dem Scheitern der bürgerlichen Familie und ihrer Ordnung als *dem* Paradigma der bürgerlich-empfindsamen Literatur zugleich das Scheitern der in diesen Texten etablierten Zeichenordnung einher.

Insbesondere an zwei Aspekten lässt sich dies zeigen: anhand der bereits angesprochenen Körpersprache und des ‚sprechenden Gedankenstrichs'. In der anti-rhetorischen Rhetorik der Empfindsamkeit gehören sowohl die Beschreibung von Körperzeichen als auch der exzessive Gebrauch von Interpunktionszeichen wie Ausrufezeichen und Gedankenstriche zum Ausdrucksrepertoire für Intensität und Authentizität des Gefühls.[15] Das sich neu etablierende bürgerliche Subjekt hebt sich ab von der formelhaften höfischen Rhetorik und setzt dieser das Gefühl entge-

---

13 Vgl. dazu: Anthony Stephens: Kleists Familienmodelle. In: Ders.: *Kleist – Sprache und Gewalt*. Freiburg i. B. 1999, S. 85-102, hier S. 87.

14 Stephens: Kleists Familienmodelle (wie Anm. 13), S. 87. Als Parodie kann auch das intertextuelle Spiel mit einer Episode aus Rousseaus *La nouvelle Héloise* (1761) gesehen werden. Die Versöhnungsszene zwischen Vater und Tochter stellt eine ins Erotische überspitze Bezugnahme auf die Versöhnungsszene bei Rousseau zwischen Julie und ihrem Vater dar. Vgl. Sabine Doering: *Die Marquise von O....* In: Ingo Breuer (Hg.): *Kleist-Handbuch. Leben – Werk – Wirkung*. Stuttgart/Weimar 2009, S. 106-114, hier S. 108.

15 Vgl. Nikolaus Wegmann: *Diskurse der Empfindsamkeit. Zur Geschichte eines Gefühls in der Literatur des 18. Jahrhunderts*. Stuttgart 1988.

gen. Die empfindsame Literatur ist der Ort, an dem diese neue Rhetorik sich entfaltet. In Gestik und Mimik, Erröten und Erbleichen, Tränen und Ohnmachten wird der Körper zum sprachlichen Zeichen, das bemüht wird, um die Wahrhaftigkeit des Gefühls zu verbürgen - die Körpersprache als ‚Rhetorik des Herzens'.[16] Körpersprache findet auch in *Die Marquise von O....* reichlich Einsatz. Statt jedoch im Sinne der Empfindsamkeit die Gefühle der Figuren vermeintlich authentisch zu vermitteln und eindeutig vor Augen zu führen, haben die körpersprachlichen Zeichen in Kleists Erzählung eine täuschende Funktion - sie bleiben mehrdeutig und halten die Lese- und Interpretationsbemühungen offen.

Um die Funktion des Gedankenstrichs innerhalb des empfindsamen Zeichenrepertoires zu benennen, bezeichnet Nikolaus Wegmann in *Diskurse der Empfindsamkeit* dieses Satzzeichen als „Platzhalter unaussprechlicher Intensität".[17] Der Gedankenstrich, der insbesondere in der empfindsamen Briefkultur Hochkonjunktur hat, wird eingesetzt, um zu markieren, dass die zu transportierende Empfindung die sprachlichen Mittel übersteigt. Er fungiert als Auslassungszeichen und bringt in der Ellipse oder Pause die Unzulänglichkeit der Sprache gegenüber der Übermacht des Gefühls zum Ausdruck. Er *drückt* das Gefühl *aus*, das somit nicht mehr bezeichnet und beschrieben werden muss. Wie das ‚stumme' Sprechen des Körpers ist der Gedankenstrich „‚sprachlose' Vermittlung"[18] und damit Zeichen der Unmittelbarkeit: Die Sprache stockt und lässt die Empfindung sprechen.

Die Sprache des Körpers und der Gedankenstrich sind Zeichen der empfindsamen Rhetorik. Ausgerechnet der Gedankenstrich wird in der Erzählung Kleists zum Ort der Vergewaltigung. Und ausgerechnet der sprechende weibliche Körper wird zum Zeichen, das mit der Schwangerschaft diese Tat lesbar macht. Das Einreißen der Tauschordnung durch den mit der Vergewaltigung verbundenen gewalttätigen Frauenraub findet sich in der Narration durch Zeichen markiert, die im Diskurs der Empfindsamkeit, den die Erzählung auf verschiedene Weise evoziert, als Zeichen der Unmittelbarkeit fungieren. Kleists Erzähltext setzt die „se-

---

16 Dabei ist es insbesondere die weibliche Körpersprache, die die Authentizität des Gefühls zu vermitteln vermag. Vgl. Doerte Bischoff: Die schöne Stimme und der versehrte Körper. Ovids Philomela und die *eloquentia corporis* im Diskurs der Empfindsamkeit. In: Doerte Bischoff / Martina Wagner-Egelhaaf (Hg.): *Weibliche Rede - Rhetorik der Weiblichkeit. Studien zum Verhältnis von Rhetorik und Geschlechterdifferenz*. Freiburg i. B. 2003, S. 249-281.

17 Wegmann: Diskurse der Empfindsamkeit (wie Anm. 15), S. 84.

18 Ebd.

mantische Leerstelle des Gedankenstrichs"[19] und die weibliche Körpersprache als Zeichen für das Unaussprechliche in einem ganz anderen Sinn ein. Körpersprache und Gedankenstrich garantieren hier nicht die unaussprechliche Intensität des Gefühls und damit zugleich das empfindsame Subjekt, sondern markieren gerade das Zusammenbrechen der familialen Ordnung, auf die sich diese neue, bürgerliche Gefühlskultur stützt. Die Re-Etablierung der Ordnung, die mit der zweiten Hochzeit zu dem irritierenden glücklichen Ende der Erzählung führt, steht entsprechend auch nicht im Zeichen des Gefühls, sondern gelingt, wie ausgeführt wurde, aus nüchternen ökonomischen Gründen.

Der Frauentausch als Figur des Ökonomischen, in der sich der Austausch von Frauen und sprachlichen Zeichen analogisiert findet, diente diesem Beitrag als Perspektive auf Kleists *Die Marquise von O....* Kleists Erzählung experimentiert mit dieser Grenzfigur, lotet damit zugleich die Möglichkeiten und vermeintlichen Grenzen von (Zeichen-)Ordnungen aus und verweist auf den stets täuschenden Charakter der getauschten Zeichen.

---

19 Ebd.

III. Bezüge zu zeitgenössischen ökonomischen Diskursen

Kleists *Zerbrochner Krug* als Bühne des *institutional change*

Birger P. Priddat

Augenscheinlich handelt das Theaterstück von einem korrupten Laienrichter, der sich, schweijkähnlich, aus einem Akt des *sexual harrassment* herauslügen will. Dies misslingt ihm und eine ordentliche Gerichtsbarkeit erscheint am Horizont der weiteren Entwicklung.

I. Der staatsordnende Horizont

Dieser staatsordnende Horizont ist in die Entwicklung der holländischen Republik verlagert, ins 17. Jahrhundert,[1] geschrieben wurde das Stück allerdings im preußischen absoluten Staat zu Beginn des 19. Jahrhunderts (1806/erste Veröffentlichung 1808). Die Gerechtigkeit, das große Horizontthema, scheint herrschaftsformübergreifend zu sein. Keine Andeutung über die Qualität von Herrschaftsformen (Königtum/Republik) erfolgt, nur über die Qualität geordneter Verwaltung, hier der juridischen. Doch bleibt ein Überschuss: auch Republiken können geordnete Staaten werden. Wir haben es, wenn wir überhaupt so reden dürfen, mit einem Lob der Verwaltung zu tun, insbesondere ihrer Gesetzeshaftigkeit, bzw. weiter gefasst mit einem Lob des Gesetzes (in Montesquieu'scher Manier),[2] wenn auch nicht apologetisch.

---

1 Thomas Weitin meint aus Indizien schließen zu können, dass es in den Niederlanden nach 1666 spiele. Vgl. Thomas Weitin: „Dichter und Richter." Probleme des Urteilens im 18. Jahrhundert. In: *Rechtsgeschichte. Zeitschrift des Max-Planck-Instituts für europäische Rechtsgeschichte 6*. Frankfurt a. M. 2005. URL: http://data.rg.mpg.de/rechtsgeschichte/rg06_recherche_weitin.pdf (letzter Zugriff: 21.12.2012), S. 143-160, hier S. 145.

2 Dass Kleist das Lustspiel unter dem Eindruck eines Kupferstichs von Jean Jacques Le Veau (nach einem Gemälde Louis Philibert Debucourts von 1781 [*La juge, ou la Cruche cassée*]) geschrieben hat, wird inzwischen bezweifelt. Kleist selbst habe kurz vor seinem Tode verlauten lassen, dass ihn bäuerliche Genreszenen des flämischen Barockmalers David Teniers angeregt hätten. Vgl. Michael Wirth: „Und meine Hühner nenne ich meine Kinder" – Kleists Höllenfarben. In: *Frankfurter Allgemeine Zeitung*, 16.11.2011, S. N4, Sp. 1. Claude David, ein französischer Kleistforscher, glaubt hingegen, „[...] in der Dramatik des ‚Zerbrochnen Kruges' die ‚Höllenfarben eines Brueghel' zu erkennen" (ebd.). Michael Wirth folgt dem und verweist auf den ‚Kindermord von Bethle-

Dass die alten Niederlande ein Thema um 1806 werden konnten, hängt mit dem Befreiungskampf der Wassergeusen gegen die spanische Herrschaft zusammen - ein nationales bzw. nationalisierendes Bild, das durch Schillers *Geschichte des Abfalls der vereinigten Niederlande von der spanischen Regierung* bekannt geworden war (als Pflichtlektüre patriotischer Preußen im napoleonisch besetzten Heimatland).[3] Kleist kann die Republik nur als Symbol nationaler Befreiung auf die Bühne bringen; er enthält sich jeglicher politischen Bewertung. Die Differenz Königtum/Republik wird nicht thematisiert, auch nicht angespielt; sie bildet einen sublimen Subtext.

So entfaltet sich die Paradoxie, dass das Modell gerechter Justiz - als Modell auch für das Preußen seiner Zeit - am Beispiel einer Republik entwickelt wird: an den vereinigten Niederlanden. Und zwar im Rahmen einer Verwaltungsreform, die die alten Rechtszustände in modernes Staatsrecht überführt;[4] nicht zufällig - und aus Richter Adams Mund abfällig - fällt der Name „Puffendorf" (Vs. 312).

Die Republik wird bei Kleist nicht politisch eingeführt, sondern als Ort der Gerechtigkeit, der die herrschaftliche Macht der Richter in den alten Gesetzlichkeiten an neue Verfahrensgerechtigkeit bindet - bis hin zur Klärung in nächster Instanz (Utrecht: letzter Auftritt). Im Umkehrschluss mag auch eine aufgeklärte Monarchie, wie die preußische, eine republikanische Funktion einnehmen, wenn sie die Verwaltung als gerechte Institution einsetzt. Diese Transition wird nicht ideal vorgeführt, sondern in ihrer Gebrechlichkeit; sie muss erst Vertrauen gewinnen.

Die Komödie ist eine Komödie des *state building*; ein sublimes Lehrstück über gerechte Verwaltung, die erst die Staatsordnung herstellt.[5] Das Subthema heißt Institutionalisierung. D. h., dass sich die Diener dieser Ordnung an sie halten. Richter Adam versagt, der Gerichtsrat Walter

---

hem' von Pieter Brueghel dem Älteren. Wirth kann das Bild als Metapher der Gewaltherrschaft der Spanier deuten, aber die Übertragung auf Kleists ‚Zerbrochnen Krug' hat den schlichten Fehler, dass wir uns in Kleists Stück bereits in der republikanischen Zeit nach der Befreiung befinden.

3 Vgl. Wirth: Kleists Höllenfarben (wie Anm. 2), Sp. 4.

4 Vgl. Heinrich von Kleist: Der zerbrochne Krug. In: Ders.: *Sämtliche Werke und Briefe in vier Bänden*. Hg. v. Ilse-Marie Barth, Klaus Müller-Salget, Stefan Ormanns u. Hinrich C. Seeba. Frankfurt a. M. 1987-1997. Bd. 1, S. 285-376, hier Vierter Auftritt, S. 298 f., Vs. 297-304. Im Folgenden zitiert nach dieser Ausgabe (DKV), die Angabe der Versnummern erfolgt in Klammern direkt nach dem betreffenden Zitat.

5 Vgl. Francis Fukuyama: *State Building: Governance and World Order in the Twenty-first Century*. London 2005.

übt sie ein. Es ist gleichsam ein Lehrstück in Gerechtigkeit als Institutionenordentlichkeit, jedenfalls als deren - fragilen - Horizont.

II. *Institutional change*: Rechtsreform und freie Partnerwahl

Kleists Theaterstück ist in einen ökonomischen Kontext verstrickt, der nicht *per se* wahrnehmbar ist, da er nicht zur klassischen Ökonomie der Märkte, des Tausches, des Geldes gehört, sondern in den Bereich der *institutional economics*, der Regelbildung und ihrer Befolgung.[6] Die Institutionen werden dabei, weit über ihren römisch-rechtlichen Ursprung hinaus, als tragende regelnde Matrix der Marktprozesse und ihrer Ordnungen betrachtet, vor allem aber auch der Staats- und Verwaltungsprozesse. Douglas C. North hat gezeigt, dass die Institutionalisierung der Ökonomie in ihrer modernen Entwicklung nur dann eine Bedingung für Wachstum und Entwicklung ist, wenn die Institutionen zivilisatorische bzw. zivilisatorisch hochwertige Qualität haben. Es geht dann nicht nur um strategische Klugheit, sondern um die institutionelle Basierung dieser Klugheit, im Falle von Konflikten mediatisierende Instanzen zu haben. Der institutionelle Rahmen ist in der Neuzeit wesentlich mit dem Aufbau von Staats- und juridischen Ordnungen verbunden, die nötig sind, um Vertragssicherheit der expandierenden Märkte zu gewährleisten.

Ökonomisch betrachtet geht es nicht allein darum, den Institutionenaufbau zu erklären (wie es Max Webers Soziologie z. B. auch leistet), sondern die Institutionen als Instanzen der Senkung von Transaktionskosten einzuführen, die es den Bürgern möglich machen, ohne hohe eigene Sicherungskosten vielfältige Verträge eingehen zu können. *Institutional change* wird dann unter dem Gesichtspunkt betrachtet, welche Institutionen eine höhere Rechtssicherheit gewähren, d. h. minimalere individuelle Transaktionskosten erfordern - z. B. Minimierung oder Ab-

---

6 Vgl. Douglas C. North: *Institutions, Institutional Change, and Economic Performance*. Cambridge 1990, und Birger P. Priddat: *Strukturierter Individualismus. Institutionen als ökonomische Theorie*. Marburg 2004. Vgl. auch eine institutionenökonomische Interpretation von Kleists *Erdbeben in Chili* von Michael Horvath: Kleists *Erdbeben in Chili* im Lichte der Neuen Institutionenökonomik. Working paper. München (unveröffentlicht), Mai 2012. Das Paper wurde anlässlich der Tagung „Tauschen und Täuschen: Kleist und (die) Ökonomie" vorgestellt, die am 16./17. September 2011 in Hamburg stattfand. Bedauerlicherweise ist es nicht zu einer Veröffentlichung des Beitrags in diesem Band gekommen.

schaffung von Korruptionskosten. Die Aufwendungen für den Staat bzw. seine regulierende Bürokratie sind dann - gegenüber den absolutistischen Herrschaftsformen - keine Abgaben für die Selbstherrlichkeit der Fürsten, ihrer Höfe und ihres Militärs, sondern für die notwenigen Kosten der Produktion öffentlicher Güter, wesentlich des Justizwesens, der Infrastruktur etc.

Das ist der institutionenökonomische Hintergrund der ‚Republik', der bei Kleist explizit nicht thematisiert ist, nur indirekt an der im Raum stehenden Frage der Reform des Rechtswesens. Denn der *Zerbrochne Krug* thematisiert am Korruptionsbeispiel Adams den *institutional disorder*, der die gesellschaftlichen Verhältnisse derangiert. Durch den *actus brutus* der korrupten sexuellen Bedrängung Eves wird der Vorschein einer neuen Rechtsordnung, vertreten durch Gerichtsrat Walter, nicht nur in Szene gesetzt, sondern aufzuklären versprochen. Dass die Reform nur im ersten Anschein auftritt, d. h. nur erst als Andeutung der Möglichkeit institutioneller Änderung, wird im Weiteren zu klären sein. Darin haben wir es mit der Dimension des formellen *institutional change* zu tun, dem in zweiter Dimension ein informeller *change* beiläuft, der scheinbar einer anderen Sphäre angehört: der Privatisierung der Liebe.

Denn es ist nicht selbstverständlich, dass zwei Liebende heiraten dürfen aus individueller Zuneigung, wie Eve und Ruprecht im *Zerbrochnen Krug*. Aus institutionenökonomischer Sicht sind solche informellen Regeln (und ihre Änderungen) von ebenso großer Erheblichkeit wie die (staatlichen) formellen Institutionalisierungen. Richter Adams korrupt eingekleideter Angriff auf Eves Jungfräulichkeit ist die extreme Form sexueller Übergriffe, die ihr soziales Pendant in der informellen Norm der Auswahl der Ehepartner durch die Familien hat (Zwangsehe). Nennen wir diese alten Prozesse öffentliche Ehezusammenführung, so besteht die große Änderung in der Subjektivierung der Liebesbindungen (die natürlich weiterhin in der klassischen Institution der Ehe und Familie mündet, im römischen Ursprung aller Institutionen).

Kleist führt den *institutional change*, die Zulassung der Liebeswahl, *en passant* ein, aber sie bildet das große Pendant zur Reform der Gerichtsbarkeit und Rechtsprechung. Beides zusammen - die angedeutete institutionelle Änderung der Gerechtigkeitsinstanzen und die *en passant* mitlaufend vollzogene Änderung der informellen Institution der Ehewahlprozesse - bilden erst den außerordentlichen Rahmen der neuen Staatsbildung, die wir im Stück inszeniert finden. Die - verdeckte - Republik findet ihr stärkstes Symbol in der freien Interaktion ihrer Bürger. Was dort in - fast nebensächlich scheinender - Klarheit bereits vollzogen ist, erweist sich im Justizreformprozess noch viel schleppender und ambivalenter. Das, was den neuen Staat ausmacht, kann in der preußischen Monarchie nicht politisch ausgesprochen werden - deshalb erscheint Walter, der Staatsrepräsentant der Republik, auch als ambivalente Figur (s. u.). Dafür aber ist das Bild der informell zugestandenen Freiheit der Partnerwahl - das einzige reelle Moment der Freiheit im Stück, neben der Erinnerung an die Befreiung von den Spaniern - nicht nur das klarste und stärkere, sondern auch in seiner Verdecktheit das einzig mögliche Zeichen neuer Gesellschaftlichkeit, als Andeutung republikanischer Qualitäten.

III. Verfahrenes Verfahren: Rhetorik und Korruption

De facto haben wir es mit zwei ineinander verschachtelten Gerichtssitzungen zu tun: zum einen mit der von Dorfrichter Adam nach überkommenem Gewohnheitsrecht geführten (Adam verweist auf Karl den Fünften, das heißt auf das alte Rechtssystem der *Carolina*[7]) und zum anderen mit der Beobachtung dieses Verfahrens durch den Abgesandten des Utrechter Obertribunals. Gerichtsrat Walter - vom Amt her nur ein *supervisor* - greift aber zunehmend in das erste Verfahren ein und erklärt Adam mehrfach für bereits abgesetzt; er solle lediglich das Verfahren noch zu Ende führen. Durch die Intervention wagt Schreiber Licht bereits eigene Interpretationen; er übernimmt später Adams Stelle.[8] In der Distinktion zweier Rechte bekommt Walter, über seine Visitatoren- bzw. Inspektorenrolle hinaus, eine staatsanwaltliche Funktion, die ihn allmählich das Verfahren übernehmen und leiten lässt, d. h. zuletzt sogar in eine richterliche Funktion überführt. Was rechtlich illegitim ist, dient paradoxerweise der Rettung der Ordentlichkeit des Verfahrens in seiner sich in Adams Richtergebaren offenbarenden Chaotik.

Visitation, Staatsanwaltschaft und Richterfunktion vereinen in Walter die vollständige Präsenz des Staates, der aus seiner anfänglichen Beobachterrolle in die des finalen Akteurs wechselt, um die Ordnung, die

7 Vgl. Weitin: Dichter und Richter (wie Anm. 1), S. 147. Vgl. auch Ethel Matala de Mazza: Recht für bare Münze. Institution und Gesetzeskraft in Kleists „Zerbrochnem Krug". In: *Kleist-Jahrbuch* 2001, S. 160-177, S. 165 f.

8 Jochen Hörisch erinnert daran, dass Kleist den Namen ‚Licht' in Anspielung auf die Aufklärung verwendet haben mag. Vgl. Jochen Hörisch: *Das Wissen der Literatur*. München 2006, S. 90.

im Stückverlauf zu zerfallen droht, wieder herzustellen (indem er gegen seine eigentliche Rolle verstößt).

Das zugrundeliegende Vergehen ist schwerwiegender als die Komödie zunächst impliziert. Adam nutzt seine Richterposition, um Eve sexuell zu bedrängen. Eve wird bedrängt, sich für ihren Geliebten zu opfern, damit er nicht in das Militär eingezogen wird. Adam fälscht dazu ein Dokument, das ihren geliebten Ruprecht nach Batavia beordert, wo er entweder höchstwahrscheinlich an Sumpffieber sterben oder im Kampf fallen würde. Adam verspricht Eve ein Attest für Ruprecht, wenn sie ihm zu Willen sei. Adam ist kein Gewaltherrscher, sondern ein Erpresser, der Gerüchte nutzt; er spielt Informationsasymmetrien aus. Ein opportunistischer Nutzenmaximierer, der die gesellschaftliche Differenz zwischen unwissendem Volk und Amt ausbeutet. Er ist die schlechte Kopie eines Gewaltherrschers ohne Macht. Er simuliert die Willkür kommunikativ: er nennt Gründe, die die Erpressung gelingen lassen könnten.[9]

Seine Machtlosigkeit - deshalb die Komödie - macht ihn auf andere Art gefährlich: durch das Ausspielen von Wissensdifferenzen. Es ist eine kommunikative Macht, ein Spiel mit der juridischen und der Verfahrensrhetorik. Adam ist viel zu eigensinnig.[10] Er ist - deshalb wieder die Komödie - menschlicher als ein Willkürherrscher. Er bewegt sich - unklug und schlau zugleich - in der Unwissenheit der anderen. Es ist eine erpresserische Rhetorik; anders käme er nicht zum Zuge. Das Volk ist insoweit bereits republikanisch, als es blinde Willkür nicht akzeptieren würde.

Adams Macht wird subtiler ausgeführt, gleichsam von einem Tölpel, woraus die Komik resultiert.[11] Er tarnt sich, um Macht auszuüben, als menschlich. Wie er sich herauszureden versucht, ist tölpelhaft, aber strategisch eingesetzt: dass man ihm, dem Tölpel, nicht glauben mag, dass er der überredenden Rhetorik fähig sei. Wäre der Gerichtsrat Walter nicht gekommen, hätte er sich vielleicht herausreden können. Nach zwei Seiten aber reicht seine praktische Klugheit nicht. Ohne die Beobachtung durch

---

9 Zur Rhetorik Adams vgl. Ernst Ribbat: Babylon in Huisum oder der Schein des Scheins. Sprach- und Rechtsprobleme in Heinrich von Kleists Lustspiel ‚Der zerbrochne Krug'. In: Dirk Grathoff (Hg.): *Heinrich von Kleist. Studien zu Werk und Wirkung*. Opladen 1988, S. 133-148, sowie David E. Wellbery: *Der zerbrochne Krug*. Das Spiel der Geschlechterdifferenz. In: Walter Hinderer (Hg): *Interpretationen. Kleists Dramen*. Stuttgart 1997, S. 1-31.

10 Vgl. Weitin: Dichter und Richter (wie Anm. 1), S. 148.

11 David E. Wellbery sieht in Adam die Inkarnation des Hanswurst bzw. des Falstaff; vgl. Wellbery: Der zerbrochne Krug (wie Anm. 9), S. 22 f.

Walter hätte er wohl - anfechtbar, aber durchsetzungsmächtig - ein Urteil gefällt, das ihn gerettet hätte.

Das Herausreden hat klassische rhetorische Kompetenz. Rüdiger Campe hat das an der Figur der ‚unwahrscheinlichen Wahrscheinlichkeit' erläutert. Die antike Topik betrachtet die unwahrscheinliche Wahrscheinlichkeit „als Scheinargument, als Sophisma: ein Argument, das mit dem Schein, der in Wahrscheinlichkeit und Unwahrscheinlichkeit steckt, falsches Spiel treibt."[12] Dieses Spiel ist in die Rhetorik der Gerichtsdiskurse eingegangen. „Wenn es der eigenen Argumentation - beispielsweise vor Gericht - zweckdienlich erscheint, kann man das normalerweise Unwahrscheinliche dennoch für unter den gegebenen Umständen wahrscheinlich erklären."[13] Adams Argumente greifen jede Wahrscheinlichkeit (Ruprecht als Täter, weil im Zimmer anwesend; Eve war verwirrt und ihre Aussage gilt nicht) sowie jede Unwahrscheinlichkeit (Leberecht als Täter; Ruprecht als Täter, obwohl nicht verletzt) auf, um jeweils *ad hoc* einen Erzählraum zu konstituieren, in dem „die unverbundenen Singularitäten der Wirklichkeit erst gerahmt werden, um in ihrer Verbundenheit beobachtbar zu werden."[14]

So können wir drei solcher quasi-konsistenten Rahmenerzählungen im Verfahrensverlauf hintereinander verfolgen: 1. Ruprecht ist der Täter, weil er im Zimmer Eves ertappt wurde. 2. Leberecht ist der Täter, weil nicht geleugnet werden kann, dass einer aus dem Fenster sprang, Ruprecht aber im Zimmer war. 3. Als deutlich wird, dass Leberecht auf Veranlassung Adams in Utrecht weilte, wird Ruprecht wieder zum Täter deklariert, weil er als einziger fassbar ist. Und Ruprecht wird verurteilt (unter Zustimmung Walters, der es besser weiß, aber die Ordentlichkeit des Verfahrens gesichert wissen will. Er will dem Gericht den Skandal ersparen, den er dadurch aber befördert und somit die Gerechtigkeit lädiert). Die Konsistenz der quasi-Rahmenerzählungen wird gegeneinander inkonsistent je *ad hoc* behauptet, um alles zu vermeiden, den wahren Täter zu identifizieren, was letztlich dennoch nicht zu vermeiden ist. Adam taktiert auf Verfahrensabschluss (entweder durch beschleunigte Urteilsfindung oder durch Verschiebung auf den nächsten Tag, an dem

---

12 Rüdiger Campe: *Spiel der Wahrscheinlichkeit. Literatur und Berechnung zwischen Pascal und Kleist.* Göttingen 2002, S. 309.

13 Till Dembeck: Rahmen-Analysen der Wahrscheinlichkeit (Rezension zu: Campe: Spiel der Wahrscheinlichkeit [wie Anm. 12]). In: IASL-online, 3.10.2004, Abs. 30; URL: http://www.iaslonline.lmu.de/index.php?vorgang_id=920 (letzter Zugriff: 30.11. 2012).

14 Ebd., Abs. 34.

der Inspektor nicht mehr anwesend sein wird), um die Diskursextension zu vermeiden bzw. ihre externe Beobachtung.

Die Ökonomie dieser Verfahrenstaktik und -rhetorik besteht darin, neue Argumente nicht zuzulassen bzw. die Inkonsistenz der Rahmenerzählungen nicht aufdecken zu lassen. Deshalb ist es Adam letztlich egal, welche quasi-Rahmenerzählung gelten soll, wenn es nur damit zu einem Urteil kommt, das ihn selber ausschließt. Wenn so das Unwahrscheinliche über quasi-Konsistenz des Erzählens als Wirkliches ausgegeben werden kann, sind alle Einwände, die keine alternative Erzählung in alternativer Konsistenz aufbieten, wirkungslos. Erst die Zeugin Frau Brigitte bringt eine Empirie ins Spiel, an der die Erzählungen Adams nun plötzlich in ihrer ungeheuerlichen Inkonsistenz bemessen werden können, sodass erst dann allen aufgeht, dass die Erzählweisen Adams Ablenkungen vom Offensichtlichen sind: seiner Täterschaft.

Das Kleist'sche Stück ist eine Decodierung von *disorder*. Komödienhaft wird Falte für Falte aufgeblättert. Adams Verteidigung beruht auf Verweisungen bzw. Erfindungen von Konstellationen, die darauf deuten, dass es andere gewesen sein müssen. Die Verweisungen scheinen partiell als glaubhaft. So wie er die Erpressung Eves kommunikativ erzeugt hat, will er sie kommunikativ verschieben. Die wahrscheinlichste Variante, die zwischenzeitlich generiert worden wäre, ohne dass sie auf ihn verwiese, würde er durch ein Urteil legitimieren.

Das *order/disorder*-Subthema kommt nur selten direkt zur Sprache. Umso mehr indirekt: Relation Adam/Adlatus Licht, Relation Adam/Gerichtsrat Walter, Lüge Adam/Eve, inklusive deren Erpressung. Den Adlatus zieht er in seine willkürliche Gerichtspraxis mit dem Verweis, dass dieser das Amt anschließend übernehmen werde, deshalb jetzt aber still halten müsse. Den Gerichtsrat Walter versucht er – auf komödienhaft simple Art – durch ein ausgesuchtes Frühstück zu korrumpieren. Eves Erpressung formuliert er, ohne dass die anderen mitbekommen, worum es geht, explizit in der Verhandlung (nur Walter spricht von zweideutiger Zeugenbeeinflussung). Ruprecht gegenüber droht Adam, ihn in Eisen legen zu lassen, ohne dass bereits irgendetwas gerichtlich geklärt wäre. Ein Abwesender – Leberecht – wird ohne Weiteres beschuldigt. Licht, Adams Schreiber, ist selber ein opportunistischer Typus (von dem Adam weiß, dass er die ‚Depositen' in den Kassen zu eigenem Nutzen missbraucht). Licht nutzt die Wendung im Verfahren, um sich als Nachfolger anzubiedern.[15]

IV. Zur Krugsymbolik

Der zerbrochene Krug ist das Symbol der zerbrochenen Ordnung. Zum einen symbolisiert seine Darstellung (vgl. Vs. 646 ff.) die Übergabe der niederländischen Provinzen an die Spanier; zugleich aber ist er eine Siegestrophäe der rebellischen Wassergeusen über die Spanier und wird so vererbt. Sein Zerbrechen weist auf den Zerfall der alten Ordnung, denn das Gewohnheitsrecht, das Richter Adam reklamiert, geht auf Karl den Fünften zurück, d. h. auf die alte spanische Macht (vgl. Vs. 309). Die republikanische Gerechtigkeit ist noch nicht bis Huisum gedrungen; das noch praktizierte Recht unterläuft die republikanischen Errungenschaften.

Doch ist der zerbrochene Krug zugleich ein Symbol für die aufgehobene Zusage zur Heirat: ein Symbol der Ehre der Familien und, in diesem Falle besonders, der jungfräulichen Ehre der Eve.[16] Demnach geht es nicht um den zerbrochenen Krug und die Entschädigung. Der Krug ist ein *token* für soziale Relationen, in diesem Fall die bedeutsamste, die Familien miteinander eingehen - in der Ehe ihrer Kinder. Die neue Gesellschaft ist dadurch angekündigt, dass die beiden in Liebe alleine zueinander gefunden haben. Umso wichtiger ist die begleitende Zustimmung der Eltern, die längst die alten Rechte aufgehoben haben, über die Partnerwahl der Kinder zu entscheiden. Sie sind in ihren informellen Rechtsauffassungen weiter als Adam, der noch an den alten Sitten und Gebräuchen festhält. In der - scheinbar beiläufigen - neuen Institution der Liebesheirat (die ihre Feuerprobe durchleiden muss) ist die neue Gesellschaft auf der Bühne platziert. Der zerbrochene Krug symbolisiert die Fragilität dieser neuen gesellschaftlichen Institution.

Dass die Konstellation des Gerichtsfalles die Liebenden auseinanderbringt - Ruprecht nennt Eve eine Metze, da sie sich anscheinend mit einem anderen getroffen hat - und die familiären Beziehungen stört -

15 Zur Korruption in Kleists *Zerbrochnem Krug* vgl. Michael Mandelartz: Die korrupte Gesellschaft. Geschichte und Ökonomie in Kleists „Zerbrochnem Krug". In: Ders. (Hg.): *Goethe, Kleist. Literatur, Politik und Wissenschaft um 1800*. Berlin 2011, S. 101-127. Vgl. auch den Beitrag von Jan Söhlke in diesem Band.

16 Vgl. auch Wellbery: Der zerbrochne Krug (wie Anm. 9), S. 25 f.

Marthe, Eves Mutter, hält Ruprecht für einen ehrlosen Kerl, der sich Eve vor der Hochzeit aufdrängt –, bringt die Gesellschaft in Unordnung. Dass vor Gericht geklärt werden soll, wer den Krug zerbrach und wer Entschädigung zahlen soll, ist angesichts des *social disorder* fast belanglos und kann auch durch das Verfahren nicht geklärt werden. Der korrupte Richter bringt die neue Institution der Liebesheirat in Gefahr, weil sich in dem scheinbaren Bruch die alten sozialen Normen wieder regen und die Familien miteinander über die Wertigkeit ihrer Kinder streiten, d. h. ihre alten Eingriffskompetenzen geltend machen. Erst die Klärung des Falles aktiviert wieder die neue Liebe (als informelle institutionelle Form).

Dass das Verfahren nun aber eine andere Wendung mit sich bringt und den sozialen Frieden wieder herstellt, ist eine paradoxe Wendung ins Positive (deshalb das Lustspiel, obwohl die Geschichte eine tragische Basis hat; vgl. Kleists eigener Verweis auf Sophokles' *Ödipus*[17]), die aus dem Stoff des Theaterstücks selbst nicht erschließbar ist. Hier finden wir eine naturrechtliche Grundfigur wieder, die Kleist in die Form einer Gerechtigkeitskomödie fasst.

V. Ein naturrechtlicher Schatten

Pufendorf, den Adam *en passant* als vom ihm vermutete Quelle des neuen republikanischen Rechts erwähnt, ist hernach naturrechtlich erweitert durch Thomasius (und Wolff). Es geht um Glück und Frieden:

> Diese also gilt es, durch das sittliche Recht, die rechte Sitte zu befördern. Hierbei unterscheidet Thomasius [...] den äußeren und den inneren Frieden. [...] in den drei Regeln von Glück und Frieden, als denen des iustum, decorum und honestum [...] [Thomasius 1705: I, cap. 5]. Der *äußere* Friede wird durch das Recht im erzwingbaren Sinn gewonnen, durch das *iustum* oder das *Gerechte*. Weiter durch das vollkommenere, schon moralisch vermittelte, also nicht so erzwingbare Recht, welches *decorum* heißt oder das *Wohlanständige*. [...] Mit alldem soll der äußere Friede befördert werden, durch pure Anleitung und Verbesserung der Individuen mithin, die ja auch, gemäß der Gesellschaftsvertrags-Theorie des bürgerlichen Naturrechts, den Staat gegründet haben, und, in ihrem Aggregat als Volk, ihn ausmachen. Die Beförderung des äußeren Friedens enthält also in nuce bereits den Antrieb wie die Umrahmung durch den inneren Frieden, als den der *sittlichen* Person und des sittlichen Personen-Aggregats der Völker [...]. Nach den zwei ersten Regeln, denen des äußeren Friedens, folgt derart die dritte, positivste, die des *honestum* oder der *Sittlichkeit*, welche mit *innerem Frieden* verbunden ist. Die Befolgung dieser Regel aber ist zum Unter-

17 Vgl. Wilhelm Amann: *Heinrich von Kleist*. Berlin 2011, S. 66 f., und Wellbery: Der zerbrochne Krug (wie Anm. 9), S. 23 ff.

> schied von den beiden ersten, vorab vom iustum, unerzwingbar; die Sittlichkeit verschafft sich einzig durch persönliche Überzeugung, nicht durch Gewalt, Geltung. Liebe freilich geht durch alle Regeln, auch durch die des iustum, doch sobald das iustum erzwungen werden muß, hat die Liebe keinen Platz mehr in ihm.[18]

Thomasius schreibt (wohl in Verweis auf Paulus und Luther[19]):

> Nunmehr erkennst du leichthin, was für einen Unterschied unter der Gerechtigkeit und Liebe überhaupt sei. Die Gerechtigkeit ist dasjenige Teil der Liebe, das den Menschen das Vermögen gibt, den anderen zu dem, was er willig leisten soll, zu zwingen; deswegen kann wohl Liebe ohne Gerechtigkeit, nicht aber Gerechtigkeit ohne Liebe sein. Ja, es verliert die Gerechtigkeit den Namen der Liebe, wenn man den Zwang wirklich braucht. Und ist dannenhero gar leicht zu erkennen, warum das andere Teil der Liebe den Namen für sich allein behält, bei welchem wir nicht einmal das Vermögen haben, den anderen zu zwingen.[20]

Der Hauptpunkt ist die juristisch epochemachende Unterscheidung zwischen erzwingbarem *iustum* und unerzwingbarem *honestum*. Während Grotius den ‚appetitus socialis' und Hobbes, konträr, den ‚bellum omnium contra omnes' zum Prinzip des Naturrechtes machten, Pufendorf eine Synthese versuchte, hatte Thomasius das *Streben nach Glück* als Grundzug der ‚Menschennatur' erweitert und das „gestörte Streben nach Glück/Furcht und Bedürftigkeit als Anlaß zum Staatsvertrag pointiert."[21] Die Staatsinstitution ist demnach nichts anderes als Aufhebung dieser Störungen.

> Daran wird der Staatswert für seine Bewohner, das deduzierbare Recht der jeweiligen Staatsinstitute selber gemessen. Erkennbar grüßt hier, an zentraler Stelle, der Epikur herüber, den Thomasius gegen Tschirnhaus verteidigt hat; Epikurs Hedonik, vermehrt um den inneren und äußeren Frieden, um Glück aller als Sichtbarmachung geglückter Humanität.[22]

Bei Justi wird es zum Prinzip der Staatsglückseligkeit.[23] Die, eher stoisch inspirierten, anti-absolutistischen Naturrechtskonzeptionen werden bei Thomasius mit dem - epikureischen - Glück verbunden, so dass Glück und Würde eine Einheit werden. Diesen Weg geht Herder weiter, während Kant eine Art Rückschlag bildet mit seiner Trennung von Neigung

---

18 Ernst Bloch: *Christian Thomasius, ein deutscher Gelehrter ohne Misere*. Frankfurt a. M. 1967, S. 35 f., H.i.O.

19 Vgl. ebd., S. 36.

20 Christian Thomasius: *Von der Kunst, vernüfftig und tugendhafft zu lieben. Einleitung zur Sittenlehre*. Halle 1706, 5. Hauptstück, § 104.

21 Bloch: Christian Thomasius (wie Anm. 18), S. 42.

22 Ebd., S. 43.

23 Vgl. Birger P. Priddat: *Zufall, Schicksal, Irrtum. Über Unsicherheit und Risiko in der deutschen ökonomischen Theorie vom 18. bis ins frühe 20. Jahrhundert*. Marburg 1993, Kap. 3.

und Pflicht.[24] Kleists *Zerbrochner Krug* ist keinem der Naturrechte direkt applizierbar, aber verschränkt ein epikureisches Motiv in der Rolle des an seinem leiblichen (und sexuellen) Wohl interessierten Richters Adam mit der Störung und - überraschenden - Wiederherstellung des Glücks der beiden Liebenden und des Friedens unter den Familien (*honestum*-Motiv). Und zwar im Kontext des Rechtes bzw. seiner vorangehenden Verletzung. Dass Kleist dabei die ästhetischen Normen Schillers verletzt und manche Zuschauer in der Weimarer Uraufführung überforderte,[25] weist auf einen anderen Aspekt, der die institutionelle Ordentlichkeit des Gesetzes und seiner Gerichte von Menschen besetzt sieht, die nicht unbedingt ihren Tugendanforderungen gerecht werden.

Mit Adam wird die negative Seite der Glückseligkeit hervorgekehrt (Kleists Grundmotiv, zeigt Adam Soboczynski, ist die ‚schöne Abgründigkeit'[26]). Aber in der obsiegenden Liebe zwischen Eve und Ruprecht bekommt das angemahnte Glück soziale Viabilität. In einer Gesellschaft, in der Menschen ihre Beziehungen frei, nun gar in Liebe, wählen können, ist der - unausgesprochene, aber gezeigte - Ausweis der wahren Republik: Das Gericht richtet sich selbst.

Doch wird der wiederhergestellte Liebesfriede zwischen Eve und Ruprecht durch eine andere Liebes-Figur überformt: Ruprecht erklärt sich bereit, den Utrechter Wehrdienst zum Wohl des Vaterlandes, aus nunmehr aufgeklärter sittlicher Einsicht, anzutreten. Die Heirat muss, aus Vaterlands-Liebe, warten. Liebe und Frieden koinzidieren auf höherer Ebene. Wir befinden uns, bei aller Kleist'schen Dramatik des Schreckens über die wahren Motive menschlichen Handelns,[27] in einer republikanischen Wunschlandschaft (die sich ins preußische Königreich transponieren ließe, wenn das Volk sich zur Nation bekennen würde). Es ist eine doppelt verschränkte Liebestopik: horizontal zwischen den Liebenden, vertikal zwischen Bürgern und Staat.

Auch siegt nicht das Recht, sondern, wenn überhaupt, die neue Ordnung. Denn das Urteil über den eigentlichen Grund des Rechtsstreits - den Krug - bleibt aus; Inspektor Walter verweist auf die nächste Instanz (vgl. letzter Auftritt, Vs. 1973 f.). Das staatliche Recht wird zur offenen

24 Vgl. Bloch: Christian Thomasius (wie Anm. 18), S. 43 f.

25 Vgl. Amann: Heinrich von Kleist (wie Anm. 17), S. 69, und Weitin: Dichter und Richter (wie Anm. 1), S. 143 f.

26 Vgl. Adam Soboczynski: Schöne Abgründe. Vor 200 Jahren hat sich Heinrich von Kleist erschossen. Warum er heute noch fasziniert. In: *Zeit-online*, 8.01.2011. URL: http://www.zeit.de/2011/02/Heinrich-von-Kleist (letzter Zugriff: 30.11.2012).

27 Vgl. ebd.

Option, zur Hoffnung auf ein Recht (*iustum*). Geklärt ist die *moral order* (*decorum*) - die informelle Dimension. Das Unanständige (des Verhaltens Adams) löst sich in Wohlanständigkeit auf, indem der *social order* der Familien wiederhergestellt wird: alle latenten Entehrungen werden aufgehoben. Nicht nur für Eve wird die Unschuld wiederhergestellt, der Zustand *ante quo*. Der Anlass des *disorder* aber, der zerbrochene Krug, bleibt ungeklärt. Die Rechts- und damit die Schuldfrage sind festgestellt, aber nicht gelöst. Der Krug - eher nur Anlass und ein Medium anderer Prozesse - bleibt rechtlich unbehandelt; streng genommen ein Justizversagen.

Denn der *institutional change*, die Transformation einer alten Rechtsinstanz in eine neue Rechtsinstanz, ist nur provisorisch gelöst (durch vorübergehenden Einsatz des Schreibers Licht in das Amt des Richters). Adam, auf der Flucht, ist nicht bestraft, nur suspendiert. Sind die Kassen richtig, lässt Walter verlauten, wird Adam nicht zur Desertion gezwungen (vgl. Vs. 1966), was hier nur bedeuten kann, dass er nicht bestraft wird (in einer handschriftlichen Variante spricht Walter davon, dass sich für Adam noch eine andere Stelle wird finden lassen[28]). Amann interpretiert, dass Walter „wenig an Gerechtigkeit, viel aber an der Aufrechterhaltung der Ordnung und am allgemeinen Ansehen eines im Kern zerrütteten Justizsystem liegt - ein in der Entstehungszeit des Stücks im Sommer 1806 kurz vor dem Zusammenbruch des preußischen Staats höchst aktuelles Thema."[29] Daran ist bemessen, dass Walter die durch Adam beschädigte Institution der Justiz wiederherstellt. Da er kein Richter ist, kann er nur das Verfahren ordnen, aber nicht urteilen. Nur im *Variant* versucht er Gerechtigkeitskompensation. Doch ist die Dekonstruktion des Richters Adam katalytisch durch seine inspektorische Beobachtung des Verfahrens erst möglich geworden; Walter tritt als Aufklärer auf (wenn er auch erst durch den Verlauf dazu wird, nicht *de intentione* dazu als Inspektor bestellt ist).[30]

---

28 Vgl. eine entsprechende Variante im Schluss der Handschrift (DKV I, 265, Vs. 2420 f.). Es geht nicht um Strafe, sondern um Reintegration - wiederum ein Zeichen der neuen Gesellschaft.

29 Amann: Heinrich von Kleist (wie Anm. 17), S. 69.

30 Paul Michael Lützeler interpretiert die Schlussszene als Teil des Paradiesmythos: „Aber wie in der *Genesis*, wo Gott das erste Menschenpaar zur Strafe aus dem Paradies ins Leben entlässt, lautet auch hier das Urteil nicht auf Todesstrafe, sondern Lebensstrafe - außerhalb des traumhaft schönen Gartens, versteht sich." (Paul Michael Lützeler: Irdische Engel. In: *Die Zeit*, 17.11.2011, S. 76, Sp. 3) Der Vergleich liegt nahe: allerdings ist bei Kleist Adam der vom Teufel/Schlange Verführte. Und Eve, die in Adam den Teufel erkennt, bleibt. Gerichtsrat Walter - als Walter/Verwalter der *oikos*-

Die Dekonstruktion, die das Unrecht durch den Richter offenbart, wird durch Adams Verhalten selber betrieben. Er wird der Situation, die ihn als Richter im Grunde über sich selbst zu urteilen nötigt, nicht mehr Herr, zumal der spontan aufgetauchte Inspektor ihn zu Verfahrenseinhaltungen nötigt, die er umgehen wollte. In diesem Sinne wird der Inspektor Walter, der nur nach dem Rechten sehen wollte, zur katalytischen Präsenz, die Adam die Verfahrensumgehungen nimmt. Alle Verschiebungen und Projektionen fallen auf Adam zurück, unter Beobachtung nicht nur des Inspektors, sondern auch des *chorus*, der *prima facie* Angeklagten, Kläger und Zeugen. Adam verstrickt sich in ein Verfahren, das, wenn es ordentlich geführt würde, Klärung bringen würde. Paradoxerweise erfolgt hier die Klärung durch dessen inszenierte Unordentlichkeit. Das Unwahrscheinliche, dass sich ein Gerichtsverfahren gegen seinen Richter wendet, setzt zwar die juridische Gerechtigkeit aus, die den Fall *ex officio* so nicht abschließen kann, aber zugleich die soziale Gerechtigkeit ein, die diese Art von Justiz aufhebt. Das Unwahrscheinliche geschieht: die ungerechte Gerechtigkeit decouvriert sich selbst. In diesem Sinne sitzt bei Kleist die Justiz vor Gericht. Die neue Ordnung steht nur am Horizont, wird im Stück nicht realisiert. Der *institutional change* bleibt fragil, mehr Hoffnung als schon präsent.

Walter versucht zwar ständig im Verfahren auf Verfahrensordnungen hinzuweisen, aber die Aufklärung der Situationen geschieht durch die zunehmende Widersprüchlichkeit des untersuchenden Richters, der mehr und mehr selber zum Gegenstand der Untersuchung wird. Folglich kann hier, mangels Richter, final nicht geurteilt werden. Walters Hinweis an Frau Marthe, sie solle nach Utrecht in die nächste Instanz gehen, ist keine Verweigerung von Gerechtigkeit, sondern der Ausdruck ihrer Ordnungshaftigkeit.[31] Walter ist nicht im Amt als Richter - nur im *Variant* übernimmt er eine richtende Funktion.[32]

---

despotes der Schöpfung - fördert die Erkenntnis des wahren Sachverhaltes, d. h. die Offenbarung der Kenntnis Eves. Vielleicht ist der runde Krug der Apfel, der nun zerbricht und Eve die Unschuld auf ganz andere Weise nimmt: indem sie erkennt, was es heißt, in Gesellschaft und unter Männern zu leben. „Bei Kleist gibt es keinen Blick ins Paradies ohne vorausgehende oder folgende Höllenqualen." (Lützeler: Irdische Engel, Sp. 2). Profaner sieht Labhardt Walter als Modernisierungsagenten. Vgl. Robert Labhardt: *Metapher und Geschichte*. Kronberg 1976, S. 188 ff.

31 Vgl. Günter Blamberger: *Heinrich von Kleist*. Frankfurt a. M. 2011, S. 78, und Wolf Kittler: Wer ist dichter dran? Zwei umfangreiche Biografien konkurrieren um die Deutung von Kleists Leben. Sind sie ihm auch gewachsen? In: *Die Zeit*, 17.11.2011, S. 63, Sp. 3. Wolfgang Wittkowski hält hingegen Walters Hinweis, Frau Marthe möge nach Utrecht zum großen Markt gehen, für einen zynischen Fingerzeig nicht auf das Gericht, son-

Denn sein Verhalten im *Variant*, Ruprecht in der Sache der Einziehung zum Militär Gerechtigkeit zukommen zu lassen, ist keine Frage des *iustum*, sondern des *honestum*, gleichsam ein bürgerlicher Liebes-, kein Verwaltungsakt. Aber die Lösung, die zuletzt bereitwillig angenommen wird: Ruprecht geht freiwillig zum Militär auf ein Jahr, um an den Wällen Utrechts zu wachen, ist das Modell des neuen Preußen. Ruprecht „wird Eve heiraten und zur Landesverteidigung bereitstehen wie alle Untertanen des preußischen Königs nach den Reformen, welche die Leibeigenschaft durch die allgemeine Wehrpflicht ersetzen."[33] Wolf Kittler weist auf die richtige Spur: Die neue Ordnung wird, neben der Karl V./Pufendorf-Transformation der Rechtsstruktur, vornehmlich durch die Transformation Untertanenheer/wehrpflichtige Volksarmee thematisiert. Darin erst wird der neue Geist: das Volk als national selbstbewusst, offenbar. Es ist ein *honestum*-Thema (Sittlichkeit): die Liebe zur Nation, die durch keine Reform des *iustum* hervorzubringen ist.[34]

„Völlig unmotiviert küsst Walter, gleichsam in der Spur Adams, die ihm nun vertrauende Eve, und Bräutigam Ruprecht gelobt in bester Staatsbürgermanier, seinen Militärdienst ordnungsgemäß abzuleisten."[35] Was Thomas Weitin als ‚unmotiviertes Küssen' empfindet, ist ein performativer Akt der Staatsliebe, der ohne die Konnotation von Frieden

---

dern darauf, dass sie auf dem Markt einen neuen Topf besorgen solle (der Markt sei ein Töpfermarkt). Vgl. Wolfgang Wittkowski: „Der zerbrochne Krug": Gaukelspiel der Autorität, oder Kleists Kunst, Autoritätskritik durch Komödie zu verschleiern. In: *Sprachkunst. Beiträge zur Literaturwissenschaft* 12 (1981), S. 110-130. Doch geben weder Text noch Kontext das her. Wittkowski bleibt in einer Interpretation gefangen, die die niederländische Republik zu einem gewöhnlichen Staat mit subordinierten Untertanen stilisiert. Vgl. ebenso Dirk Grathoff: Der Fall des Krugs. Zum geschichtlichen Gehalt von Kleists Lustspiel. In: *Kleist-Jahrbuch* 1981/82, S. 290-313.

32 Den Kontext, in dem Kleist die Rolle der Justiz und insbesondere Gerichtsrat Walters Rolle einordnet, zeigt Wolfgang Barthel auf; vgl. Ders.: Kleists „Zerbrochner Krug". Thesen zu Entstehung und Wirklichkeitsbezug. In: *Beiträge zur Kleist-Forschung* 1978, S. 45-53.

33 Kittler: Wer ist dichter dran? (wie Anm. 31), Sp. 3.

34 Allerdings nur im *Variant* spricht Eve es explizit, gleichsam national-religiös, aus: „Wohl uns, daß wir was Heil'ges, jeglicher, / Wir freien Niederländer, in der Brust, / Des Streites wert bewahren: so gebe jeder denn / Die Brust auch her, es zu verteidigen." (DKV I, Variant, Vs. 1986-1989).

35 Weitin: Dichter und Richter (wie Anm. 1), S. 152 f., mit Bezug auf Bernhard Greiner: „Ob ihr mir Wahrheit gabt? O scharfgeprägte". Das Wahrheitsspiel im „Zerbrochnen Krug" und dessen Vorgaben in den Ringparabeln Lessings und Boccaccios. In: Markus Heilmann/Birgit Wägenbaur (Hg.): *Ironische Propheten. Sprachbewusstsein und Humanität in der Literatur von Herder bis Heine*. Tübingen 2001, S. 51-73, hier S. 57.

und Liebe aus dem Thomasius'schen Schatten der Aufklärung kaum verstehbar wäre. Wenn sich im *Variant* Walter und Eve küssen, ist das eine vertikale Bezeugung, die dem sozial horizontalen Kuss Eves und Ruprechts im regulären Schluss nicht quersteht, sondern ihn republikanisch ergänzt. Walters Kuss mit Eve besiegelt die neue Innigkeit von Staat und Gesellschaft.

Zwei institutionelle Transformationen werden expliziert. Darin überlagert das nationale Sittlichkeitsthema das juridische Reformthema. Im Subtext finden wir die romantische Liebe, die, gesellschaftlich neu, die Liebenden sich selbst für die Ehe aussuchen lässt. Sie aber wird durch beide *institutional changes* irritiert bis gestört. Die Bedingungen dieser Liebesform sind stabile Institutionen (im Thomasius'schen Sinne des Zusammenwirkens von *iustum, decorum* und *honestum*). Aber erst wenn die freie Interaktion der Bürger - das *proprium* einer Republik - in der Gesellschaft angekommen ist, wie es die freie Liebesheirat deklariert, ist die Befreiung erlangt. Kleist schwankt zwischen der Liebe zur Nation, dem preußischen Befreiungspatriotismus und der reellen Institutionalisierung der freien Partnerwahl.

Man darf diesen Aspekt nicht gering veranschlagen, wenn er auch in einer Ambivalenz von Pflichten- und Liebesethik sekundär erscheinen mag. Umgekehrt ist eher die Vaterlandsliebe als Extension der Partner-Liebestopik zu sehen:[36] eine Ausweitung des neuen Eros, der seine Ressourcen noch aus den Passionen/Leidenschaften des 18. Jahrhunderts schöpft.[37]

VI. Ökonomische Explikationen

Zwei Geschichten belegen dies ausdrücklich; beide befinden sich nur im 1811 der Buchausgabe angehängten *Variant*. Eve erzählt noch einmal die

---

36 Der Vaterlandsliebe haftet ein - auf die Nation erweitertes - familiäres, altes Moment an. Ruprecht entscheidet sich freiwillig für den Wehrdienst, aber aus Pflicht, nicht aus freier Liebe. Die Schuld, sich in Pflicht zu sehen, ist ein anderes Liebesmotiv als das der freien Partnerliebe. Es ist ein *remake* der Schuldigkeit gegenüber der *familia*/Nation, die Ruprecht nicht erlaubt, anders zu wählen. Hier wird der horizontalen freien Interaktion der Bürger ein vertikales Prinzip der verpflichteten Gemeinschaftlichkeit auferlegt, das erst zusammen den neuen Staat ausmacht, der im Subtext des Theaterstückes thematisiert wird.

37 Vgl. Birger P Priddat: Leidenschaftliche Interessen: Hirschmanns Theorem im Blickpunkt alternativer Rekonstruktionen. In: Ingo Pies/Martin Leschke (Hg.): *Albert Hirschmanns grenzüberschreitende Ökonomik*. Tübingen 2006, S. 29-54.

Erpressungsgeschichte, mit der Adam sie sich gefügig machen wollte. „Daß die Miliz sich einschifft nach Batavia, / Den eingebornen Kön'gen dort, von Bantam, / Von Java, Jakatra, was weiß ich? / Raub zum Heil der Haager Krämer abzujagen." (DKV I, Variant, Vs. 2058-2061) Die Haager Krämer verkaufen die „schöne Jugend / Um Pfeffer und Muskaten einzuhandeln." (DKV I, Variant, Vs. 2088 f.) Hier nährt sich der Verdacht, dass statt der Unterdrückung durch die Spanier nun der Schacher der Kaufleute die Politik bestimme (und zwar ähnlich wie die Hessen ihre Bauern als Soldaten an die Engländer in Amerika verkauft hatten). Dass die Nachricht eine Lüge war, macht dennoch offenbar, dass es der jungen Frau vom Lande als glaubhaft erscheinen mochte. Die Skepsis der Bevölkerung gegen die Politik bleibt auch in der Republik virulent. Der Soldatenschacher verstößt, als politischer Handel, gegen alle Grundsätze des *iustum*, *decorum* und *honestum*.

Man kann daraus keine Haltung Kleists herauslesen, außer dass das Volk leichtgläubig ist und jedwede Politik als Verkauf ihrer Interessen ansehen mag, was im Umkehrschluss heißen kann, dass die Republik und ihre Institutionen erst Vertrauen geschichtlich erwerben müssen. Darum aber geht es im 12. Auftritt, insbesondere im *Variant*. Walter stellt Eve - nur im *Variant* - auf eine Probe: Sie glaubt seiner Versicherung nicht, dass die eingezogenen Soldaten nur für die Landmiliz eingesetzt werden; sie misstraut dem neuen Staat:

WALTER: Bleib. Mein Versprechen will ich lösen.
Du hast mir deines Angesichtes Züge
Bewährt, ich will die meinen dir bewähren;
Müßt ich auf andere Art dir den Beweis
Auch führen, als du mir. Nimm diesen Beutel.
EVE: Ich soll -
WALTER : Den Beutel hier mit zwanzig Gulden!
Mit so viel Geld kaufst du den Ruprecht los.
EVE: Wie? Damit -?
WALTER: Ja, befreist du ganz vom Dienst ihn.
Doch so. Schifft die Miliz nach Asien ein,
So ist der Beutel ein Geschenk, ist dein.
Bleibt sie im Land, wie ich's vorher dir sagte,
So trägst du deines bösen Mißtrauns Strafe,
Und zahlst, wie billig, Beutel, samt Intressen,
Vom Hundert vier, terminlich mir zurück.
EVE: Wie, gnäd'ger Herr? Wenn die -
WALTER: Die Sach ist klar.
EVE: Wenn die Miliz nach Asien sich einschifft,
So ist der Beutel ein Geschenk, ist mein.
Bleibt sie im Land, wie Ihr's vorher mir sagtet,

So soll ich bösen Mißtrauns Straf erdulden,
Und Beutel, samt, wie billig, Interessen - *Sie sieht Ruprecht an.*
RUPRECHT: Pfui! 's ist nicht wahr! Es ist kein wahres Wort!
WALTER: Was ist nicht wahr?
EVE: Da nehmt ihn! Nehmt ihn! Nehmt ihn!
WALTER: Wie?
EVE: Nehmt, ich bitt Euch, gnäd'ger Herr, nehmt, nehmt ihn!
WALTER: Den Beutel?
EVE: O Herr Gott!
WALTER: Das Geld? Warum das?
Vollwichtig neugeprägte Gulden sind's.
Sieh her, das Antlitz hier des Spanierkönigs:
Meinst du, daß dich der König wird betrügen?
EVE: O lieber, guter, edler Herr, verzeiht mir.
- O der verwünschte Richter!
RUPRECHT: Ei, der Schurke!
WALTER: So glaubst du jetzt, daß ich dir Wahrheit gab?
EVE: Ob Ihr mir Wahrheit gabt? O scharf geprägte,
Und Gottes leuchtend Antlitz drauf. O Himmel!
Daß ich nicht solche Münze mehr erkenne!
WALTER: Hör, jetzt geb ich dir einen Kuß. Darf ich?
RUPRECHT: Und einen tüchtigen. So. Das ist brav. (DKV I, Variant, Vs. 2345-2379)

Walter stellt Eve auf die Probe; er spielt das Spiel der Haager Krämer, nun aber um den Preis der Wahrheit. Erst in Erkenntnis ihrer Korrumpierbarkeit kann sich Eve aus der Misstrauenskonstellation, in die sie durch Adam gebracht wurde, befreien. Die Gulden, die Walter anbietet, sind spanische; das Bild des spanischen Königs trügt. Es ist - symbolisch betrachtet - Lügengeld. Claudia Vitale missversteht in ihrer Dissertation die Konnotationen:

Das Gesicht des Königs, das als *effigie* auf den Gulden geprägt ist, symbolisiert diejenige unverwechselbare innere Physiognomie, von der Kleist im Brief vom 25. April spricht und die das Mädchen endlich „erkennen" kann. Die innere Physiognomie wird damit zum Spiegel derjenigen „Züge des Geistes", die allein Wahrheit, Vertrauen und Justiz garantieren. Aus dem Gesicht Walters strahlt also Wahrheit entgegen. Hier begegnet uns Gottes Ebenbild - nicht als Maske oder Larve. Wahrzunehmen und sich kundzutun oder zu offenbaren ist die Voraussetzung für die Erkenntnis der Wahrheit. Daher wird der neue Vertrauensbund auch durch das Zeichen der Liebe besiegelt: durch einen Kuss, der nicht wie in der Kurzfassung zwischen Eve und Ruprecht stattfindet, sondern zwischen Eve und Walter. Dieser ganze, auf der Ebene des Zwischenmenschlichen stattfindende Prozess wird mit Hilfe der Münz- und Gesichtsmetaphorik gleichfalls als repräsentativ für die Beziehung zwischen dem Menschen als Mitglied der Gesellschaft und den diese vertretenden Institutionen angesehen. Indem Walter ausdrücklich auf die Münzprägung mit dem Kopf des Königs verweist, wird zwanglos die Analogie zwischen den beiden Bereichen hergestellt: Mit Walter, dem Vertreter der Regierung, soll auch diese selbst als eine an die

> Wahrheit gebundene Institution sichtbar werden. Vom Kuss zwischen Walter und Eve, der zum Symbol der vollkommenen Reziprozität und wiederhergestellten Harmonie wird, scheint noch Wahrheit auszustrahlen. Das Antlitz des Königs im Kleistschen Text ist aber nur ein scheinbares Wahrheitsantlitz, denn es erscheint als *Emblem* auf Goldmünzen: Nur das Geld überzeugt das Mädchen, denn die Wahrheit ist ihr nur in diesem Augenblick evident geworden. Die Parodie Kleists besteht also darin, dass die Wahrheitsfindung der Macht des Geldes entspricht, die prinzipiell wenig mit Echtheit zu tun hat: Das Werk stellt die inversive Dekonstruktion der humanen Werte der Aufklärung und ihrer menschlichen Wahrheiten dar.[38]

Claudia Vitale ist sich des sublimen Subtextes der Königtum/Republik-Folie nicht gewahr: Der spanische König - sein Geld zirkuliert noch in den Niederlanden - ist der falsche Herrscher, der falsche Staat. Eve wird gewahr, dass sie sich auf das Geld einzulassen schien, darin ihre Gesinnung verkaufend. In diesem Sinne mag Vitales Interpretation zuträglich sein, aber nicht wegen der Glaubhaftigkeit des spanischen Königs als Staatsgesicht, sondern gerade umgekehrt, in Erkenntnis seiner Unglaubwürdigkeit.

> Der jähe Umschwung zum gattungspoetisch wichtigen guten Ende wird erst mit dem erheblichen theoretischen Aufwand verständlich, der Kleists Szenario unterstellt werden muss, um es als Abschluss lesen zu können. Die ‚Vollwichtigkeit' der Gulden spielt auf die historische Garantie des Geldwertes an, der gemäß die Zeichenrelation zwischen Signifikant (aufgeprägter Zahl) und Signifikat (Münzwert) durch das Material des Zeichens, seinen Edelmetallgehalt, gesichert wird. Zur Idee semiotischer Eindeutigkeit im Verhältnis von Zahl und Wert gehört in der Hypotypose Walters, dem Akt des Vor-Augen-Stellens dieser Idee durch ein sinnlich wahrnehmbares Symbol, auch die Relation von Kopf und Zahl der Münze, die als wechselseitiger Beglaubigungszusammenhang ins Spiel tritt. Der Kredit, der sich im Tauschverkehr bewährt, strahlt ab auf die gezeigte Autorität, die ihrerseits wieder für den Geldwert einsteht. Eben diesen Zirkel von Repräsentation und Performanz bemüht Walter, um das wieder herzustellen, was mit dem Krug zu Bruch gegangen ist. Gerade das anachronistische Bild des inzwischen ‚falschen' Königs vermag die staatsbildende Urszene ins imaginäre Bewusstsein zu rücken und kompensiert damit gleichsam die von Adam zerstörte Souveränitätsdarstellung.[39]

Ob der falsche König die ‚staatsbildende Urszene' ausmacht, wie auch Ethel Matala de Mazza behauptet,[40] mag dahingestellt bleiben. Ich halte dagegen, dass das spanische Königsgesicht die Falschheit des Geldes in

---

38 Claudia Vitale: *Das literarische Gesicht. Moderne Beispiele im Werk Heinrich von Kleists und Franz Kafkas.* Diss. Bonn 2007, S. 64 f.

39 Weitin: Dichter und Richter (wie Anm. 1), S. 153 f., mit Bezug auf Bernhard Greiner: „Die neuste Philosophie ... in dieses Land verpflanzen." Kleist literarische Experimente mit Kant. In. *Kleist-Jahrbuch* 1998, S. 176-208, hier S. 182.

40 Vgl. de Mazza: Recht für bare Münze (wie Anm. 7), S. 171.

Fragen der staatlichen Gerechtigkeit symbolisiert. Walter bringt Eve in eine Verlockung, die der Rhetorik Adams gleicht, um sie zu prüfen. Sie besteht die Probe, indem sie die Annahme des Geldes verweigert. Das Bild des Staates besteht nicht im Geld. Helmut J. Schneider und Bernhard Greiner haben auf die Analogie zu Lessings *Nathan der Weise* aufmerksam gemacht: auf das ‚Münzgleichnis'.[41] Nicht was die Münze darstellt, sondern was ihr Gehalt ist, entscheidet ihren Wert. Greiner verweist auf die doppelte Zeichenverwendung: auf den *valor extrinsecus*, den nominellen, geprägten Wert (Signifikant), und auf den *valor intrinsecus*, den Metallwert (Signifikat). Danach wäre es gleichgültig, welches (politische) Bild die Münzen zeigten, wenn der Geldwert stimmt. Walters Verweis auf das Bild ist aber der bezweifelbare Qualitätsausweis; denn das Volk weiß historisch, dass im Gehalt des Geldes betrogen werden kann. In diesem Sinne ist Walters Glaubwürdigkeitsbehauptung am Bild des Königs eine Finte. Wenn das Geld reell – ‚vollgewichtig' – ausgeprägt sei, könne man ihm trauen. Aber kann man dem trauen?

Doch geht es nicht darum, ob das Geld den Wert hat, den das Bild zu garantieren scheint. Allein Eves Zurückweisung des Geldes ist das entscheidende Moment. Dass sie hernach einzusehen scheint, dass Walter nicht gelogen habe, ist ein sekundärer Reflex auf die vordringlichere Tatsache, dass die Wahrhaftigkeit nicht durch Geld zu kaufen sei. Eve will nicht das Pfand der Wahrheit; Walters Probenspiel hat ihr klargemacht, dass sie ohne den Kredit glauben kann, Walter spräche die Wahrheit. Das Geld ist in diesem Spiel ein Katalysator der Wahrhaftigkeit. Dann aber kann es nicht darum gehen, aus der Gewichtigkeit des Beutels mit 20 Gulden zu schließen, dass Walter bzw. der Staat es ernst meine. Der Staat, heiße er nun auch nur Walter, kauft keine Sittlichkeit. In der Zurückweisung wird Eve klar, dass sie kein Unterpfand der Wahrheit braucht. Dafür küsst Walter sie. Das Wort gilt, nicht das Geld. Erst dann ist die *new relationship* zwischen Staat und Gesellschaft besiegelt.

Das Geld wäre ein Pfand, das an Stelle des unverbrüchlichen Vertrauens Statthalterfunktion übernähme, ein Substitut. Es ist ein Therapeutikum, das zwischengeschaltet wird zum Aufbau neuen Vertrauens. Indem Eve das Geld zurückweist, hat sie begriffen. Dass Eve in ihrer neuen Erkenntnis das Bild Jesu anspricht, ist nur der Ausdruck der erkannten Wahrhaftigkeit.

---

41 Vgl. Amann: Heinrich von Kleist (wie Anm. 17), S. 69, Greiner: Die neuste Philosophie (wie Anm. 39), S. 191 f., und Helmut J. Schneider: Kleists Ehrgeiz und Ruhmsucht. In: *Kleist-Jahrbuch* 2008/09, S. 202-213, hier S. 208.

Wenn wir genauer rekapitulieren, ist Ruprecht formell verurteilt,[42] und nur der Verweis auf die nächste Instanz (nicht nur bei Frau Marthe mit ihrem Krug) macht das Fehlurteil im Stück leidlich erträglich. Walter hatte Adam, bevor dieser floh, förmlich gedrängt, einen ordentlichen Abschluss im Urteil zu finden (obwohl er wusste oder ahnte, dass es falsch sein würde). Ihm ist die Autorität des Gerichts wichtiger als die tatsächliche Gerechtigkeit. Später, nur im *Variant*, revidiert Walter dies, aber auf eine nicht-justitiable Art und Weise: indem er anbietet, Ruprecht privat freizukaufen. Hernach reicht ihm, von Ruprecht versichert zu bekommen, in die Landmiliz zu gehen. Damit setzt er das Urteil aus - was als gerecht erscheinen mag, aber juridisch ein Fehlurteil ist, denn Walter ist nicht zum Richter befugt.

Im Grunde haben wir es mit einem Gnadenakt zu tun, den der Staat, in der Präsenz durch Walter, verfahrensuntypisch durchsetzt. Ihm kommt es mehr auf die informelle Einsicht an als auf die formelle Durchsetzung von Urteilen. Walter nimmt die gebildete Einsicht bei Eve, Ruprecht u. a. als das wirkliche Resultat des Verfahrens, nicht das Faktum eines Urteils (das sich zudem als falsch herausstellt). *De facto* hebt Walter das Urteil auf, aber nicht *de jure*. Die zuvor angemahnte Ordentlichkeit des Verfahrens wird durch ihn, der sie anmahnte, selber aufgehoben. Walter befleißigt sich einer neuen Art von Willkür, die derjenigen Adams in nichts nachsteht, auch wenn sie *pro bono* ausläuft.

Das ist die eigentliche Paradoxie des Schlusses bei Kleist: dass der Staat die Ordentlichkeit der justitiablen Gerechtigkeit mit einer Willkür mischt, die nur darauf hoffen lassen kann, dass die Menschen einsichtig und von sich aus wahrhaftig werden (dass sie das können, beweist die neue Institution der Liebesheirat, eine informelle *social institution,* keine formelle aus Staatsreform). In der inszenierten Decouvrierung der alten Willkür Adams haben wir es mit einer ‚Erziehung des Menschengeschlechts' zu tun, die nicht von Willkür befreit ist und nicht auf alleinige Verfahrensgerechtigkeit hoffen will (allein Walters Verhalten spricht schon dagegen), sondern auf Menschen, die wohlanständig und sittlich sind. Indem Kleist das alles offen lässt, zeigt er seine große Skepsis. Hoffnung bleibt, damit das Lustspiel gut ausgeht, ein Versprechen. Somit erscheint es wirklich zum Lachen, dass Frau Marthe noch ihren Krug ersetzt haben will;[43] darum geht es nun wahrlich längst nicht mehr. Auch

42 Vgl. Weitin: Dichter und Richter (wie Anm. 1), S. 154.
43 Vgl. Greiner: Die neuste Philosophie (wie Anm. 39), S. 194.

der Krug ist ein *joker/token*, ein Stellvertreter, der seine Funktion im Prozess verliert.

Der Krug mit seiner spanischen Herrschafts- und Siegesdarstellung zerbricht, weil nun endgültig alle Signien der alten Welt bedeutungslos werden. Frau Marthe sollte sich schlicht einen neuen kaufen. Folglich ist der Schluss des Stückes, der offen lässt, ob sie ihren Schaden ersetzt bekommt, konsequent: die alte Geschichte hat keinen Wert. Die neue aber bleibt fragil.[44]

Die als Komödie dargereichte Änderung der Gesellschaft – in ihren formellen wie informellen Institutionen – bleibt eine Hoffnung. Nur so kann Kleist es im Preußen des beginnenden 19. Jahrhunderts verkaufen. Das Theaterstück enthält ein Gesellschaftsangebot, subtil ins Komödiantische verpackt, das in seiner Transformationspraxis lächerliche Züge hat. Die Kritik an Korruption und Machtgelüsten wird unverfänglich an einer Republik entfaltet. Doch der Anschein, dass das vermeintlich humanere Gesellschafts- und Politikkonzept auch nur ‚menschlich-allzumenschlich' vonstattengeht, verdeckt die darin dargebotenen institutionellen Konsequenzen: dass die individuelle Liebe möglich ist, ebenso wie die Vaterlandsliebe. Die aber, bedenkt man den Kontext, nicht an ein Königtum gebunden sein muss. Subkutan entblättert sich eine gesellschaftliche Utopie, die im Preußen jener Zeit nur so dargereicht werden konnte.

---

44 „Das Gesetz hat wie der zerbrochene Krug keinen festen und naturgegebenen Stand; es ist ein bloß gesetztes und also hochfragiles Gebilde, das sich nie dauerhaft setzen bzw. niederlassen kann; und also dient es bestenfalls der Er-setzung, als Ersatzfigur für etwas, das es nicht gibt: Gerechtigkeit" (Hörisch: Das Wissen der Literatur [wie Anm. 8], S. 78). Jochen Hörisch nennt Kleists Lustspiel „ein Drama der unreinen Vernunft. Unrein ist sie, weil sie nicht gesetzesfundierte Gründe ermittelt, sondern sich in den gesetzlosen Abgründen der Sprache verliert und diese sodann noch zu ihrem eigentlichen-uneigentlichen Gestz erklärt" (ebd.).

„Ein Handel, wie um eine Semmel". Korruption und andere Ökonomisierungen in Heinrich von Kleists *Der zerbrochne Krug*

Jan Söhlke

In einem „Handel, wie um eine Semmel"[1] könne - so Dorfrichter Adam im „Variant" des zwölften Auftritts in *Der zerbrochne Krug* - Eves Verlobter Ruprecht vom anstehenden Militärdienst befreit werden, denn das vom Physicus problemlos zu beschaffende Attest über unsichtbare (weil nicht vorhandene) ‚Leibesschäden' hätte mit Gewissheit die Ausmusterung zur Folge. Als Eve nur verhalten auf das Angebot reagiert, bemüht Adam eine aus zwei sich ergänzenden Strängen bestehende Strategie (die sich im Übrigen mit den Leitbegriffen dieses Bandes decken), um sie zu überzeugen, doch noch auf sein Angebot einzugehen:

Der erste Strang funktioniert über ökonomische Erwägungen. Adam rät Eve, sich Ruprechts kürzlich gemachte Erbschaft über hundert Gulden verschreiben zu lassen, bevor er seinen Militärdienst beginnt, und führt damit den potenziellen Verlust des Verlobten mit einem ökonomischen Verlust eng.[2]

---

1 Heinrich von Kleist: *Der zerbrochne Krug. Ein Lustspiel*. In: Heinrich von Kleist. *Sämtliche Werke und Briefe* in zwei Bänden. Hg. v. Helmut Sembdner. 9. Aufl. München 2001, Bd. 1, S. 175-244 und 839-855, hier Vs. 2019. Versnachweise im Folgenden unter der Sigle SW mit Band und Versnummer in Klammern im Anschluss an das betreffende Zitat.

2 Im Prinzip folgt die Argumentation Adams hier der spekulativen Logik der Börse: Mit den vermeintlich vertraulichen Informationen wird Eve in einer Art „insider trade" eine Wette gegen Ruprechts Rückkehr angeboten. Würde Eve Ruprecht täuschen und ihm den wahren Zweck seiner Einberufung vorenthalten, sich aber dennoch die Erbschaft verschreiben lassen, hätte sie im Falle seines Ablebens 100 Gulden verdient. Sie beziffert die Wahrscheinlichkeit für den Erfolg dieser Wette je nach Textfassung mit 66% beziehungsweise 50%, denn es heißt, dass aus Ostindien „von drei Männern einer nur zurück[kehrt]" (SW I, Vs. 1920 f.), und im Variant, dass „von jedweden Schiffes Mannschaft / Die eine Hälfte stets die andere begräbt" (SW I, Vs. 2084 f). Die Zahlen decken sich mit den Berichten von James Cook (*Cooks Journal: Description of Places*. Transcribed from National Library of Australia Manuscript 1. URL: http://southseas.nla.gov.au/journals/cook_remarks/111.html (letzter Zugriff: 22.8.2011), und seinem Mitreisenden John Hawkesworth (*An Account of the Voyages undertaken by the order of His Present Majesty, for making Discoveries in the Southern Hemisphere, and successively per-*

Der zweite Strang ist einer des Tausches und der Täuschungen: Eve hatte ihre Bedenken in erster Linie moralisch begründet und sie unter Hinweis auf die höchste Instanz in diesen Fragen vorgebracht: „Des Herzens innerliche Schäden sieht er [Gott, der Herr, J. S.], / Und ihn irrt kein Attest vom Physikus" (SW I, Vs. 2024 f.). Erst die von Adam enthüllte Täuschung der Bevölkerung durch Obrigkeit und Militär kann für sie die Heimzahlung gewissermaßen in gleicher Münze rechtfertigen - wer selbst täuscht, erhält im Tausch ebenfalls Täuschungen - mit der Aussage „List gegen List jetzt, schaff er das Attest [...] mir" (SW I, Vs. 2090 f.) macht sie den Handel perfekt.

Nicht nur den Leserinnen bzw. Zuschauern ist klar, dass hier etwas nicht ganz sauber läuft, auch auf der Ebene der Figuren wird deutlich markiert, dass das hier abgeschlossene Geschäft nicht ganz regelmäßig ist, denn zu Eves Bedenken kommt Walters ebenfalls ausdrücklich moralische Beurteilung des Vorgangs, wenn er nach Eves Bericht sagt: „Das machtest Du nicht gut" (SW I, Vs. 2093).

Im Folgenden soll zunächst aus Walters und Eves moralischer Perspektive der Distributionsweg, den das Attest nimmt, in den Blick genommen werden. In einem zweiten Schritt wird dieser Perspektive der Blick Adams auf den Vorfall gegenübergestellt, um abschließend aus den beiden gegenläufigen Beschreibungsmodellen ein und desselben Vorgangs mögliche Implikationen dieses merkwürdigen Handels abzuleiten.

I. Die Attestdistribution

1. Vom Physicus zu Adam

Das erste Glied der Attestdistribution besteht in der gemeinsamen ‚Fabrikation' des Attestes durch Adam und den Physicus. Zwar wird eine materielle oder immaterielle Entlohnung des Arztes nicht explizit erwähnt, durch die Benennung als „Handel" scheint dies aber naheliegend. Ein Physicus ist laut *Zedlers Universallexicon* kein einfacher Arzt sondern ein „von der Obrigkeit ordentlich bestellte[r] Medicus, der in besonderen Medizinischen Fällen, so vor Gerichte vorkommen, sein Gutachten geben

formed by Commodore Byron, Captain Wallis, Captain Carteret, and Captain Cook, etc. Dublin 1775, S. 483).

muß".[3] Da Bestechung „ein öffentl. Verbrechen [ist], da einer Magistrats-Person oder Bedienten etwas gegeben wird, damit der Bestochene sein Amt thun oder es auch unterlassen möge",[4] wird - auch in einem zeitgenössischen Verständnis - der Physicus von Adam bestochen, um ein Attest von ihm zu erhalten.

Bestechung wiederum, darüber lassen weder *Zedlers Universal-* noch *Hübners Conversationslexicon* Zweifel, wird auch schon im 18. Jahrhundert als unter die Korruption subsumierbar verstanden. *Johann Hübners Neuvermehrtes und verbessertes Reales Staats- Zeitungs- und Conversationslexicon* verzeichnet bereits in der Ausgabe von 1769 unter ‚Corrumpiren': „zu Schanden machen, verderben, item mit Geld bestechen. Corrupt, verwüstet, verderbt. Daher Corruptelen, Verderbnisse",[5] und in der Ausgabe von 1795 etwas kürzer: „Corrumpiren, verderben, mit Geld bestechen. Corrupt, verderbt, daher Corruptelen, Verderbnisse."[6] *Zedlers Universallexicon* ist etwas ausführlicher und benennt interessanterweise auch gleich einen Berufsstand, bei dem die Korruption offenbar besonders häufig anzutreffen ist. In Band 6 von 1733 lautet der entsprechende Eintrag: „Corrumpiren, heißt verderben, verführen, verwüsten, bestechen, schmieren, so von demjenigen gesagt wird, die die Richter beschencken, und auf andere Gedancken bringen. it. schwächen, beschlaffen, schänden."[7]

---

3 Art. Physicus. In: *Johann Heinrich Zedlers Grosses vollständiges Universal-Lexicon Aller Wissenschafften und Künste.* Bd. 27. Halle/Leipzig 1741, Sp. 2238 f.

4 Art. Bestechung. In: *Johann Heinrich Zedlers Grosses vollständiges Universal-Lexicon Aller Wissenschafften und Künste.* Bd. 3. Halle/Leipzig 1733, Sp. 1517.

5 Art. Corrumpiren. In: *Johann Hübners Neu-vermehrtes und verbessertes Reales Staats- Zeitungs- und Conversationslexicon.* Regensburg/Wien 1769, S. 301 f. Obgleich die behauptete erzählte Zeit des Dramas in den Niederlanden des ausgehenden 17. Jahrhunderts liegt, in dem „alles [...] den Puffendorf" liest (SW I, Vs. 312) und die Gesetze Karls V. noch bestehen (vgl. SW I, Vs. 309), sind Gegenstand des Stückes größtenteils Begebenheiten aus der zweiten Hälfte des 18. Jahrhunderts, nämlich die in der Figur des Gerichtsrats Walter anklingende Revisionsreise Samuel von Coccejis und die daraus resultierende umfassende preußische Rechtsreform. Auf die Korruptionsthematik der Niederlande um 1700 soll daher an dieser Stelle nicht näher eingegangen werden. Zur Revisionsreise Walters/Coccejis vgl. Hans-Peter Schneider: Justizkritik im „Zerbrochnen Krug". In: *Kleist-Jahrbuch* 1988/1989, S. 309-326. Zur Rechtsreform vgl. Sylvia Busch: *Die Entstehung der Allgemeinen Gerichtsordnung für die Preussischen Staaten von 1793/95. Ein Beitrag zur Geschichte der Kodifikationsbewegung und der Reform des Zivilprozesses in Preußen.* Frankfurt a. M. u. a. 1999, sowie Monika Wienfort: *Patrimonialgerichte in Preußen. Ländliche Gesellschaft und Bürgerliches Recht 1770–1848/49.* Göttingen 2001.

6 Art. Corrumpiren. In: *Johann Hübners reales Staats- Zeitungs- und Conversations-Lexicon.* Leipzig 1795, Sp. 543.

7 Art. Corrumpiren. In: *Johann Heinrich Zedlers Grosses vollständiges Universal-Lexicon Aller Wissenschafften und Künste,* Bd. 6. Halle, Leipzig 1733, Sp. 1373.

Adam hat in diesem Fall von Korruption also die Rolle des Bestechenden, der Physicus die des Bestochenen, dem – in Zedlers Worten – ‚etwas gegeben wird, damit er es unterlassen möge, sein Amt zu thun', welches darin besteht, ein Attest auszustellen, das auf eine medizinisch korrekte Diagnose gegründet ist.

2. Von Adam zu Eve

Nachdem Adam, der sozusagen hauptberuflich in Prozessen, nebenberuflich als Zwischenhändler aber in zweifelhaften Geschäften verhandelt, das Attest vom Physicus erworben hat, wird es im zweiten Glied der Distributionskette an die Auftraggeberin und Endabnehmerin Eve weiterveräußert. Anders formuliert bringt letztere, genau wie bei Zedler als für Korruption einschlägig beschrieben, den Richter „auf andere Gedancken", indem sie ihm für die Beschaffung eines fingierten Attests eine Belohnung in Aussicht stellt: sie verspricht ihm „[z]um Dank [alles], was Er nur redlich fordern kann" (SW I, Vs. 2091 f.). Nachdem Adam eben noch selbst in der Rolle des Bestechenden war, scheint es, als nehme er nun die des Bestochenen ein.

Allerdings ist der Fall hier signifikant anders gelagert als in der *Causa Physicus*, denn die Motivation für die Bestechung stammt nicht von der Bestechenden, sondern vom Bestochenen selbst, der für den Fall der Nicht-Bestechung den mehr oder minder sicheren Tod Ruprechts in Aussicht gestellt hatte. Zunächst scheint es also, als komme man an dieser Stelle mit der Zedler'schen Definition von Bestechung nicht weiter, die nur zwei mögliche Konstellationen vorsah: (1) Der Bestochene erhält etwas, damit er es – wie der Physicus – unterlässt, sein Amt zu tun, oder (2) der Bestochene erhält etwas, damit er sein Amt tut.[8]

Für den Vorgang zwischen Adam und Eve scheint das von Adam bekleidete Richteramt nur mittelbar eine Rolle zu spielen, insofern es sich

8 Diese Unterscheidung entspricht der auch heute noch gängigen Einteilung in zwei verschiedene Grundtypen der Korruption. Ernesto Garzón-Valdés definiert diese folgendermaßen: „Ein Entscheidungsträger wird *bestochen*, wenn ihm jemand einen extrapositionalen Vorteil anbietet, um ihn dazu zu bringen, eine Verpflichtung zu verletzen. [...] Jemand wird *erpreßt*, wenn er einem Entscheidungsträger einen extrapositionalen Vorteil gewähren muß, damit dieser seine Verpflichtungen ihm gegenüber erfüllt." Ernesto Garzón-Valdés: Korruption. Zur Systematischen Relativität eines universalen Phänomens. In: Harald Bluhm/Karsten Fischer (Hg.): *Sichtbarkeit und Unsichtbarkeit der Macht. Theorien politischer Korruption.* Baden-Baden 2002, S. 115-138, hier S. 120; H.i.O. Vgl. zu dieser Unterscheidung sowie zum Begriff der *positional duty* auch Michael Philips: Bribery. In: *Ethics* 94 (1984) 4, S. 621-636.

beim Physicus um einen Berufskontakt handelt. Die für Bestechung zentrale Frage, ob er sein Amt tut und diesem ordnungsgemäß nachgeht oder es unterlässt, dieses Amt zu tun, und seine positionalen Pflichten verletzt, spielt vordergründig keine Rolle. Nimmt man allerdings die Überlegungen, die dazu führen, dass Eve ihre Meinung ändert und sich schließlich doch für die Korruption entscheidet, ernst, findet eine Verschiebung direkt ins Zentrum der richterlichen Kompetenz statt. Als Adam ihr nämlich die insgeheim geplante Entsendung der Soldaten nach Asien enthüllt, benennt sie die Art der Konskription als „Betrug" (SW I, Vs. 2087), um „dem Land die schöne Jugend" (SW I, Vs. 2088) zu stehlen. Als Richter ist es Adams Aufgabe, ‚das Recht zu pflegen', indem er darüber wacht, dass die Gesetze eingehalten werden. Die Ahndung von Übertretungen, zu denen auch Betrug und Diebstahl gehören, sind sein täglich Brot.

Zumindest aus Eves Perspektive liegt also ein unrechtmäßiger Zustand vor, dessen Abwendung qua Amt in Adams Aufgabengebiet fiele. Anstatt aber, wie es seine Pflicht wäre, diesem Amt nachzukommen, versetzt er Eve in eine Lage, in der sie nur die Wahl hat zwischen (a) der Erduldung einer unrechtmäßigen Konskription mit der wahrscheinlichen Konsequenz, ihren Verlobten nicht wiederzusehen, und (b) einer ebenso unrechtmäßigen wie moralisch falschen Konskriptionsbefreiung, mit der Konsequenz, dass ihr Verlobter am Leben bleibt.

Erst dadurch, dass Eve den Richter „auf andere Gedancken bringt", kann sie ihn also dazu bewegen, sein Amt zu tun und dafür zu sorgen, dass – wie minus mal minus plus ergibt – durch den Tausch von Täuschung gegen Täuschung, „List gegen List" (SW I, Vs. 2093), und die Setzung einer unrechtmäßigen Befreiung von einer ebenso unrechtmäßigen Konskription, der offiziell kommunizierte Zustand wieder hergestellt wird, der, wo nicht dem Recht, so doch zumindest Eves Rechts*empfinden* entspricht.

An dieser Stelle wird der Distributionsweg des ärztlichen Attests unterbrochen, und zur Vorlage vor der Kommission kommt es nicht mehr. Mit den ersten beiden Gliedern der Kette sind nicht nur die Semantiken, sondern nachgerade der Wortlaut der Lemmata „Bestechung" und „corrumpiren" präzise nachgebildet:

- Der Physicus wird durch Bestechung dazu bewegt, sein Amt nicht zu tun und seine positionalen Pflichten zu verletzen.
- Adam muss durch erpresste Bestechung dazu bewegt werden, sein Amt zu tun und seinen positionalen Pflichten nachzukommen.

- In den Worten Marthes hat eine „Krug*verwüstung*“ (SW I, Vs. 1306, Hervorhebung J. S.) stattgefunden.
- Ein Richter wird „auf andere Gedancken“ gebracht.
- Die nächtlichen Zudringlichkeiten Adams rücken die tief im Moral- und Ehrdiskurs[9] des ausgehenden 18. Jahrhunderts verwurzelten Begriffe „verderben“, „verführen“, „beschlaffen“ „schwächen“ und „schänden“ in greifbare Nähe und korrespondieren neben dem stets präsenten moralischen Subtext der Gerichtsverhandlung auch der Geschichte der Korruption als einer in erster Linie moralischen Verwerflichkeit.[10]

Die Beurteilungen durch Eve und Walter entsprechen im Wesentlichen dieser Auffassung einer moralkontaminierenden Korruption: demnach ist die Interaktion zwischen Arzt, Richter und Eve moralisch verwerflich, weil sie korrupt ist, und da die Interaktion korrupt ist, kann sie weder recht- noch regelmäßig sein.

Daneben steht allerdings noch die Beurteilung durch Adam, der als Richter wie Walter professionelle Expertise im Urteilen besitzt, da es den Kern seines Berufes ausmacht. Adams Bewertung steht der seines Kollegen diametral entgegen, denn wenn sich etwas in einem „Handel, wie um eine Semmel“ erwerben lässt, dann bedeutet dies, dass Objekte, die keine Semmeln sind, *wie Semmeln* be- und gehandelt werden können und der Vorgang außerdem alltäglich, damit von geringer Bedeutung und vor allem ohne jede moralische Implikation ist.[11]

---

9 Vgl. hierzu Kathy Stuart: *Defiled Trades and Social Outcasts. Honor and Ritual Pollution in Early Modern Germany.* Cambridge 2000. Für diesen wertvollen Hinweis danke ich Johannes F. Lehmann.

10 Vgl. zum Beispiel Karsten Fischer: Korruption als Problem und Element politischer Ordnung. Zu der Geschichtlichkeit eines Skandalons und methodologischen Aspekten historischer Komparatistik. In: Jens Ivo Engels/Andreas Fahrmeir/Alexander Nützenadel (Hg.): *Geld - Geschenke - Politik. Korruption im Neuzeitlichen Europa.* München 2009 (Historische Zeitschrift, Beiheft 48), S. 49-65, hier vor allem S. 49.

11 Die Semmel ist in wirtschaftsgeschichtlicher Hinsicht auch insofern interessant, als der Bäcker (neben Schlachter und Brauer) einer der drei Berufe ist, die Adam Smith zur Beschreibung des Mechanismus der unsichtbaren Hand heranzieht (vgl. Adam Smith: *An Inquiry into the Nature and Causes of the Wealth of Nations.* Edinburgh 1806, S. 20).

II. Regelmäßige Unregelmäßigkeiten

1. Transformation von Leitdifferenzen

Wie aber kann es zu der von Adam konstatierten Wandelbarkeit von Objekten kommen? Im Regelfall reflektiert das Attest eines Physicus den Gesundheitszustand eines Patienten. Da es zu den positionalen Pflichten des Physicus gehört, sich ausschließlich an der medizinischen Realität zu orientieren, spielt es für den Wert der Atteste keine Rolle, wie viele der Gutachten er ausstellt - solange die medizinischen Standards gewährleistet bleiben, können Atteste in beliebiger Anzahl produziert werden. Sie sind, anders gesagt, kein knappes Gut und ihr Wert richtet sich nicht nach einem Markt mit Angebot und Nachfrage, sondern ausschließlich nach der medizinischen Qualität. Ein Attest, das durch einen von der Obrigkeit bestellten Arzt ausgestellt wird, der sich dabei nicht am tatsächlichen Gesundheitszustand des Patienten orientiert, existiert in diesem System idealerweise nicht.

Die Bereitschaft des Physicus, ein Attest zu fabrizieren, das sich nicht an medizinischen Kriterien, sondern an einem spezifischen Kundenwunsch orientiert, transformiert es von einem nicht existenten in ein knappes Gut. Es wird Objekt eines Marktes, auf dem „Geld [...] als Medium der Beobachtung von Knappheit"[12] dient und die Nachfrage nach knappen (weil eigentlich nicht vorkommenden) Attesten im Verhältnis zu deren Angebot den Preis affizieren kann und muss. Da der Arzt die Ausstellung seines Attests nicht mehr am Gesundheitszustand seines Patienten ausrichtet, gibt er die für das Gesundheitssystem konstitutive Leitdifferenz *gesund/ungesund* auf.[13] Er unterwirft damit die Medizin der basalen Unterscheidung, die dem ökonomischen System eignet: „Zahlen oder Nichtzahlen - das ist, ganz streng gemeint, die Seinsfrage der Wirtschaft."[14]

Adam verfährt mit dem Rechtssystem analog, denn sein Interesse gilt nicht mehr der Frage, ob ein Zustand recht oder unrecht ist, sondern der, wie er selbst einen möglichst hohen Preis für seine Dienstleistung erzielen kann. Dabei legt er ein beeindruckendes Verhandlungsgeschick an

12 Niklas Luhmann: *Die Gesellschaft der Gesellschaft*. Frankfurt a. M. 1997, S. 349.

13 Unter einer Leitdifferenz verstehe ich mit Niklas Luhmann eine binäre Unterscheidung, die die basale Informationsverarbeitung eines gesellschaftlichen Subsystems steuert. Vgl. Niklas Luhmann: *Soziale Systeme*. Frankfurt a. M. 1987, S. 19.

14 Niklas Luhmann: *Ökologische Kommunikation: Kann die moderne Gesellschaft sich auf ökologische Gefährdungen einstellen?* Wiesbaden 2008, S. 68.

den Tag, dem Eve nicht gewachsen ist. Sie lässt entgegen jedem kaufmännischen Usus die genaue Tauschleistung völlig unspezifisch, und ihr Geschäftsvorschlag lautete wörtlich „schaff Er das Attest / Für Ruprecht mir, und alles geb ich Ihm / Zum Dank, was Er nur redlich fordern kann" (SW I, Vs. 2099 ff.). Für Adam bedeutet das freilich „alles, was der Markt hergibt" - und er versucht es mit dem wertvollsten, was sowohl Rechts- als auch Moralsystem zu bieten haben: Eves Unschuld (die perfiderweise wiederum ihren Wert auf dem Heiratsmarkt determiniert).

Der Dorfrichter befindet sich mit seiner Haltung auf der Höhe der Zeit, denn die ökonomische Theorie des 18. Jahrhunderts begreift Skrupel rechtlicher oder moralischer Natur als obsolet und versteht sie als bloße Störung des freien Marktgeschehens. In *Das Gespenst des Kapitals* beschreibt Joseph Vogl dieses Klima folgendermaßen:

> Der ökonomische Mensch [...] benötigt den weisen Gesetzgeber wie den umsichtigen Politiker nicht mehr. Die bürgerliche Gesellschaft, die durch ihn hervorgebracht wird, überläßt sich einer Dynamik, in der die einzelnen Akteure unbeständig und indefinit, insgesamt aber vorhersehbar und berechenbar sind und sich darum als Fälle von Gesetzmäßigkeiten diesseits von Rechtssätzen und moralischen Gesetzen verhalten.[15]

Die von Adam als möglich behaupteten und von ihm selbst wie vom Physicus erfolgreich vollzogenen Transformationen von nicht-handelbaren in handelbare Güter korrespondieren dem Befund Vogls aufs eindrücklichste. In *Der zerbrochne Krug* gibt es unzählige weitere Fälle, in denen Systemcodes auf ganz verschiedene Weise durch die systemfremde Leitdifferenz der Wirtschaft ersetzt werden.

2. *Alltägliche Ökonomisierungen*

Die Ökonomisierungen durchziehen - neben dem bereits untersuchten Bereich der Medizin - alle Lebensbereiche und sämtliche gesellschaftlichen Subsysteme und bestätigen die von Adams Formulierung nahegelegte Alltäglichkeit:

Moral und Bildung: Adam begründet Walter gegenüber den Mangel an Möglichkeiten, sich eine Perücke leihweise zu beschaffen, damit, dass er seit der Abschaffung des „Sackzehnden" für Prediger und Schulmeister, an der er mitgewirkt habe, auf „beider Dienste nicht mehr rechnen" (SW I, Vs. 384 ff.) kann. Die Unterwerfung von Moral- und Bildungssystem unter ökonomische Zwänge durch die Abschaffung dieser Steuer, die

15 Joseph Vogl: *Das Gespenst des Kapitals.* 2. Aufl. Zürich 2011, S. 45.

gewöhnlich in Naturalien entrichtet wird[16] und damit auf die Grundbedürfnisse der Steuerempfänger zielt, führt dazu, dass Adam auch die Arbeit der Repräsentanten dieser beiden Systeme nicht mehr zur Verfügung steht.

Recht: Das Rechtssystem ist das am vielfältigsten ökonomisierte der im Text betrachteten Systeme. Die Verstrickung Adams in den Attesthandel nimmt die Ersetzung der Leitdifferenz besonders offensichtlich vor, am unverbrämtesten tritt die Unterwerfung des Rechtssystems unter das Primat der Ökonomie aber in der Figur Walters zutage. Dieser lässt entgegen seiner Aufgabe als Revisor zunächst die Farce des Prozesses darin kulminieren, dass er Adam dazu drängt, ein Fehlurteil zu fällen,[17] um nach Adams Flucht Licht mit folgenden Worten aufzutragen, ihn zurückzuholen: „sind die Kassen richtig, wie ich hoffe, / So wird er wohl auf irgend einem Platze / Noch zu erhalten sein" (SW I, Vs. 2420 ff.). Seine einzige Sorge ist, dass Adam korrekt gewirtschaftet hat.

Wissenschaft/Philosophie: Wahrheit ist die präferierte Option des Codes wahr/falsch, der dem philosophischen bzw. wissenschaftlichen System zu Grunde liegt. Walter ist davon überzeugt, dass Wahrheit Äquivalente besitzt, und sieht diese in einem Sack Gulden hinreichend manifestiert. Er kann Eve daher fragen „So glaubst Du jetzt, dass ich Dir Wahrheit gab?" (SW I, Vs. 2374), wenn er ihr tatsächlich nichts als Edelmetall überreicht, mit dem sie im Notfall Ruprecht vom Dienst befreien könne.[18]

Militär: Das Versprechen Walters, bei seinem Bruder, der „Hauptmann von der Landmiliz" (SW I, Vs. 2387) ist, für Ruprechts Auskommen zu sorgen, ist zwar noch nicht unmittelbar ökonomisch affiziert, es macht aber deutlich, dass sich beim Militär auch über unmilitärische Kanäle (in diesem Falle Nepotismus) etwas bewegen lässt. Eves Beschreibung des Militärs bekräftigt diesen Eindruck, denn demnach ist die Aufgabe der „Miliz [...] / Den eingebornen Kön'gen dort, von Bantam, / Von Java, Jakatra [sic], was weiß ich? Raub / Zum Heil der Haager Krämer abzuja-

16 Vgl. Art. Land-Pfarrer. In: *Johann Georg Krünitz' Oekonomische Encyklopädie, oder allgemeines System der Staats- Stadt- Haus- u. Landwirthschaft, in alphabetischer Ordnung*, Bd. 61. Berlin 1793, S. 10-404, hier S. 217.

17 Weitin argumentiert, das Rechtssystem müsse ein Fehlurteil präferieren, da es hierfür Mechanismen gäbe. Der Abschluss eines Prozesses ohne Urteil sei dagegen undenkbar (vgl. Thomas Weitin: *Recht und Literatur*. Münster 2010, S. 36). Zu einer detaillierten Untersuchung der Frage nach den juristischen Pflichtverletzungen Walters dagegen Schneider: Justizkritik (wie Anm. 5).

18 Eves und Ruprechts Beweggründe dafür, nicht 20 ihrer eigenen 100 geerbten Gulden (vgl. SW I, Vs. 2028) zu diesem legalen und üblichen Mittel der Ausmusterung zu verwenden, bleiben dunkel.

gen" (SW I, Vs. 2058 ff.). Nicht nur sind militärische Operationen durch die Verwendung des Begriffes „Raub" eindeutig als rechtswidrig gekennzeichnet, sie laufen auch der Bestimmung des Militärs zuwider. Diese besteht - zumindest nach der offiziellen Sprachregelung - in der Verteidigung der ‚heiligen niederländischen Freiheit' (vgl. SW I, Vs. 1986 f.), mitnichten in der Bereicherung durch unrechtmäßige und gewaltsame Aneignung fremden Besitzes, die ihre Voraussetzung zudem selbst wieder in einem Diebstahl, nämlich dem der „schönen Jugend" (vgl. SW I, Vs. 2088) hat. Da der Raub noch dazu „zum Heil der Haager Krämer" geschehen soll, ist das Militär als Handlanger einer kommerziellen Interessengruppe entlarvt. Sein einziger Zweck ist, die Profitmaximierung der merkantilistischen Klasse sicherzustellen.

Sprache: Statt Recht zu sprechen, wird permanent das Recht zu sprechen verhandelt. Sprache ist damit ununterbrochen Gegenstand künstlicher, mitunter recht drastischer Verknappung: „Hund, jetzt, verfluchter, schweig, / Soll hier die Faust den Rachen dir nicht stopfen!" (SW I, Vs. 783 f.). Die Mehrdeutigkeiten, mit denen Kleist beständig operiert, sind zum einen ständiger Quell der Komik, sie zwingen zum anderen aber in einer selbstreflexiven Bewegung den Blick auf die Materialität des Textes. So wird stets bewusst gehalten, dass er in seiner Gemachtheit ebenso fabriziert ist wie das Attest des Physicus. Dass diese Blicklenkung vorwiegend über Homonyme geschieht, hält die Knappheit des Signifikantenmaterials ständig präsent, das, da es mehrdeutig wiederverwendet werden muss, zu Missverständnissen führt.

Vor dem Hintergrund der betrachteten Felder Medizin, Moral, Bildung, Recht, Wissenschaft, Militär und Sprache erscheint Adams Benennung als „Handel, wie um eine Semmel" durchaus gerechtfertigt. Nicht nur können anscheinend beliebige Objekte und ganze Systeme potenziell ökonomisiert werden, die Leitdifferenz der Ökonomie ist längst Supercode und im Alltag handlungsleitend. Die moralischen Implikationen, die mit denjenigen Ökonomisierungen verknüpft waren, die unter Korruption fallen, spielen aus dieser streng wirtschaftlichen Perspektive keine Rolle mehr.

III. Ökonomische Implikationen

Dass in einem am Übergang vom 18. zum 19. Jahrhundert entstandenen Text die Ökonomie eine vergleichsweise prominente Rolle spielt, verwundert selbst noch nicht - wird doch, so Joseph Vogl, im Laufe des 18.

Jahrhunderts „der Tausch, genauer: das Verhältnis von Käufern und Verkäufern zur elementaren Sozialrelation".[19]

Interessant ist jedoch, auf welche spezifische Weise Kleist die Prozesse der Ökonomisierung in *Der zerbrochne Krug* in Szene setzt. Tauschverhältnisse greifen um sich, indem systemspezifische Leitdifferenzen durch diejenige des Wirtschaftssystems substituiert werden. In den meisten Fällen ist die Ersetzung gleichbedeutend mit Korruption (so bei Medizin, Recht und Militär), in den übrigen ist sie unmittelbar damit verknüpft. So kann das moralische System, für das der Prediger steht, zum einen als Korrektiv für allzu obszöne Preisbildung wirken, indem es zum Beispiel dafür sorgt, dass bestimmte Arten der Entlohnung - wie die Unschuld - nur schwer denkbar sind. Zum anderen schließt es Korruption als mögliche Option von vornherein aus, da sie als unmoralischer Tausch verstanden wird. Das System der Bildung, das vom Schulmeister repräsentiert wird, ist direkt mit politischer Transparenz verknüpft, die ein entscheidender Faktor für das mögliche Ausmaß an Korruption ist. Könnte Eve *lesen* und nicht nur *sehen*, wie sie immer wieder betont (vgl. SW I, Vs. 2067, 2072, 2078), wäre für den Fall, dass Adam der Täuschende ist, der sich den gesamten Vorgang der heimlichen Konskription tatsächlich nur ausgedacht hat, deutlich mehr Aufwand nötig gewesen, um Eve zu täuschen. Die Erpressung einer alphabetisierten Eve wäre wenn nicht unmöglich, so doch sehr viel schwieriger zu realisieren gewesen; ein einfaches Extemporieren des Schriftstücks (vgl. SW I, Vs. 2314) hätte jedenfalls außer Frage gestanden. Da Eve Adams Version aber nicht von vornherein unplausibel findet, scheint es ein Grundklima der Täuschung zu geben. Es wäre laut Ruprecht auch „das erste Mal wohl nicht" (SW I, Vs. 2327), dass die Obrigkeit zur Täuschung angehalten ist, was auch den umgekehrten Fall möglich erscheinen lässt, in dem Adams Version von der Verschiffung nach Indonesien stimmt und Walter der Täuschende ist. Dann hätte Eve allerdings Walters Brief, in dem er Adam die Einzelheiten dieser Täuschung mitteilt, auch gelesen und er hätte am Schluss größere Schwierigkeiten, die Existenz abzustreiten und glaubhaft zu machen, dass in Wirklichkeit Adam der Täuschende sei.

Welche der beiden Versionen ‚die richtige' ist, lässt der Text offen. Fest steht jedoch, dass *Der zerbrochne Krug* in einem komplexen Netz aus Tausch- und Täuschungsvorgängen den im 18. Jahrhundert einsetzenden, vielschichtigen Ökonomisierungsprozess der Gesellschaft differen-

19 Vogl: Gespenst des Kapitals (wie Anm. 15), S. 48. Vgl. ferner Michel Foucault: *Die Ordnung der Dinge*. Frankfurt a. M. 1999, hier besonders das Kapitel „Tausch", S. 211 ff.

ziert reflektiert und *Ökonomisierung* dabei als die Ersetzung der Leitdifferenz eines gesellschaftlichen Subsystems durch die Leitdifferenz des Wirtschaftssystems versteht - mit der Folge einer weitreichenden potenziellen Uniformisierung handlungsleitender sozialer Codes, als deren Wandlungsmotor systematische Korruption vorgestellt wird. Korruption erscheint damit als der wesentliche Mechanismus, der den im 18. Jahrhundert einsetzenden, allumfassenden Ökonomisierungsprozess vorantreibt.

Der Text fungiert dabei jedoch nicht als einfacher Spiegel der sozialen und wirtschaftlichen Verhältnisse, sondern reflektiert in einer Art kaleidoskopischer Anordnung denselben Vorgang aus verschiedenen Richtungen zugleich. Nicht zuletzt durch die Situierung der intradiegetischen Zeit im 17. Jahrhundert bei gleichzeitiger Problematisierung von Ereignissen des ausgehenden 18. Jahrhunderts wird synchron und diachron zugleich sowohl die frühe Neuzeit als auch die Moderne in den Brennpunkt gerückt. Kleist fokussiert vor allem auf die Übergänge und Ränder, sodass der Text den zentralen Vorgang multiperspektivisch gebrochen präsentiert: Aus einer Perspektive wird Adams Verhalten geradezu klinisch als in einem an Buchstäblichkeit kaum zu übertreffenden Maße korrupt seziert, die Gegenperspektive verbucht lediglich moderne Wirtschaftsvorgänge und Geschäftsabschlüsse, denen über die finanzielle hinaus keinerlei weitere Bedeutung zukommt.

Für eine „bessere Ordnung der Dinge“. Eigentumsverhältnisse in Kleists *Michael Kohlhaas*

Sabine Biebl

I.

Dass Kleists Erzählung *Michael Kohlhaas* im Kontext der Stein-Hardenberg'schen Reformen steht, gehört mittlerweile schon zu den Gemeinplätzen der Kleist-Forschung.[1] Nicht nur fällt die Entstehungszeit der Erzählung zwischen 1805 - als Kleist erstmals auf die Geschichte des historischen Hans Kohlhase aufmerksam wurde - und 1810 - dem Publikationsdatum der Novelle im ersten Band der *Erzählungen* - mit den Anfängen dieses umfassenden Modernisierungsunternehmens zusammen. Kleists Versuch, nach Beendigung seiner Militärkarriere im Bereich der Staatsadministration Fuß zu fassen, versetzte ihn auch biografisch ins Zentrum des Geschehens. So begann er 1805 die Ausbildung im Verwaltungsdienst, zunächst in Berlin in der Finanzverwaltung unter Obhut des Oberfinanzrats Karl Freiherr von Stein zum Altenstein,[2] ab Mai 1805 in Königsberg bei der „Kriegs- und Domänenkammer“, d. h. der dortigen Provinzialbehörde. An der Universität hörte er Vorlesungen bei Christoph Jakob Kraus, der damals als einer der Ersten die ökonomische Theorie Adam Smiths verbreitete. So hatte Kraus sie nicht nur in Übersetzung für deutsche Leser zugänglich gemacht, sondern arbeitete selbst an ihrer

1 Vgl. u. a. Jochen Schmidt: Kleists ‚Michael Kohlhaas‘ zwischen französischer Revolution und preussischen Reformen. In: *Les romantiques allemands et la Révolution française / Die deutsche Romantik und die französische Revolution.* Colloque international organisé par le Centre de Recherches ‚Images des l'Etranger‘. Actes du colloque ed. par Gonthier-Lous Fink. Straßburg 1989, S. 239-251; ders.: Kleists ‚Michael Kohlhaas‘ in der Ära der Preußischen Reformen. In: Heinrich von Kleist: *Michael Kohlhaas. Aus einer alten Chronik.* Frankfurt a. M./Leipzig 1991, S. 139-170; Wolfgang Wittkowski: Fiat Potestas, et Pereat Iustitia. Michael Kohlhaas, Luther und die preußische Rechtsreform. In: Peter Ensberg/Hans-Jochen Marquardt (Hg.): *Recht und Gerechtigkeit bei Heinrich von Kleist. Internationales Kolloquium 1997 in der Kleist-Gedenk- und Forschungsstätte Frankfurt (Oder).* Stuttgart 2002, S. 87-114.

2 Karl Freiherr von Stein zum Altenstein war Mitarbeiter des Reformers Freiherr vom Stein und trat 1808 dessen Nachfolge an der Spitze der Verwaltung des Finanzministeriums an.

praktischen Anwendung auf die Verhältnisse in Preußen um 1800. Anwärter für den Finanzdienst in Königsberg mussten sich, so heißt es, durch Zeugnisse von Kraus legitimieren lassen.[3] Dass Kleist selbst mit der Lektüre der Smith'schen Theorien beschäftigt war, legt im Übrigen sein Brief vom August 1805 an den Freund Ernst von Pfuel nahe.[4] Darüber hinaus ist bekannt, dass Kleist auch zu anderen Akteuren des Reformprozesses Kontakte unterhielt, so zu dem Kammerpräsidenten Hans von Auerswald, einem bekennenden Kraus-Schüler, und zu Finanzrat Theodor von Schön. Hinsichtlich seines neuen Aufgabenfeldes hatte es Kleist anscheinend besonders „das Befreiungs-Geschäfft der Zünfte (mein Lieblings-Gegenstand)" angetan, wie aus seinem Brief an Freiherrn vom Stein zum Altenstein vom 10. Februar 1806 hervorgeht (DKV IV, 354). Diesem Interesse mag auch jener Grundsatzartikel zur „Gewerbefreiheit" geschuldet sein, der am 3. Dezember 1810 in den *Berliner Abendblättern* zwar nicht unter Kleists Autorschaft, so doch mit seiner Billigung als Herausgeber erschien. Kurz zuvor hatte Hardenberg in seinem Edikt vom November des Jahres diesen zentralen Punkt des Reformprogramms proklamiert.[5] So weit zum biografischen Hintergrund.[6]

II.

Die nachfolgenden Überlegungen wollen nicht noch einmal die zeithistorischen Bezüge der Stein-Hardenberg'schen Reformen zu Kleists Erzählung *Michael Kohlhaas* darlegen. Vielmehr greifen sie aus diesem Zusammenhang eine bestimmte theoretische Konstruktion heraus, die für das umfassende Modernisierungsprojekt des preußischen Staates gleichwohl zentral war: das Konzept des Eigentums, wie es in der liberalen Philosophie und der Nationalökonomik bis in die zweite Hälfte des 18. Jahrhun-

---

3 Siehe Gerhard Ritter: *Stein. Eine politische Biographie* [1931]. 4. Aufl. der „neugestalteten Auflage" von 1958. Stuttgart 1981, S. 215; zitiert bei Jochen Schmidt: Kleists ‚Michael Kohlhaas' (wie Anm. 1), S. 146.

4 Heinrich von Kleist: *Sämtliche Werke und Briefe in vier Bänden.* Hg. v. Ilse-Marie Barth, Klaus Müller-Salget, Stefan Ormanns u. Hinrich C. Seeba. Frankfurt a. M. 1987-1997. Bd. 4, Brief 95, S. 346-348, hier S. 348. Im Folgenden zitiert unter der Sigle DKV mit Angabe des Bandes und der Seitenzahl in Klammern im Anschluss an das betreffende Zitat.

5 Siehe [Anonym]: Gewerbefreiheit. In: Heinrich von Kleist (Hg.): *Berliner Abendblätter.* Nachwort u. Quellenregister von Helmut Sembdner. Wiesbaden o. J., S. 215-217.

6 Siehe dazu ausführlich den Beitrag von Anton Philipp Knittel in diesem Band.

derts entwickelt und verhandelt wurde. Ihren Ausgang nahm die Debatte bei John Lockes Theorie über die Entstehung des Eigentums, die er 1690 in seinen *Two Treatises of Government* dargelegt hatte. Locke bestimmte dort das Eigentum an der eigenen Person als das ursprüngliche und grundlegende Eigentum des Menschen, von dem er dasjenige an äußeren Gütern ableitete.[7] Durch Arbeit nämlich verbindet der Mensch einen Naturgegenstand mit seiner Person und macht diesen dadurch seinerseits zum Eigentum.

Im Ergebnis der weiteren theoretischen Auseinandersetzungen erhielt das „Eigentum" den Status des „prinzipiell schrankenlose[n] Entfaltungsbereich[s] des autonomen, nur durch den Gesellschaftsvertrag gebundenen Individuums".[8] Die Engführung der Freiheit des Individuums mit dem Konzept des Eigentums führte auf politischer Ebene zur Forderung einer staatlichen Garantie des Privateigentums, der Ende des 18. Jahrhunderts verschiedentlich Rechnung getragen wurde; so fand das Recht auf Eigentum in die *Bill of Rights* der amerikanischen Verfassung und die *Déclaration des droits de l'homme et du citoyen* der französischen Nationalversammlung Eingang. Während aber zunächst dieses Verlangen nach Freiheit des Eigentums von der Freiheit des Individuums abgeleitet wurde, verschob sich dieses Verhältnis in der theoretischen Diskussion der politischen Freiheit. Kant benannte als Voraussetzung der bürgerlichen Persönlichkeit die Selbständigkeit, „seine Existenz und Erhaltung nicht der Willkür eines anderen im Volke zu verdanken".[9] Diese Abhängigkeit politischer Freiheit von Eigentum als Garant persönlicher Freiheit hielt insbesondere in Deutschland in das preußische Reformprojekt Anfang des 19. Jahrhunderts Einzug. So schrieb Freiherr vom Stein einzig dem Eigentümer die „Geschicklichkeit als auch die moralische Qualifikation für die politische Mitwirkung zu[ ]", denn nur bei

7 Zu den folgenden Ausführungen siehe Rudolf Vierhaus (Hg.): *Eigentum und Verfassung. Zur Eigentumsdiskussion im ausgehenden 18. Jahrhundert.* Göttingen 1972; Dieter Schwab: Eigentum. In: Otto Brunner/Werner Conze/Reinhart Koselleck (Hg.): *Geschichtliche Grundbegriffe. Historisches Lexikon zur politischen Sprache in Deutschland.* Bd. 2. Stuttgart 1979, S. 65-115.

8 Schwab: Eigentum (wie Anm. 7), S. 79.

9 Immanuel Kant: *Metaphysik der Sitten.* In: Ders.: *Werke in sechs Bänden.* Hg. v. Wilhelm Weischedel. Darmstadt 1998. Bd. IV, S. 303-634, hier S. 432. Weiter heißt es dort, S. 433: „überhaupt jedermann, der nicht nach eigenem Betrieb, sondern nach der Verfügung anderer (außer der des Staats), genötigt ist, seine Existenz (Nahrung und Schutz) zu erhalten, entbehrt der bürgerlichen Persönlichkeit, und seine Existenz ist gleichsam nur Inhärenz."

diesem „sei der Gemeinsinn verbürgt".[10] Entsprechend setzte das durch Freiherrn vom Stein erlassene Edikt vom Oktober 1807 Freiheit in erster Linie im Bereich der Wirtschaft um. Dieses Oktoberedikt, das den Auftakt der Reformen bildete, betraf, wie schon seinem Titel zu entnehmen war, „den erleichterten Besitz und den freien Gebrauch des Grundeigentums sowie die persönlichen Verhältnisse der Landbewohner";[11] im Einzelnen ging es um die Befreiung aller Bauern von der Leibeigenschaft und der Erbuntertänigkeit (1807), die freie Berufswahl und Gewerbefreiheit (1810) sowie die Freiheit des Güterverkehrs.

Für die historische Situation und die Frage der Umsetzung politischer Freiheit im preußischen Staat um 1800 bedeutet dieser theoretische Zusammenhang, dass sich - wie Reinhart Koselleck formuliert - „das eigentliche Gebiet des ‚Staatsbürgers'" im Bereich der Wirtschaft befand, wo sich eine „Fläche gleicher wirtschaftlicher Rechte"[12] auszubilden begann.

> Staatsbürger war man nicht als politisches Mitglied des Staates, sondern als Teilhaber der freien Wirtschaft, - der modernen Gesellschaft. Staatsbürger im eigentlichen Sinne war der homo oeconomicus; Bürger des Staates nur, soweit dieser wirtschaftlich liberal war.

Staatsbürgerliche Gleichheit wurde also zuerst im Bereich des Militärs und der Wirtschaft erreicht und nicht als politische Gleichheit, deren Durchsetzung das Überdauern ständischer Privilegien entgegenstand. Das Konzept des „Staatsbürgers" blieb bis in die 1840er Jahre lediglich diskutierte Idee, die bis dahin keinen politisch feststehenden Terminus etablieren konnte; stattdessen war die Rede von *Untertanen*.

---

10 Schwab: Eigentum (wie Anm. 7), S. 84.

11 Siehe „Edikt den erleichterten Besitz und den freien Gebrauch des Grundeigentums sowie die persönlichen Verhältnisse der Landbewohner betreffend". In: Freiherr von Stein: *Briefe und amtliche Schriften*. 10 Bde. Bearb. v. Erich Botzenhart. Neu hg. v. Walther Hubatsch im Auftrag der Freiherr-vom-Stein-Gesellschaft mit Förderung des Bundes und der Länder. Stuttgart 1957-1974. Bd. 2.2. Neu bearb. v. Peter G. Thielen. Stuttgart 1960. Nr. 397, S. 457-460, hier S. 457.

12 Reinhart Koselleck: *Preußen zwischen Reform und Revolution. Allgemeines Landrecht, Verwaltung und soziale Bewegung von 1791-1848* [1967]. München 1989, S. 60, so auch das folgende Zitat.

III.

In dem Konflikt, den Kleists Erzählung entwickelt, finden die zeitgenössischen Umbrüche und theoretischen Debatten ihren Niederschlag. Dazu legt Kleist mindestens zwei Zeitebenen übereinander: Auf die Folie jener Umbruchsphase der frühen Neuzeit, in der sich der Untergang der alten Feudalgesellschaft vollzieht, projiziert er die Gegenwart Preußens um 1807. Die Scharnierstelle dieser beiden Zeitebenen aber, so meine These, stellt das ökonomisch-juridische Konzept des Eigentums dar. Im Begriff des Eigentums kreuzen sich Recht und Ökonomie insofern, als er eine spezifische Form des Zugriffs auf Ressourcen beschreibt. Während Besitz den konkreten physischen Zugriff auf Güter meint, handelt es sich beim Eigentum um einen Rechtstitel, ein abstraktes Rechtsverhältnis einer Person zu einer Sache. Die historische Etablierung des Konzepts ‚Eigentum' stand im Zusammenhang mit der Ablösung der alten Feudalgesellschaft, in der die Ressourcennutzung in erster Linie durch Herrschaftsverhältnisse, durch Befehl oder durch Sitte geregelt war.[13] Erst das Rechtsverhältnis des Eigentums aber machte es möglich, dass Güter verliehen, beliehen, verpachtet, verkauft werden konnten - und zwar unabhängig von einem tatsächlich erfolgenden physischen Verschieben der Güter.[14]

In der Hauptfigur Michael Kohlhaas haben wir es zweifellos mit einem *homo oeconomicus* zu tun, der als Verfechter der Freiheit des Eigentums auftritt. Gleich zu Beginn wird er als „Roßhändler" eingeführt, der einen Meierhof, einen Pachthof, bewirtschaftet, „auf welchem er sich durch sein Gewerbe ruhig ernährte" (DKV V, 13). Unterwegs zum Markt, wo er Pferde verkaufen will, überdenkt er die Anlage des zu erwartenden Gewinns. Im Sinne von Smith plant er bei der Anlage durchaus den, wie es heißt, „Genuß der Gegenwart" (DKV V, 13), das heißt den Konsum mit ein.[15] Im Junker von Tronka und dessen Sippschaft stößt der Händler Kohlhaas nun auf Repräsentanten der alten Feudalgesellschaft, die sich rücksichtslos ihrer Privilegien bedienen und keinen Respekt vor fremdem Recht und fremdem Eigentum kennen. Dies zeigt sich zunächst in der Errichtung einer Zollschranke als „Landesherrliches Privilegium"

---

13 Siehe Gunnar Heinsohn/Otto Steiger: *Eigentum, Zins und Geld. Ungelöste Rätsel der Wirtschaftswissenschaft* [1996]. Marburg 2009, S. 17 f.

14 Vgl. ebd., S. 18-20.

15 Zum Konsum bei Adam Smith als „einzige[m] Sinn und Zweck aller Produktion" vgl. ders.: *Untersuchung über Wesen und Ursachen des Reichtums der Völker* [1776]. Hg. u. eingel. v. Erich W. Streissler, übers. v. Monika Streissler. 2 Bde. Düsseldorf 1999. Bd. 2, S. 645.

(DKV V, 13), sodann in der widerrechtlichen Forderung eines „Paßscheins" (DKV V, 14). Hinter dem „Märchen" der „Geschichte von dem Paßschein" (DKV V, 21) verbirgt sich allerdings ein finanzielles Kalkül, das Kohlhaas als redlicher Händler nicht zu durchschauen vermag, sondern als „Witz des dürren Junkers" (DKV V, 21) verkennt.

Wenn Kohlhaas sich auch über diese Behinderung seines Gewerbes ärgert, entsteht dadurch allein noch kein Konflikt. Zur folgenreichen Kollision zwischen den beiden Prinzipien kommt es in der Erzählung erst durch den Missbrauch des Eigentums, den der Junker oder genauer der Schlossvogt und der Verwalter an den Rappen, die ihnen als Pfand überlassen werden, begehen. Dabei erscheint die Forderung eines Pfandes selbst noch angemessen. Kohlhaas soll dieses als Versicherung dafür zurücklassen, dass er den geforderten „Paßschein" auf dem Rückweg von seinen Geschäften nachreicht. Mit dem Pfand jedoch geht für begrenzte Zeit lediglich der Besitz an einer Sache auf den Gläubiger über, nicht aber das Eigentum an derselben. Dies impliziert, dass der Gläubiger kein Nutzungsrecht an der Pfandsache erwirbt. Auch kennt das Pfandrecht keine ‚stellvertretende' Rückgabe, sondern es muss genau dasjenige Objekt zurückgegeben werden, das als Pfand überlassen wurde.[16] Gegen diese Vereinbarung aber verstoßen Schlossvogt und Verwalter, wenn sie die Pferde zur Feldarbeit gebrauchen und sie zudem in schlechterem, ihren Wert mindernden physischen Zustand zurückgeben. Es handelt sich also nicht um eine allein rhetorisch zu verstehende Wendung, sondern um eine gemäß der Logik des Pfandes korrekte Beschreibung der Lage, wenn Kohlhaas über die verwahrlosten Rappen, die er auf der Tronkenburg antrifft, urteilt: „[...] das *sind* nicht meine Pferde, gestrenger Herr! Das sind die *Pferde* nicht, die dreißig Goldgülden wert waren! Ich will meine wohlgenährten und gesunden Pferde wieder haben!" (DKV V, 27; H.i.O.). Tatsächlich sind die Rappen bezogen auf den physischen Zustand der Tiere nicht dieselben, die Kohlhaas dem Junker überlassen hatte.

Es erscheint also folgerichtig, wenn Kohlhaas in seinem nun einsetzenden Kampf um Genugtuung auf der „Wiederherstellung der Pferde in den vorigen Stand" (DKV V, 39) besteht, anstatt wie für alle anderen ihm und den Seinen zugefügten Gewalttaten lediglich den Ersatz ihres Wertes in Geld zu fordern. Denn um den konkreten Wertverlust geht es Kohlhaas nicht, „den Wert der Pferde" hätte er „darum gegeben" (DKV

---

16 Siehe zu diesen Ausführungen Wolfgang Pircher: Geld, Pfand und Rache. Versuch über ein Motiv bei Kleists ‚Kohlhaas'. In: *Kleist-Jahrbuch* 2000, S. 104-117, bes. S. 107 f.

V, 25), heißt es, wenn sein Knecht ihm noch auf der Tronkenburg den Hergang der Ereignisse hätte bestätigen können. Und auch „um die Pferde" als symbolisches Kapital ist es ihm nicht „zu tun [...] - er hätte gleichen Schmerz empfunden, wenn es ein Paar Hunde gegolten hätte" (DKV V, 47). Kohlhaas entzieht sein Eigentum vielmehr einer ökonomischen Sphäre der Verrechenbarkeit, indem er sich weigert, die Rappen mittels eines messbaren Wertäquivalents ersetzbar zu machen. Ihr Eigentumsstatus ist an ihre Identität gebunden, die Positionen dieses Verhältnisses sind nicht beliebig besetzbar. Das erkennt auch der Junker Wenzel, wenn er auf der „Okular-Inspektion" (DKV V, 94) der Rappen durch Kohlhaas besteht, die ihm der Abdecker als die Kohlhaas'schen verkaufen will. Kohlhaas selbst muss sie als die seinen identifizieren.

Es sind Strukturen feudalgesellschaftlicher Ordnung, an denen Kohlhaas' Glaube an den Staat als Schutzmacht seines Rechtes zunächst zerbricht. Denn sie lassen all seine Versuche scheitern, auf konventionellem Weg sein Recht zu erhalten; familiäre Bindungen und inoffizielle Einflussnahme erweisen sich hier als die Grundlage, auf der Recht gesprochen oder verweigert wird. Dass es sich dabei nicht um einen Einzelfall, sondern um die im Normalfall zu erwartende Situation handelt, wird deutlich durch die namentliche Markierung, die die beiden Verwandten des Junkers von Tronka kennzeichnet, durch die die erste Beschwerde niedergeschmettert wird: Es handelt sich um „Hinz und Kunz von Tronka" (DKV V, 41) - beliebige Exemplare also, die nicht für Individuen, sondern für Verhältnisse stehen. Die Kontakte, die Kohlhaas für seine Sache bemüht, beruhen dagegen sämtlich auf seinem kaufmännischen Leumund: „[D]er ausgebreitete Handel, den er mit Pferden trieb", so heißt es, „hatte ihm die Bekanntschaft, und die Redlichkeit, mit welcher er dabei zu Werke ging, ihm das Wohlwollen der bedeutendsten Männer des Landes verschafft." (DKV V, 39)

In seiner Forderung nach staatlichem Schutz für Gewerbe und Eigentum erweist sich Kohlhaas als Vertreter eines Locke'schen Staatsverständnisses, bestimmt er doch eben diesen Schutz als Motivation für den Eintritt des Einzelnen in die Gesellschaft aus dem Naturzustand.

> Verstoßen [...] nenne ich den, dem der Schutz der Gesetze versagt ist! Denn dieses Schutzes, zum Gedeihen meines friedlichen Gewerbes, bedarf ich; ja, er ist es, dessenhalb ich mich, mit dem Kreis dessen, was ich erworben, in diese Gemeinschaft flüchte; und wer mir ihn versagt, der stößt mich zu den Wilden der Einöde hinaus; er gibt mir, wie wollt ihr das leugnen, die Keule, die mich selbst schützt, in die Hand. (DKV V, 78)

Aus dem angeblichen Verstoß aus der Schutzgemeinschaft zieht Kohlhaas die Konsequenz, all „seine Besitzungen, im Brandenburgischen und im Sächsischen, Haus und Hof, in Pausch und Bogen, es sei nagelfest oder nicht" (DKV V, 47) zu verkaufen. Lediglich „Waffen und Pferde" brauche er noch, wie seine Frau bitter ergänzt, „alles Andere kann nehmen, wer will" (DKV V, 55). Er handelt dabei nicht rational berechnend, denn seinen Besitz tritt er dem Amtmann weit unter Wert ab (vgl. DKV V, 51). Indem Kohlhaas aber seinen Status als Eigentümer und Wirtschaftender aufgibt, verlässt er den Bereich moderner Eigentumsverhältnisse und begibt sich in naturzuständliche Besitzverhältnisse. Statt Handel zu treiben, wird er Anführer einer Bande, die die „Aussicht auf Beute" (DKV V, 68) reizt und sich durch Plünderungen Zugriff auf Ressourcen verschafft.

Letztlich bindet Kohlhaas sein Personsein, sein Menschsein, an den Status, Eigentümer zu sein, wenn er den Entschluss, das eigene „Hauswesen" (DKV V, 49) aufzugeben, mit der Aussage verteidigt: „Lieber ein Hund sein, wenn ich von Füßen getreten werden soll, als ein Mensch!" (DKV V, 53) Hier erfährt jenes grundsätzliche Problem des Abhängigkeitsverhältnisses von Freiheit und Eigentum als Entfaltungsbereich und Garant der menschlichen Freiheit, wie es in den theoretischen Diskussionen der Zeit verhandelt wurde, seine äußerste Zuspitzung.

IV.

Doch wie verhält sich diese Position des Kohlhaas zu den Zeitverhältnissen, in denen die Erzählhandlung situiert ist? Die Figur des Roßhändlers erscheint als deutlich markierter Anachronismus, durch den die Auseinandersetzungen der Gegenwart des frühen 19. Jahrhunderts auf die Verhältnisse des Personenverbandsstaates des frühneuzeitlichen Heiligen Römischen Reichs deutscher Nation projiziert werden. Für den Status der Kohlhaas'schen Forderung bedeutet das aber in letzter Konsequenz, dass er den Schutz und den Schutzraum, den er einklagt, durch den Akt seiner Klage und den Prozess, den er auslöst, überhaupt erst herstellen muss.

Die Referenz zwischen der Zeit der Handlung und der Erzählgegenwart verweist jedoch in zwei Richtungen: Denn Bedingung für die Möglichkeit von Rechtssicherheit und damit für die Beilegung des Konfliktes ist ja das Vorhandensein einer letztgültigen Rechtsinstanz, die über den divergierenden Landesrechten steht. Eine solche aber repräsentiert der

Kaiser. Erst durch das Eingreifen des Kaisers in Wien wird aus dem „Handel" wieder ein Rechtsfall. Bezieht man die Situation nach 1800, den Zerfall des Reiches und die Entmachtung Preußens einerseits, die positive Prophezeiung der Zigeunerin für das Gedeihen des brandenburgischen Herrscherhauses in der Erzählung andererseits mit ein, so wird deutlich, dass die Referenz auf das noch existente Heilige Römische Reich zugleich auch auf ein künftiges Kaiserreich verweist.

Und auch der ‚Staatsbürger', für den Kohlhaas, wie es eingangs heißt, „als Muster" hätte gelten können, stellt in der Gegenwart des Erzählens eine Forderung dar, er ist nicht Wirklichkeit. So bleibt der irritierende Irrealis dieses Teilsatzes: „Dieser außerordentliche Mann würde, bis in sein dreißigstes Jahr für das Muster eines guten Staatsbürgers haben gelten können" (DKV V, 13), anders als der nachfolgende: „die Welt würde sein Andenken haben segnen müssen, wenn er in einer Tugend nicht ausgeschweift hätte", unmotiviert. Die sprachliche Konstruktion bildet die gedankliche des Textes ab, der gemäß Kohlhaas die eigene Musterhaftigkeit verfehlen muss, da er durch seine Verfehlung, durch sein ‚Außerordentlich-Sein' erst die Bedingungen schafft, unter denen er ‚Staatsbürger' werden kann.

V.

Mit der Einmischung Luthers in den Fall Kohlhaas beginnt die Ökonomie sprachlich den Bereich von Recht und Politik zu unterwandern, ab dem Zeitpunkt des Gesprächs zwischen dem Roßhändler und dem Theologen wird der Fall zum *Handel*, denn der Status der Rede in ökonomischer Terminologie beginnt an dieser Stelle der Erzählung zwischen Eigentlichem und Uneigentlichem zu oszillieren.

Während Kohlhaas tatsächlich eine Schadensbilanz aufstellt, deren Summe er gerichtlich einfordern will, überführt Luther diese Forderung ihrer Unangemessenheit, ihres gleichsam irrealen Status in Anbetracht des unermesslichen Schadens, den Kohlhaas durch seine Verwüstungen angerichtet hat. Auf die Frage, was er von dem Dresdner Gericht verlange, antwortet Kohlhaas:

> Bestrafung des Junkers, den Gesetzen gemäß; Wiederherstellung der Pferde in den vorigen Stand; und Ersatz des Schadens, den ich sowohl, als mein bei Mühlberg gefallener Knecht Herse, durch die Gewalttat, die man an uns verübte, erlitten. – Luther rief: Ersatz des Schadens! Summen zu Tausenden, bei Juden und Christen, auf Wechseln und Pfändern, hast du, zur Bestreitung deiner wilden Selbstrache, aufgenom-

> men. Wirst du den Wert auch, auf der Rechnung, wenn es zur Nachfrage kommt, ansetzen? (DKV V, 79)

Die ökonomische Rede bei Luther ist rhetorische Rede, in der die ökonomischen, zivilrechtlichen ‚Schulden' in der Metapher in religiöse ‚Schuld' überführt werden. Doch Kohlhaas versteht den Einwand nicht.

Luther wirft sodann die Frage nach der Verhältnismäßigkeit von Zweck und Mittel auf, die Kohlhaas sogleich in das ökonomische Verhältnis von Aufwand und Ertrag wendet:

> Luther sagte: rasender, unbegreiflicher und entsetzlicher Mensch! und sah ihn an. Nachdem dein Schwert sich, an dem Junker, Rache, die grimmigste, genommen, die sich erdenken läßt: was treibt dich, auf ein Erkenntnis gegen ihn zu bestehen, dessen Schärfe, wenn es zuletzt fällt, ihn mit einem Gewicht von so geringer Erheblichkeit nur trifft? – Kohlhaas erwiderte, indem ihm eine Träne über die Wangen rollte: hochwürdiger Herr! es hat mich meine Frau gekostet; Kohlhaas will der Welt zeigen, daß sie in keinem ungerechten Handel umgekommen ist. (DKV V, 79)

Der Tod der Frau lässt an dieser Stelle auch den Status der Kohlhaas'schen ökonomischen Rede ins Wanken geraten; Kohlhaas' Worte scheinen ins Metaphorische zu gleiten: „es hat mich [...] gekostet", „ungerechter Handel", „teuer zu stehen gekommen". Doch hält er immer noch an einer ökonomischen Ordnung der Dinge, an ihrer Verrechenbarkeit fest, auch wenn es ideelle Werte sind, deren ‚Preis' es zu bestimmen gilt. Der Verlust des geliebten Menschen erscheint ihm dabei als so unermesslich, dass er einzig durch rechtliche Genugtuung ‚aufgewogen' werden kann. Nur durch den Rechtsspruch, der Kohlhaas als Eigentümer in seinem Anspruch auf Schutz seines Eigentums bestätigt, nur durch den Rechtsspruch, der Kohlhaas also in der existenziellen Dimension des Eigentums seine menschliche Freiheit wiedergibt, findet dieser Tod als Opfer seine Rechtfertigung.

Mit dem Status des Kohlhaas'schen Rechtsanspruchs verwischt im Fortgang der Ereignisse aber auch die Kontur seines Eigentums, in dem dieser Rechtsanspruch manifest wird. Die Identität der Rappen nämlich erweist sich als zunehmend fragwürdig, verlieren sich doch die Etappen ihres weiteren Verbleibs schließlich im Hören-Sagen; und ob es sich am Ende bei den beiden Tieren des Abdeckers tatsächlich um jene Rappen handelt, die Kohlhaas einst zum Pfand in der Tronkenburg zurückgelassen hatte, bleibt ungewiss, auch wenn seine „Okular-Inspektion" sie als solche identifiziert. Wie nur Kohlhaas letztlich für die Identität seines Eigentums garantieren kann, so ist es einzig sein „Rechtgefühl" (DKV V, 13) – ein paradoxes Kompositum –, in dem sein Anspruch auf Schutz und Genugtuung fußt. Gefühltes Recht aber ist Un-Recht.

Wo Recht nicht herzustellen ist, dort scheint in Kleists Erzählung jedoch letztlich die Ökonomie als Ordnungsmodell zu fungieren. Hatte Luther im Gespräch mit Kohlhaas dessen Versuch, sein Handeln und seinen Anspruch in ökonomischen Kategorien zu begründen, noch entkräftet, erweist sich Ökonomie in der Folge durch Luther als Mittler als semantischer Rahmen für den politischen Rechtsfall Michael Kohlhaas. So schreibt Luther in seinem „Sendschreiben an den Kurfürsten von Sachsen":

> [...] und kurz, daß man ihn, um aus dem Handel zu kommen, mehr als eine fremde, in das Land gefallene Macht, wozu er sich auch, da er ein Ausländer sei, gewissermaßen qualifiziere, als einen Rebellen, der sich gegen den Thron auflehne, betrachten müsse. (DKV V, 82)

VI.

Der Einzug, den der nunmehr negativ konnotierte Begriff des ‚Handels' in den Raum der Politik und des Rechts hält, macht das grundlegende Problem des Rechtsfalls deutlich: Weder eine klare Zurechnung von Schuld noch die Verrechnung der Schulden untereinander und mit dem erlittenen Schaden sind möglich. Zu einem „gerechten" scheint jener „Handel", unter dem die Rechtssache Kohlhaas von nun an auf Staatsebene firmiert, nicht mehr zu werden. Alle Beteiligten sind vielmehr bestrebt, einen Weg zu finden, um sich „aus diesem häßlichen Handel herausziehen" zu können (DKV V, 84).

Die Ökonomie, so legt es die Erzählung nahe, muss die Bereiche des Rechts und der Politik nicht mehr unterwandern, sie liegt ihnen als Matrix der Relationen längst zugrunde. Doch markiert das Sichtbarwerden dieses Skeletts auf der Ebene der Sprache die Bruchstelle der Konstruktion. „Notwendigkeit erfordere", so der Prinz von Meißen,

> den Schleier vor dem Thron der Gerechtigkeit niederzulassen, über eine Reihe von Freveltaten, die unabsehbar wie sie sich forterzeugt, vor den Schranken desselben zu erscheinen, nicht mehr Raum fänden [...]. (DKV V, 84)

Nun entspräche der Tod der Pferde in „staatsrechtlicher Bedeutung" (DKV V, 99) eben jenem „Schleier vor dem Thron der Gerechtigkeit". Denn durch das ‚Unehrlichwerden' der Pferde erlischt Kohlhaas' Rechtsanspruch auf die Unversehrtheit seines Eigentums. Sein Wille ist gebrochen, und so gibt er seine Forderung der „Dickfütterung" der Pferde auf (siehe DKV V, 112). Und doch wird seinem Rechtsbegehren am Ende stattgegeben, erhält er die Rappen dickgefüttert zurück samt allem, was der Landesherr ihm „wieder zu verschaffen, schuldig war" (DKV V, 140). Aber im Exzess der Genugtuungen, der am Ende losbricht, stellt sich die Frage nach dem Eigentum noch einmal neu. Denn hier wird „Leben" endgültig zur allgemeinen Währung der Wiedergutmachung:[17] Der Zettel der Zigeunerin verschafft Kohlhaas Genugtuung, indem er durch diesen Macht über das Leben des Kurfürsten erhält; durch sein eigenes Leben aber tut Kohlhaas dem Kaiser Genüge und versöhnt die Welt (siehe DKV V, 138 f.): „Kohlhaas aber [...] wandte sich zu dem Schafott, wo sein Haupt unter dem Beil des Scharfrichters fiel." (DKV V, 141)

17 Siehe dazu weiterführend Davide Giuriato: ‚Wolf der Wüste'. Michael Kohlhaas und die Rettung des Lebens. In: Nicolas Pethes (Hg.): *Ausnahmezustand der Literatur. Neue Lektüren zu Heinrich von Kleist.* Göttingen 2011, S. 290-306.

Die *Rä*chenfehler der Kaufleute. Anmerkungen zu *Michael Kohlhaas* und *Der Findling*

Christine Künzel

Wie kommt es, dass es ausgerechnet Kaufleute sind, die in der Literatur immer wieder exzessiv der Rache frönen? Der prominenteste Vertreter dieser Gattung, Shakespeares Kaufmann von Venedig, ist zwar auf Rache aus, doch wird ihm diese - durch einen fingierten Prozess - letztendlich versagt. Kleist lässt dagegen der Rache seiner Kaufleute Michael Kohlhaas und Antonio Piachi freien Lauf - im letzteren Fall gar bis in die Hölle hinein. Wie passt diese Verhaltensweise zum Bild des Kaufmanns, dessen Interessen, als Inbegriff eines Vertreters der Spezies *homo oeconomicus*, doch gerade vom Kalkül, vom genauen Abwägen, von kalter Berechnung geleitet sein sollten? Möglicherweise handelt es sich hier jedoch gar nicht um einen Widerspruch, da Kleist den starken Affekt der Rachsucht mit kaufmännischem Kalkül zu verbinden scheint. Deutlich wird dies besonders in der Erzählung *Michael Kohlhaas*, wo es heißt, dass Kohlhaas nach dem Tod seiner Frau „das *Geschäft* der Rache"[1] übernahm. Rache erscheint hier also gewissermaßen als eine Fortführung kaufmännischen Denkens und Handelns mit anderen Mitteln. Auch die Etymologie der Begriffe „rächen" und „rechnen" legt eine solche Verbindung nahe, leiten sich doch beide vom mittelhochdeutschen Wort „rechen" bzw. „rechen(en)" her.[2] Rache wird auch im übertragenen Sinne als „Abrechnung" bzw. „Vergeltung" verstanden. So ließe sich mit Kleists Penthesilea sagen: Rechnen, rächen, „[d]as reimt sich, und wer recht von Herzen" hasst, „[k]ann schon das eine für das andre greifen" (24. Auftritt, Vs. 2981 ff.).

---

1 Heinrich von Kleist: Michael Kohlhaas. In: Ders.: *Sämtliche Werke und Briefe in zwei Bänden*. Hg. v. Helmut Sembdner. Zweibändige Ausgabe in einem Band. 9., vermehrte u. revidierte Aufl. von 1993. München 2001, Bd. 2, S. 9-103, hier S. 31, Hervorhebung C. K. Die Seitenzahlen erscheinen im Folgenden unter der Sigle SW mit Angabe des Bandes in Klammern direkt nach dem betreffenden Zitat.

2 Vgl. Friedrich Kluge: *Etymologisches Wörterbuch*. 24., durchges. u. erw. Aufl. Berlin/New York 2002, S. 738 [rächen]; S. 749 [rechnen].

Bei Kohlhaas und Piachi handelt es sich um Kaufleute, die ihren Handel und ihre Geschäfte im merkantilen Zeitalter,[3] in der Übergangsphase vom Feudalismus zum Kapitalismus[4] betreiben. In beiden Erzählungen haben wir es mit der einfachsten und ältesten Form des Handels zu tun, die darin bestand, „daß der Kaufmann selbst seine Waren begleitete und den Ein- und Verkauf persönlich übernahm."[5] Es war eine Zeit, in der man Kaufleuten mit großer Bewunderung, aber zugleich mit großen Vorbehalten begegnete. Auf der einen Seite war der Beruf des Kaufmanns „ein so attraktives, lukratives und prestigeträchtiges Betätigungsfeld, daß keine soziale Gruppe es verschmähte, aktiv daran teilzunehmen";[6] auf der anderen Seite war der Berufsstand nicht nur der Kirche suspekt - nicht zuletzt aufgrund der „inhomogene[n] personale[n] Zusammensetzung und der über diesen Beruf möglich werdende[n] sozialen Mobilität".[7] Obwohl die Kirche keine eindeutige Position den Kaufleuten gegenüber bezog,[8] fürchtete man um das Seelenheil der Handel Treibenden, da die Aussicht, Gewinne zu erzielen, zur Missachtung von Geboten und zum Betrug führen konnte.[9] Insofern verwundert es nicht, dass der Kaufmann als Inbegriff der Spezies des *homo oeconomicus* wie dieser zwar einerseits als Prototyp des vernünftigen, ehrbaren und tugendhaften Menschen, andererseits aber auch als „amoralische[s] Monster" oder „analytische[] Mißgeburt"[10] betrachtet wurde. Es ist eben diese Bandbreite an Bedeutungen, auf die in beiden Kleist-Erzählungen angespielt wird. Die beiden Kleist'schen Kaufmannsfiguren scheinen sich zwischen diesen charakterlichen Extremen zu bewegen: Kohlhaas wird als „einer der rechtschaffensten zugleich und entsetzlichsten Menschen"

---

3 Vgl. Kristof Glamann: Der europäische Handel 1500-1700. In: *Europäische Wirtschaftsgeschichte in 4 Bänden. Bd. 2: Sechzehntes und siebzehntes Jahrhundert.* Hg. v. Carlo M. Cipolla. Dt. Ausgabe hg. v. K. Borchardt. Stuttgart/New York 1979, S. 271-333, hier S. 271.

4 Dieser Prozess beginnt etwa Mitte des 13. Jahrhunderts. Vgl. Günter Fabiunke: *Martin Luther als Nationalökonom.* Berlin (Ost) 1963 (Deutsche Akademie der Wissenschaften zu Berlin. Schriften des Instituts für Wirtschaftswissenschaften, Nr. 15), S. 13.

5 Glamann: Der europäische Handel 1500-1700 (wie Anm. 3), S. 325.

6 Heribert R. Brenig: *Der Kaufmann im Mittelalter. Literatur - Wirtschaft - Gesellschaft.* Pfaffenweiler 1993 (Bibliothek der Historischen Forschung, Bd. 5), S. 46.

7 Ebd., S. 99.

8 Im Alten und Neuen Testament lassen sich gleichermaßen positive, negative und wertneutrale Erwähnungen von Kaufmann und Handel finden. Vgl. Brenig: Der Kaufmann im Mittelalter (wie Anm. 6), S. 88.

9 Vgl. ebd., S. 91.

10 Werner Wunderlich: *Der literarische Homo oeconomicus. Vom Märchenhelden zum Manager. Beiträge zum Ökonomieverständnis in der Literatur.* Bern/Stuttgart 1989, S. 10.

(SW II, 9) bezeichnet, und Piachi mutiert vom „gute[n] Alte[n]“[11] zum unersättlichen Mörder und Rächer.[12]

I. *Michael Kohlhaas*: Ein Kaufmann rächt sich

Der „Roßhändler“ Michael Kohlhaas ist Besitzer eines „Meierhofs, auf welchem er sich durch sein Gewerbe ruhig ernährte“ (SW II, 9). Das Adverb „ruhig“ verweist darauf, dass er sein Geschäft bisher ohne großes Risiko ausüben konnte. Zugleich zeichnet sich der Kaufmann Kohlhaas durch „Wohltätigkeit“ (ebd.) gegenüber seinen Nachbarn aus.[13] Sein Pferdehandel ist auf „Gewinst“[14] ausgerichtet, den er „nach Art guter Wirte“, sprich: nach den Regeln der *ars mercatoria,* teils „auf neuen Gewinst, teils aber auch auf den Genuß der Gegenwart“ (ebd.) anlegen will. Somit entspricht Kohlhaas also keineswegs dem Bild des asketischen, genussfeindlichen Kaufmannstypus im Sinne einer protestantischen Ethik.

Auf seinen Handelsreisen vom brandenburgischen Kohlhaasenbrück nach Sachsen hatte er bisher offenbar nie Zoll oder Gewerbesteuer zahlen müssen, da der „alte Herr“ des Schlosses auf sächsischem Gebiet, das Kohlhaas auf dem Weg zur Messe nach Leipzig passieren musste, „Handel und Wandel, wo er nur vermochte, forthalf“ (SW II, 10). Der „alte Herr“ gehörte also zur Gruppe jener Grundbesitzer, die den Handel beförderten, indem sie - wenn überhaupt - akzeptable Zölle und Gebühren verlangten, den Handelnden im Gegenzug dafür Sicherheit auf ihren Reisen innerhalb ihres Territoriums garantierten und auch ein Interesse daran hatten, die Straßen als Handelsrouten in Stand zu halten.[15] Man

11 Heinrich von Kleist: Der Findling. In: Ders.: *Sämtliche Werke und Briefe* (wie Anm. 1), Bd. 2, S. 199-215, hier S. 199. Die Seitenzahlen erscheinen im Folgenden unter der Sigle SW mit Angabe des Bandes in Klammern direkt nach dem betreffenden Zitat.

12 Vgl. Jürgen Schröder: Kleists Novelle „Der Findling“. Ein Plädoyer für Nicolo. In: *Kleist-Jahrbuch* 1985, S. 109-127, hier S. 112.

13 Ganz im Sinne Adam Smiths, der Wohltätigkeit als Ergebnis eines rationalen Maximierungskalküls im Dienste des Eigennutzes beschrieb. Vgl. Wunderlich: Der literarische Homo oeconomicus (wie Anm. 10), S. 9.

14 Ingeborg Harms verweist in diesem Zusammenhang auf Kohlhaas' Sinn für Profitfixierung. Vgl. Dies.: Tod und Profit im „Michael Kohlhaas“. In: Tim Mehigan (Hg.): *Heinrich von Kleist und die Aufklärung*. Rochester, NY 2000, S. 226-238, hier S. 229.

15 Vgl. die entsprechende Episode im *Kohlhaas,* wo berichtet wird, dass der alte Schlossherr einst einen „Steindamm“ bauen ließ, weil sich eine von Kohlhaas' Stuten auf dem schlecht befestigten Weg ins Dorf ein Bein gebrochen hatte (SW II, 10). Vgl. Brenig: Der Kaufmann im Mittelalter (wie Anm. 6), S. 35 und 48 f.

könnte jenen alten Zustand in Anlehnung an Joseph Vogl also durchaus als eine „Idylle des Marktes“[16] bezeichnen. Der neue Herr, der Junker Wenzel von Tronka, erhebt dagegen zu Kohlhaas' Überraschung neben einem durchaus üblichen[17] und akzeptablen Zoll in Höhe von ein paar „Groschen“ (ebd.) auch einen „Paßschein“ (ebd.), ohne den er den Kaufmann nicht reisen lassen will.[18] Kohlhaas hat die Möglichkeit, den Passschein sogleich vor Ort zu lösen oder unverrichteter Dinge nach Kohlhaasenbrück zurückzukehren. Daraufhin verlangt Kohlhaas, den Junker von Tronka in dieser Angelegenheit selbst zu sprechen.

Als Kohlhaas bemerkt, dass sich sowohl der Junker als auch die Ritter, die sich um ihn versammelt haben, für seine Pferde interessieren, wittert er die Gelegenheit für ein Geschäft und zeigt sich zum Handeln bereit. In dieser Szene wird u. a. auf das dubiose Bild des Kaufmanns als Tauscher und Täuscher angespielt, wenn die Ritter befinden, dass der Preis für den Schweißhengst zu hoch angesetzt, der für die beiden Rappen jedoch angemessen sei (SW II, 11). Die entsprechende Textpassage liefert einen Hinweis darauf, warum Kleist hier möglicherweise ausgerechnet einen Pferdehändler ausgewählt hat. Zum einen werden in der älteren Bezeichnung „Roßtäuscher“[19] (für Roßkamm bzw. Pferdehändler) Tauschen und Täuschen überblendet. Zum anderen besitzen Pferde neben ihrem *Tauschwert* zugleich einen *Gebrauchswert* (als Nutztiere etwa in der Landwirtschaft), einen *Reproduktionswert* (im Sinne der Pferdezucht) und einen *ideellen Wert* (im Sinne von Prestigeobjekten bzw. Luxusgütern). Auch dieser Aspekt spiegelt sich in der Erzählung, indem den Junker von Tronka der „mächtige Schweißhengst“ (ebd.) reizt (für die Pferdezucht und/oder als Reittier), während sein Verwalter dafür plädiert, „ein Paar Rappen zu kaufen, die er wegen Pferdemangels, in der Wirtschaft gebrauchen zu können glaubte“ (ebd.) (als Nutztiere). Kohlhaas – in dieser

---

16 Joseph Vogl: *Das Gespenst des Kapitals.* 2. Aufl. Zürich 2011, S. 52.

17 „Der Handel war vermittels Zöllen und Mauten zahlreichen Abgaben unterworfen, die sowohl nationaler als auch lokaler Natur sein konnten [...]. [...] Zölle waren ursprünglich Regale, die oft von lokalen Grundherren und Städten in Beschlag genommen wurden. Jede Handelsroute verzeichnete eine große Anzahl davon [...].“ Jacques Bernard: Handel und Geldwesen im Mittelalter 900-1500. In: *Europäische Wirtschaftsgeschichte in 4 Bänden, Bd. 1: Mittelalter.* Hg. v. Carlo M. Cipolla. Dt. Ausgabe hg. v. K. Borchardt. Stuttgart/New York 1978, S.177-217, hier S. 201 f.

18 Zur Diskussion um die Reform der Gewerbefreiheit in Preußen im Umfeld Kleists vgl. Jochen Schmidt: *Heinrich von Kleist. Die Dramen und Erzählungen in ihrer Epoche.* Darmstadt 2003, Kapitel 3: *Michael Kohlhaas* in der Ära der Preußischen Reformen, S. 207-244, hier S. 218 f.

19 Vgl. Harms: Tod und Profit (wie Anm. 14), S. 227.

Szene ganz Kaufmann - lässt es „an nichts fehlen, die Pferde an sie [den Junker und seinen Verwalter, C. K.] los zu werden“ (SW II, 11). Doch obwohl er einen Preisnachlass gewährt, können sich Junker und Verwalter nicht einigen,[20] ein Kauf bzw. Verkauf kommt nicht zustande.

Als Kohlhaas seinen Weg zur Messe nach Leipzig mit seinen Pferden fortsetzen will, ist es nicht etwa der Junker, der ihn an der Weiterreise hindert,[21] sondern der Schlossvogt, der an den Passschein erinnert. Und es sind Schlossvogt und Verwalter,[22] die schließlich ein Pfand von Kohlhaas fordern, „zur Sicherheit, daß er den Schein lösen würde“ (SW II, 12). Kohlhaas ist zunächst einverstanden, da er an ein Geldpfand denkt. Doch Schlossvogt und Verwalter verlangen, dass die beiden Rappen als Pfand zurückgelassen werden. Hierbei handelt es sich nun in der Tat um eine „unverschämte Forderung“ (ebd.), indem die Gegenstände, hier Handelswaren, für die ein Pfand hinterlegt werden soll, selbst zum Pfand werden. Diese werden somit dem Warenkreislauf und damit auch dem Tauschprozess entzogen. Kohlhaas' „Gewerbe“ ist somit - wenn auch nicht gänzlich „zerstör[t]“ (ebd.) - so doch zumindest insofern eingeschränkt, als er keinen Gewinn, die Rappen nicht zu Geld machen kann.[23]

Interessant ist in diesem Zusammenhang, dass der Begriff „Rappen“ zugleich eine Münzwährung bezeichnet.[24] Eine Vermutung zur Herkunft des Namens lautet, dass „Rappen“ einen so genannten „Schwarzpfennig“ bezeichnete, da dieser wenig Silber enthielt und daher schneller schwarz wurde.[25] Es ist anzunehmen, dass Kleist den Begriff *Rappen* in diesem Zusammenhang nicht ohne Absicht gewählt hat. Zum einen entspricht der allmähliche Verlust der Farbe bzw. des Silberglanzes des „Schwarzpfennigs“ dem äußerlichen Verfall der beiden Rappen Kohl-

---

20 Der Junker wäre zwar bereit, für den Schweißhengst (als Reitpferd bzw. als Luxusgut) Geld auszugeben, jedoch nicht für die beiden Rappen (Pferde im Sinne von Nutztieren).

21 Der Junker sagte: „lasst den Schlucker laufen. Kommt!“ (SW II, 12).

22 Diejenigen, die feindlich reagieren und sich am Handel des Kaufmanns bereichern wollen, zählen also keineswegs zum Adel. Möglicherweise kann sozialer Neid hier als ein wesentliches Motiv erkannt werden.

23 Das Gut der Kaufleute war im Allgemeinen von räuberischen Überfällen oder Beschlagnahmen durch die Territorialherren bedroht. Vgl. Brenig: Der Kaufmann im Mittelalter (wie Anm. 6), S. 48.

24 Wie sich auch der lateinische Begriff *pecunia* vom Vieh bzw. Kleinvieh (*pecus*) herleitet. Vgl. Irene Finel-Honigman: *A Cultural History of Finance*. London/New York 2010 (Routledge Explorations in Economic History 46), S. 21.

25 Vgl. Julius Cahn: *Der Rappenmünzbund. Eine Studie zur Münz- und Geldgeschichte des oberen Rheintales*. Heidelberg 1901, S. 14 f.

haas' durch die unberechtigte Nutzung (*Abnutzung*) und mangelhafte Pflege der Tiere auf der Tronkenburg. Zum anderen vereinigt der Begriff Rappen in seiner semantischen Vielfalt sowohl das Tauschobjekt (den Rappen als Pferd), den Materialwert desselben (geringer Silberanteil) sowie dessen Tauschwert (der auf der Münze verzeichnete Wert). So manifestiert sich im geringe(re)n Materialwert dieser Münze gewissermaßen das Prinzip des modernen Geldes, dessen Wert nicht mehr durch den Materialwert einer Münze gedeckt ist. Insofern erweist sich die Bedeutung von *Rappen* im Kontext der Erzählung als mehrdeutig. Auf der einen Seite scheint der Begriff *Rappen*, indem er zugleich eine Ware und eine Währung bezeichnet,[26] auf einen Zustand vor jener „ruinöse[n] Entreferenzialisierung"[27] der modernen Geldwirtschaft hinzudeuten, indem er ein Prinzip der Einheit, der Identität repräsentiert, das von einem substanziellen und (noch) nicht von einem kontraktuellen Geldbegriff[28] geprägt ist. Auf der anderen Seite steht der Signifikant *Rappen* in seiner Mehrdeutigkeit geradezu exemplarisch für die Eigenschaft des Geldes, verschiedene Dinge miteinander vergleichbar, sprich: äquivalent, zu machen.[29]

Während Kohlhaas sowohl die Erhebung eines Zolls als auch das Erheben von Gebühren für einen Passierschein als „ungesetzliche[ ] Erpressungen" (SW II, 10) empfindet, spricht der Schlossvogt - mit Bezug auf Kaufleute wie Kohlhaas - von „filzigen Geldraffern und nützlichen Aderlässen derselben" (SW II, 11). Bisher konzentrierte sich die Kleist-Forschung im Wesentlichen auf die Geldgier des Junkers von Tronka, stellvertretend für eine mit dem Adel identifizierte Ökonomie der Ausbeutung in Form des Raubrittertums.[30] Die Tronkenburg wird im Text selbst mehrmals als „Raubnest"[31] (SW II, 14, 16, 17) bezeichnet.

Da der legendäre Auftritt Martin Luthers in der Erzählung bisher hauptsächlich unter juristischen bzw. theologischen Aspekten beleuchtet

---

26 Im Begriff Rappen wird somit noch auf den Warencharakter des Geldes hingewiesen. Vgl. Adam Soboczynski: Die Impotenz des Händlers und das Geheimnis einer trefflichen Frau. Ökonomie und Verstellung in Kleists Novelle „Der Findling". In: *Kleist-Jahrbuch* 2000, S. 118-135, hier S. 121.

27 Vogl: Das Gespenst des Kapitals (wie Anm. 16), S. 79.

28 Vgl. Nadja Gernalzick: *Kredit und Kultur. Ökonomie- und Geldbegriff bei Jacques Derrida und in der amerikanischen Literaturtheorie der Postmoderne*. Heidelberg 2000 (American Studies. A Monograph Series, Vol. 80), S. 7.

29 Vgl. Dieter Schnaas: *Kleine Kulturgeschichte des Geldes*. München 2010, S. 26.

30 Vgl. Schmidt: Heinrich von Kleist (wie Anm. 18), S. 208 und 228 f.

31 Vgl. Kleists *Hermannsschlacht*, wo Hermann Rom als „Raubnest" bezeichnet (V/24, Vs. 2634).

wurde, gerieten die ökonomiekritischen Schriften Luthers bisher nicht ins Blickfeld der Kleist-Forschung. Interessanterweise spiegelt sich in der ersten Szene auf der Tronkenburg eben jene Position Luthers wider, die Kaufleute und Edelleute bzw. Ritter gleichermaßen als „Räuber" betrachtet.[32] In seiner Schrift über „Kaufshandlung und Wucher" (1524) stellt Luther die Situation folgendermaßen dar:

> Nu ist bey den kauffleutten eyne grosse klage / uber die Edel leut odder reuber / wie sie mit grosser fahr mussen handeln / und werden druber gefangen / geschlagen / geschetzt und beraubt / etc. Wenn sie aber solchs umb der gerechtickeyt wille lydden / so weren freylich die kauffleut heylige leute / die solchs lydden. [...] Aber weyl solch gros unrecht und unchristliche dieberey und reuberey uber die ganze wellt durch die kauffleut / auch selbst unternander geschicht. Was ists wunder / ob Gott schafft / das solch gros gut mit unrecht gewonnen / widderumb verloren odder geraubt wird / und sie selbst dazu uber die kopffe geschlagen odder gefangen werden? [...] [D]en Fürsten gepürt solche unrechte kauffshendel / mit ordentlicher gewalt zu straffen und zu weren das yhr unterthanen nicht so schendlich von den kauffleutten geschunden worden. Weyl sie das nicht thun / so braucht Gott der Reutter und Reuber / und strafft durch sie / das unrecht an den Kauffleuten [...]. Also steupt er eynen buben mit dem andern. On das er da durch zuverstehen gibt / das die reutter geringer reuber sind / denn die kauffleut. Syntemal die kauffleut / teglich die gantze wellt rauben / wo eyn reutter ym iar eyn mal odder zwey / eynen odder zween beraubt.[33]

Luther expliziert hier, wie Jürgen Kuczynski bemerkt, „eine merkwürdige ‚Göttliche Gerechtigkeit', die den Raub der Kaufleute an den Bauern ausgleicht durch den Raub der Ritter an den Kaufleuten."[34]

Vor diesem Hintergrund lässt sich auch die Szene, in der sich Luther und Kohlhaas begegnen, ein wenig anders lesen. Obwohl die Diskussion juristischer und theologischer Probleme den Dialog der beiden auf der inhaltlichen Ebene beherrscht, geht es auf einer zweiten Ebene um die Aufstellung einer Rechnung bzw. einer Bilanz im kaufmännischen Sinne. Luther soll mit Kohlhaas nicht nur *ver*handeln, sondern einen *Handel*, ei-

32 Interessant ist in diesem Zusammenhang auch die Tatsache, dass der Götterbote Hermes zugleich als Schutzpatron der Kaufleute und Diebe fungiert.

33 Martin Luther: Von Kaufshandlung und Wucher (1524). In: *Luthers Werke in Auswahl.* Dritter Band: *Schriften von 1524 bis 1528.* Hg. v. Otto Clemen unter Mitwirkung v. Albert Leitzmann. 6., durchges. Aufl. Berlin 1966, S. 1-46, hier S. 18 f. Die Passage wird übrigens auch von Karl Marx im *Kapital* zitiert. Vgl. Ders.: *Das Kapital. Kritik der politischen Ökonomie.* Bd. 3 [Hamburg 1894]. Berlin 2004 (Marx Engels Gesamtausgabe – MEGA, II. Abtlg. „Das Kapital" u. Vorarbeiten, Bd. 15), 20. Kapitel: Geschichtliches über das Kaufmannskapital, S. 324, Fn. 48. Eine neuhochdeutsche Fassung dieser Passage wird zitiert in: Fabiunke: Martin Luther als Nationalökonom (wie Anm. 4), S. 116.

34 Jürgen Kuczynski: *Vom Knüppel zur automatischen Fabrik.* Berlin (Ost) 1960, S. 110.

nen *Deal* abschließen.[35] Kohlhaas' Rechnung weist im Sinne einer doppelten Buchführung gewissermaßen zwei Positionen aus, die jedoch beide zur Kategorie des Debit bzw. des Solls zählen. Auf der einen Seite vermerkt der Kaufmann Kosten, die er gewissermaßen als Verluste ‚abschreibt': Haus und Hof, die Wiederherstellung des vormaligen Wohlstands sowie die Kosten für das Begräbnis seiner Frau (SW II, 46). Auf der anderen Seite nennt er Außenstände, die hier als Forderungen auf Schadenersatz formuliert sind und deren Erstattung sein Konto gewissermaßen ‚ausgleichen' soll: die Wiederherstellung der Pferde, Ersatz des Schadens durch den Nichtverkauf der Rappen sowie des Schadens, den er und Herse durch Gewalttat erlitten haben. Der einzige Posten, der in dieser Bilanz offenbar nicht entsprechend verrechnet werden kann, ist der Verlust seiner Frau Lisbeth. Aber auch dieser persönlichste aller Verluste wird – wie im *Findling* der Verlust des eigenen Sohnes – in der Sprache der Kaufleute beschrieben:[36]

> hochwürdiger Herr! Es hat mich meine Frau *gekostet*; Kohlhaas will der Welt zeigen, daß sie in keinem ungerechten *Handel* umgekommen ist. [...] Hätte ich gewußt, daß ich sie [die Rappen, C. K.] mit Blut aus dem Herzen meiner lieben Frau würde auf die Beine bringen müssen [...]. Doch, weil sie [die Rappen, C. K.] mir nun einmal so *teuer* zu stehen gekommen sind, so habe es denn, meine ich, seinen Lauf [...]. (SW II, 47, Hervorhebungen C. K.)

Luther argumentiert dagegen, indem er eine andere Rechnung aufmacht. Er hält Kohlhaas vor, dass dieser „zur Bestreitung [s]einer wilden Selbstrache" „Summen zu Tausenden, bei Juden und Christen, auf Wechseln und Pfändern" (SW II, 46) aufgenommen habe, und fragt: „Wirst du den Wert auch, auf der Rechnung, wenn es zur Nachfrage kommt, ansetzen?" (SW II, 48) Erstaunlich ist die Tatsache, dass Luther die (unschuldigen) Menschen, deren Tod Kohlhaas bei seinen Ausschreitungen – gewissermaßen als ‚Kollateralschaden' – in Kauf genommen hat, hier nicht anführt. In der Bilanz, die Kohlhaas aufstellt, findet eben jene fatale Verdoppelung der (doppelten) Buchführung statt, die für die Kleist'schen Kaufleute charakteristisch ist: Hier werden nicht allein ökonomische Schulden mit moralischer Schuld vermengt,[37] sondern es findet in beiden Fällen – sowohl im *Kohlhaas* als auch im *Findling* – eine Überschreitung jener Grenze zwischen den beiden Reichen statt, für die sich Martin Lu-

35 Vgl. dazu auch den Beitrag von Sabine Biebl in diesem Band.

36 Vgl. Soboczynski: Die Impotenz des Händlers (wie Anm. 26), S. 122.

37 Tomáš Sedláček hat jüngst darauf hingewiesen, dass das griechische Wort für *Schulden* im Kontext des Neuen Testaments *Sünde* bedeute. Vgl. Ders.: *Die Ökonomie von Gut und Böse*. Aus dem Amerikanischen v. Ingrid Proß-Gill. München 2012, S. 172 und 213.

ther so vehement eingesetzt hatte. So schrieb Luther in einem „Sendbrief von dem harten Büchlein wider die Bauern" (1525):

> Es sind zweyerley reich / Eyns ist Gottis reich / das ander ist der wellt reich [...]. Gotts reich ist eyn reich der gnaden und barmhertzickeyt [...]. Aber das welltlich reich ist eyn reich des zorns und ernsts [...].
> Wer nu dise zwey reich ynn eynander wöllt mengen / wie unser falschen rotten geyster thun / der wurde zorn in Gotts reich setzen / und barmhertzickeyt ynn der wellt reich / das wer / eben den teuffel ynn den hymel / und Gott ynn die helle setzen [...].[38]

Kohlhaas' Rechnung wird zur Abrechnung im übertragenen Sinne und mündet schließlich in eine Rache, die bis in die Zukunft, d. h. über seinen Tod hinaus wirkt. Jedoch handelt es sich hier, wie oben angedeutet, keineswegs um eine blinde, rasende Rachwut, sondern vielmehr um eine wohl kalkulierte Rache - im Hinblick auf Kohlhaas ist vom „Geschäft der Rache" (SW II, 31) die Rede. Dabei richtet sich das Kalkül der Rache - ganz kaufmännisch - auf (positive) Effekte in der Zukunft:[39] Das Überleben seiner Nachkommen[40] ist - im Gegensatz zum Schicksal des Kurfürsten von Sachsen - gesichert (SW II, 103). In diesem Falle scheint sich also die Kombination von „Kalkül und Leidenschaft"[41] - sofern man vom Tod Kohlhaas' absieht - auszuzahlen.

> Geld ermöglicht Wachstum, das hier [...] noch Hand in Hand mit dem biologischen und generationellen Wachstum gedacht wird. Denn der durch das Geld ermöglichte Mehrbesitz ist nicht um seiner selbst willen da, sondern vor allem für die Kinder, die versorgt werden müssen. Sie werden Besitz erben und werden über das Erbe auch in die Gesellschaft integriert.[42]

---

38 Martin Luther: Ein Sendbrief von dem harten Büchlein wider die Bauern (1525). In: *Luthers Werke in Auswahl.* Dritter Band: *Schriften von 1524 bis 1528* (wie Anm. 33), S. 75-93, hier S. 81. Eine neuhochdeutsche Fassung dieser Passage wird zitiert in: Fabiunke: Martin Luther als Nationalökonom (wie Anm. 4), S. 70; allerdings wird der Begriff *Reich* hier zumeist mit *Recht* wiedergegeben.

39 Zumindest in der Ausrichtung seiner Entscheidungen auf Gewinn bzw. finanziellen Ausgleich in der Zukunft steht Kohlhaas' Handeln im Zeichen einer modernen Ökonomie.

40 An dieser Stelle wird möglicherweise auch auf den Zusammenhang zwischen ökonomischer und sexueller Potenz angespielt. Vgl. Soboczynski: Die Impotenz des Händlers (wie Anm. 26), S. 120; Finel-Honigman: A Cultural History of Finance (wie Anm. 24), S. 127.

41 In Anlehnung an Joseph Vogl: *Kalkül und Leidenschaft. Poetik des ökonomischen Menschen* [2002]. 2., durchges. u. korr. Aufl. Zürich/Berlin 2004.

42 Daniel Weidner: „Wir sind für ein höheres Geld bestimmt": Geld und Gesellschaftstheorie in der Neuzeit. In: *Weimarer Beiträge,* Jg. 57, H. 4 (2011), S. 571-585, hier S. 575.

II. *Der Findling*: „Ein Kaufmann verrechnet sich"[43]

Im *Findling* steht die Abwägung zwischen Kalkül und Leidenschaft am Beginn der Erzählung. Hier entscheidet sich der „wohlhabende[ ]" römische „Güterhändler" (SW II, 199) Antonio Piachi, der in Begleitung seines elfjährigen Sohnes Paolo in Handelsgeschäften unterwegs ist, zunächst scheinbar gegen jegliche „kaufmännischen Interessen" (ebd.) dafür, seine Geschäftsreise abzubrechen, um seinen Sohn vor der Ansteckung mit einer pestartigen Krankheit[44] zu schützen. Ich sage hier ‚scheinbar', da mit der Vermeidung dieses Risikos zugleich auch Erwägungen hinsichtlich der geschäftlichen Zukunft verbunden sein könnten: die Rettung des eigenen Lebens und des Lebens seines Sohnes, um die Weiterführung des Geschäftes zu garantieren. Schon bald darauf wird der das Risiko[45] meidende Kaufmann jedoch als geradezu leichtsinnig - bzw. leidenschaftlich - dargestellt, indem er die Vorsicht, die er zuvor hatte walten lassen, beiseite schiebt, um den bereits infizierten Waisen Nicolo in seine Kutsche aufzunehmen. Unter diesen Umständen hätte Piachi dann auch seine Geschäftsreise fortsetzen können, das Risiko für eine Erkrankung seines Sohnes wäre dadurch wohl kaum größer geworden.

Wenn es denn (allein) „väterliche Fürsorge"[46] war, die Piachi zunächst dazu bewegte, die Reise abzubrechen, dann muss man sich fragen, warum er diese so schnell beiseite schiebt, als der Findling Nicolo ihn anfleht, ihn mitzunehmen. Offenbar ist Piachi im Allgemeinen ein risikobewusster Mensch - seine Frau Elvire gibt er unter den „Schutz ihrer Verwandten"[47] (SW II, 199), während er auf Geschäftsreisen ist –, doch ist er auf

---

43 Günter Oesterle: Der Findling. Redlichkeit versus Verstellung - oder zwei Arten, böse zu werden. In: Walter Hinderer (Hg.): *Interpretationen: Kleists Erzählungen*. Stuttgart 1998, S. 157-180, hier S. 159.

44 Die Phase der Pest wird in Europa auf die Jahre zwischen 1348 und 1350 datiert. Der „schwarze Tod" trug zu einer langwierigen Schrumpfung der Wirtschaft bis zur Mitte des 15. Jahrhunderts bei. Vgl. Bernard: Handel und Geldwesen im Mittelalter (wie Anm. 17), S. 177.

45 Neben dem Gewinnstreben und der Abenteuerlust wurde auch die Risikobereitschaft zu den wesentlichen Charaktereigenschaften des Kaufmanns gezählt. Vgl. Brenig: Der Kaufmann im Mittelalter (wie Anm. 6), S. 43.

46 Oesterle: Der Findling (wie Anm. 43), S. 159.

47 Die Frage ist jedoch, aus welchem Grund er dies tut: Tut er es, um Elvire zu schützen? Oder tut er es, weil er kein Vertrauen zu seiner Frau hat? Bei Brenig heißt es: „Daß [...] das mögliche Liebesleben der allein zu Hause verbliebenen Ehefrauen die Phantasie der Zeitgenossen besonders erregte, bedarf sicherlich keiner näheren Erläuterung." Ders.: Der Kaufmann im Mittelalter (wie Anm. 6), S. 55.

der Reise mit seinem Sohn offenbar nicht in der Lage, Risiken richtig einzuschätzen, denn das Mitleid für den Findling ‚kostet' ihn das Leben seines Sohnes. Eine solche Kosten-Nutzen-Rechnung[48] stellt Piachi selbst auf, wenn es im Text heißt, dass der alte Kaufmann „den Jungen in dem Maße lieb gewonnen" habe, „als er ihm teuer zu stehen gekommen war"[49] (SW II, 201). Der Adoptivsohn wird also nicht um seiner selbst Willen geliebt, sondern wegen seines hohen Preises.[50] Doch der Ersatzsohn rechnet sich (zunächst) für das Geschäft. Als dieser den Kommis im Kontor ersetzt, stellt Piachi mit „Freude" fest, „daß derselbe die weitläuftigen Geschäfte, in welchen er verwickelt war, auf das tätigste und vorteilhafteste verwaltete" (ebd.). Insofern trifft auch für Kleists Novelle Irene Finel-Honigmans Beobachtung zu, dass die Literatur (insbesondere der Roman) des 18. Jahrhunderts unter dem Deckmantel moralischer Lektionen besonders den Mitgliedern niederer Stände ein hohes Maß an sozialer Mobilität und an Ehrgeiz zusprach,[51] so insbesondere unehelichen Kindern und Findlingen.

> Servants and domestics of all provenances, including bastard children and foundlings, were portrayed having social acumen, ambition, and a better sense of value and monetary gain than their aristocratic masters.[52]

Doch entpuppt sich der Adoptivsohn als Sympathisant der mächtigen Vertreter eben jenes Kirchenstaates (SW II, 214), dessen korruptes System der alte Kaufmann so hasst. Das Interesse der Mönche des Karmeliterklosters an Nicolo wird eindeutig als ein ökonomisches definiert, wenn es heißt, dass sie „dem jungen Mann, wegen des beträchtlichen Vermögens das ihm einst, aus der Hinterlassenschaft des Alten, zufallen sollte, mit großer Gunst zugetan waren"[53] (SW II, 201). Hier scheint jenes Bild

---

48 Günter Oesterle spricht in diesem Zusammenhang von der „kaufmännische[n] Gleichung von Geld und Liebe"; ders.: Der Findling (wie Anm. 43), S. 160.

49 Vgl. die ähnliche Formulierung nach Lisbeths Tod in Kleists *Michael Kohlhaas* (vgl. SW II, 47).

50 Der ‚Wert' eines Kindes richtete sich im Wesentlichen nach seinem Alter. So wurde einem älteren Kind im Allgemeinen ein ‚höherer Wert' zugeschrieben, weil die Eltern in dieses bereits mehr investiert hatten als etwa in einen Säugling oder ein Kleinkind. Dies spielte insbesondere im Falle des Todes eines Kindes eine Rolle. Vgl. Kirsten Peters: *Der Kindsmord als schöne Kunst betrachtet. Eine motivgeschichtliche Untersuchung der Literatur des 18. Jahrhunderts*. Würzburg 2001 (Epistemata. Würzburger wissenschaftliche Schriften, Reihe Literaturwissenschaft, Bd. 359), S. 25.

51 Wie auch der Gruppe der Kaufleute (vgl. Anm. 7).

52 Finel-Honigman: A Cultural History of Finance (wie Anm. 24), S. 91.

53 „[...] Predigermönche, die offensichtlich nicht auf großzügige Spenden oder Nachlässe warten wollten, versuchten die Kinder reicher Leute, die eine große Erbschaft in Aus-

von einem räuberischen katholischen Kirchenstaat und einer päpstlichen Geldwirtschaft auf, das Luther einst als „Jahrmarkt, Schindanger und Hurenhaus“[54] brandmarkte.

> Vom Standpunkt der bürgerlichen Entwicklung Deutschlands wurde vor allem aber das *Papsttum* selbst, die wichtigste Einrichtung der streng feudal-hierarchisch gegliederten römisch-katholischen Kirche, zum ernsthaften Hindernis für jeden weiteren gesellschaftlichen Fortschritt.[55]

Kleists Erzählung ist historisch betrachtet in der Renaissance angesiedelt, im merkantilen Zeitalter, da sich in Europa ein Übergang der Gesellschaft vom Feudalismus zum Kapitalismus entwickelte.[56] Zu Kleists Zeit hatte der deutsche Katholizismus „durch die Säkularisation zu Beginn des 19. Jahrhunderts im Bereich der napoleonischen Veränderungen in Zentraleuropa seine kirchliche Struktur samt der vermögensmäßigen Basis und seine staatliche Abstützung in geistlichen Fürstentümern“[57] bereits weitgehend verloren. Kritisiert wurde der Katholizismus insbesondere für seinen Handel mit den Sünden seiner Gläubigen. Gemäß einer eigens ausgeklügelten „Akkumulationstheorie“[58] handelte die römische Kirche mit Formen der Sündenvergebung: „Für jede ‚Sünde‘, die sie erdichtete, lieferte sie auch gegen bare Zahlung die notwendige Absolution.“[59]

Doch auch im kirchenfeindlichen Hause Piachi wird viel ge- und berechnet.[60] Die Kette der Substitutionen bzw. Äquivalente ist in der Forschung bereits überzeugend dargestellt worden.[61] Elvire tritt an die Stelle von Piachis verstorbener Frau und Paolos leiblicher Mutter. Das Kennenlernen Elvires verdankt Piachi „Handelsverbindungen“ (SW II, 203)

---

sicht hatten, obwohl sie noch unter 18 Jahren waren, zum Eintritt in den Orden zu bewegen.“ Brenig: Der Kaufmann im Mittelalter (wie Anm. 6), S. 100.

54 Luther zitiert nach Fabiunke: Martin Luther als Nationalökonom (wie Anm. 4), S. 44. Vgl. Luthers Schrift „Wider das Babstum zu Rom vom Teufel gestifft“ von 1545.

55 Fabiunke: Martin Luther als Nationalökonom (wie Anm. 4), S. 21, H. i. O.

56 Vgl. ebd., S. 13.

57 *Katholizismus und wirtschaftlicher Liberalismus in Deutschland im 19. und 20. Jahrhundert.* Hg. u. erläutert v. Karl Heinz Grenner. Paderborn u. a. 1998 (Beiträge zur Katholizismusforschung. Reihe A: Quellentexte zur Geschichte des Katholizismus, Bd. 12), S. 10.

58 Fabiunke: Martin Luther als Nationalökonom (wie Anm. 4), S. 22.

59 Ebd.

60 Vgl. Soboczynski: Die Impotenz des Händlers (wie Anm. 26), S. 122.

61 Vgl. insbesondere Hans-Jürgen Becker: Adoption – Verlöbnis – Ehe. Die zivilrechtliche Einbindung des Individuums bei Kleist. In: *Kleist-Jahrbuch* 1993, S. 75-88, hier S. 87 f.; Karl Niekerk: Men in Pain: Disease and Displacement in „Der Findling“. In: Paul Michael Lützeler/David Pan (Hg.): *Kleists Erzählungen und Dramen. Neue Studien.* Würzburg 2001, S. 107-119, hier S. 109.

zum Haus ihres verstorbenen Retters und Geliebten. Der verstorbene junge genuesische Patrizier wird durch einen alten, aber „wohlhabende[n] Güterhändler" (SW II, 199) ersetzt. Der Verlust des Sohnes Paolo wird durch den Erwerb des Adoptivsohns gewissermaßen ausgeglichen. Hans-Jürgen Becker hat bereits darauf hingewiesen, dass schon die Ehe des alten Piachi mit der jungen Elvire „kein Seelenbund"[62] sei. Möglicherweise ist dies ein Hinweis darauf, dass Kleists Kaufmann Liebe - wie auch die Rache - in erster Linie im Sinne eines ‚Geschäftes' betrachtet.[63]

> Auch die Aufnahme des Findlings an Kindes Statt geschieht nicht aus liebender, selbstloser Zuneigung, sondern als Annahme eines Ersatzgegenstandes für den verlorenen Sohn. All die Güter, mit denen der Geschäftsmann Piachi den Adoptivsohn überhäuft, sind als Ersatz dafür anzusehen, daß es an einer inneren Gefühlsgemeinschaft fehlt.[64]

Das würde bedeuten, dass die Güter, die Piachi dem Adoptivsohn vor seinem Tode überschreibt, keine Geschenke im Sinne von Gaben sind, an die keine Erwartungen geknüpft sind. Als Nicolo sich nicht den moralischen Vorstellungen Piachis gemäß verhält, fordert der Kaufmann seine Güter als Strafe zurück. In einer Verkehrung der Hauptthese von Mandevilles *Bienenfabel* (1714), die besagt, „dass gerade die privaten Laster öffentliche Vorteile bringen",[65] könnte das Fazit der Erzählung lauten: Großzügigkeit im Umgang mit dem eigenen Wohlstand führt nicht unbedingt zu moralischem Verhalten; aber auch private Laster ziehen nicht unbedingt positive ökonomische Entwicklungen nach sich. Während das wesentliche Argument der *Bienenfabel* darin besteht, dass aus Ungleichheit Gerechtigkeit entsteht, beharrt Piachi auf einem Algorithmus, der Gleiches mit Gleichem vergilt. Insofern ist Piachi, der zu einer Gabe im Sinne einer Durchbrechung der ökonomischen Logik nicht fähig ist, auch nicht bereit, dem Adoptivsohn seine Schuld/Schulden zu vergeben/zu erlassen. Wie Kohlhaas, so erscheint auch Piachi Gott insofern als ungerecht, als dieser „auf positive Weise ungerecht"[66] ist, indem er vergibt. So

---

62 Becker: Adoption - Verlöbnis - Ehe (wie Anm. 61), S. 87.

63 Vgl. Brenig: Der Kaufmann im Mittelalter (wie Anm. 6), S. 55: „Die Kaufleute, die sich ehelich banden, nahmen nicht selten Ehefrauen aus dem kaufmännischen Milieu. Das verschaffte ihnen nicht nur wirtschaftliche Vorteile, sondern konnte auch positive Auswirkungen auf ihre Reisen haben: Durch ein ganzes Geflecht überregionaler verwandtschaftlicher Verbindungen, die sich auch politisch nutzen ließen, erwartete den Kaufmann - auch an entfernten Orten - ein sicheres und bequemes Quartier."

64 Becker: Adoption - Verlöbnis - Ehe (wie Anm. 61), S. 87f.

65 Sedláček: Die Ökonomie von Gut und Böse (wie Anm. 37), S. 91.

66 Ebd., S. 183.

verzichten sowohl Kohlhaas als auch Piachi auf die Absolution und verfolgen ihre „Ökonomie von Gut und Böse“[67] auf eigene Rechnung.

Während sich Michael Kohlhaas jeglicher Formen der Substitution bzw. der Äquivalenz verweigert - er beharrt auf der Identität bzw. Wiederherstellung der beiden Rappen -, sind im Hause Piachi alle Positionen durch Äquivalente substituiert. Insofern könnte man annehmen, dass der Kaufmann Piachi ein *homo oeconomicus* ist, wie er im Buche steht, dessen Privatleben sogar von Tauschverhältnissen bestimmt wird. Bernd Fischer spricht mit Bezug auf den *Findling* von einem „Gefühlshaushalt des Warentausches.“[68] Es ist der Gedanke, dass nicht nur Dinge, sondern auch Personen ersetzbar bzw. (aus-)tauschbar sind. Gegen eine solche Ökonomisierung persönlicher Beziehungen polemisierte auch Adam Müller - einst Kleists Freund und Mitherausgeber des *Phöbus* - in seinem *Versuch einer neuen Theorie des Geldes* (1816).

> Hat man also das Bedürfnis der Menschen, das lange Jahrhunderte hindurch in allen wesentlichen Rücksichten eins war mit dem Nationalbedürfnis und unzertrennlich von ihm, von Grundaus privatisiert, und also die Sklaverei des Privateigentums zur einzigen Richtschnur alles menschlichen Bedürfnisses und aller menschlichen Produktion erklärt, nur Verhältnisse zwischen Personen und Sachen gesetzlich anerkannt, dagegen alle Bande zwischen den Personen zerschnitten - dann nehme die Regierung ihre Zwangsmittel wohl in Acht [...]. Die irdischen Hülfsmittel müssen nun allein herhalten; jeden Moment muß die ganze Generation von neuem bezwungen werden, weil keine unsichtbare Hand mehr auf die menschlichen Anordnungen ihr Siegel drückt.[69]

Jene „unsichtbare Hand“, die in einer in den *Berliner Abendblättern* erschienenen Anekdote mit dem Titel „Der Griffel Gottes“ noch am Werke war, um aus dem Jenseits heraus zu richten, taugt in der Erzählung *Der Findling* lediglich noch dazu, aus den sechs Buchstaben, die den Namen *Nicolo* bilden, den Namen *Colino* entstehen zu lassen.

III. Fazit

Die Kaufmänner in den beiden Kleist-Erzählungen verweigern sich - jeder auf seine Weise - bestimmten ökonomischen Innovationen. Sie be-

67 In Anlehnung an Sedláček: Die Ökonomie von Gut und Böse (wie Anm. 37).

68 Bernd Fischer: Der Findling. In: Ders.: *Ironische Metaphysik. Die Erzählungen Heinrich von Kleists.* München 1988, S. 113-122, hier S. 115.

69 Adam Müller: *Versuch einer neuen Theorie des Geldes mit besonderer Rücksicht auf Großbritannien* [1816]. Hamburg 2011, Neuntes Kapitel: Vom Bedürfnis, S. 105 f.

herrschen zwar das „+ und - der Algebra“,[70] sie verstehen sich gewissermaßen auf die „Formel[n]“,[71] doch sie scheinen an jener Form der Realitätsverdoppelung,[72] jener „Mathematik des Kontigenten“,[73] zu scheitern, die die Voraussetzung für die moderne Wahrscheinlichkeitsrechnung bildet und die auch für die Berechnung ökonomischer Gewinne und Risiken in der Folgezeit eine große Rolle spielen soll. Kohlhaas und Piachi sind in jeweils unterschiedlichen Situationen plötzlich mit einer „schwindelerregenden Unsicherheitsvervielfachung“[74] konfrontiert: Kohlhaas, indem sein Pferdehandel von unerwarteten Risiken und Kosten bedroht ist; Piachi, indem er sein Vertrauen missbraucht sieht und ihm plötzlich nichts außer einem „kleinen Kapital[ ]“ (SW II, 202) und einem kleinen Teil des Hauses bleibt.

> Keine Rechnung kann in solchen Situationen Sicherheit bieten, weder in der zeitlichen noch in der sozialen Dimension. Sie kann weder garantieren, daß man eine getroffene Entscheidung nicht wird bereuen müssen noch daß die anderen die Dinge inzwischen nicht anders sehen werden.[75]

Man könnte sagen, dass mit den beiden Kaufleuten Kohlhaas und Piachi eben jene „Ökonomie alten Stils“[76] begraben wird, die Ökonomie mit Moral verknüpfte.[77] Damit wären die beiden Figuren alles andere als frühe Vertreter eines modernen Kapitalismus.[78]

---

70 Heinrich von Kleist in einem Brief an Heinrich Joseph von Collin am 8. Dezember 1808 (SW II, 818).

71 Zitat aus einem Fragment Kleists (SW II, 338).

72 Vgl. Elena Esposito: *Die Fiktion der wahrscheinlichen Realität.* Aus dem Italienischen von Nicole Reinhardt. Frankfurt a. M. 2007, S. 22.

73 Edmund F. Byrne: *Probability and Opinion. A Study in the Medieval Presuppositions of Post-Medieval Theories of Probability.* Den Haag 1968, S. 11; zitiert nach Esposito: Die Fiktion der wahrscheinlichen Realität (wie Anm. 72), S. 23.

74 Esposito: Die Fiktion der wahrscheinlichen Realität (wie Anm. 72), S. 52.

75 Ebd., S. 53.

76 Soboczynski: Die Impotenz des Händlers (wie Anm. 26), S. 125.

77 Vgl. Esposito: Die Fiktion der wahrscheinlichen Realität (wie Anm. 72), S. 23.

78 Im Gegensatz zu Ingeborg Harms, die - zumindest in Kohlhaas - „die Vorwegnahme des modernen Kapitalisten“ sieht; dies.: Tod und Profit (wie Anm. 14), S. 229.

Verzeichnis der Autorinnen und Autoren

SABINE BIEBL, Dr. phil., arbeitet als wissenschaftliche Mitarbeiterin am Institut für Deutsche Philologie der Ludwig-Maximilians-Universität München. Ihre Arbeitsschwerpunkte liegen in den Bereichen: Literatur des 19. Jahrhunderts; Film und Literatur der Weimarer Republik; Prozesse der gesellschaftlichen Selbstbeschreibung im 19. und 20. Jahrhundert; Literatur und Ökonomie. Publikationen u.a.: *Betriebsgeräusch Normalität. Angestelltendiskurs und Gesellschaft um 1930*. Berlin 2013 (im Druck); (Hg.) Siegfried Kracauer: *Von Caligari zu Hitler. Eine psychologische Geschichte des deutschen Films*. Berlin 2012 (= Werke, Bd. 2.1).

EVI FOUNTOULAKIS, Dr. phil. des., Oberassistentin an der Abteilung für deutsche Literatur an der Université Lausanne. Studium der Neueren Deutschen Literaturwissenschaft, Allgemeinen Sprachwissenschaft und Englischen Sprach- und Literaturwissenschaft in Basel, Madrid und Melbourne. 2012 Promotion an der Universität Basel mit einer Arbeit zur Figur des Gastes und zur Semantik der Gastlichkeit in Erzähltexten des 19. und frühen 20. Jahrhunderts. 2012-2013 Lehraufträge an der Universität Basel, Dozentur an der Zürcher Hochschule für Angewandte Wissenschaften und Sylvia-Naish-Forschungsstipendium an der University of London. Publikationen: Evi Fountoulakis/Boris Previstic (Hg.): *Der Gast als Fremder. Nattative Alterität in der Literatur*. Bielefeld 2006; Die Unruhe des Gastes. Zu einem Roman Wilhelm Raabes zwischen Institution und Ereignis. In: Csongor Lörincz (Hg.): *Literatur und Institution*. Bielefeld 2011, S. 409-436; Enigma und Unappeased Desire in Henry James's „The Figure in the Carpet". In: *Variations* 18, Bern 2010, S. 99-112.

KATHARINA GRABBE, M.A., wissenschaftliche Mitarbeiterin am Germanistischen Institut der Westfälischen Wilhelms-Universität Münster, Abteilung Neuere deutsche Literatur, Lehrstuhl Prof. Dr. Martina Wagner-Egelhaaf. 2011 Promotion mit einer Arbeit zum Image und Imaginären Deutschlands in Gegenwartsliteratur und -film. Publikation: *Geschwisterliebe. Verbotenes Begehren in literarischen Texten der Gegenwart*. Bielefeld 2005.

BERND HAMACHER, PD Dr. phil., wiss. Mitarbeiter am Institut für Germanistik II der Universität Hamburg. Studium der Germanistik, Philosophie und Anglistik in Tübingen, Bonn und Trier. 1995 Promotion an der Universität Trier, 2006 Habilitation an der Universität zu Köln. Lehraufträge und Professurvertretungen in Hamburg, Duisburg-Essen, Bern, Köln und Dortmund. Von 2001-2011 wiss. Mitarbeiter bei der Hamburger Arbeitsstelle des Goethe-Wörterbuchs. Arbeitsschwerpunkte u. a. Literatur des 18.-20. Jahrhunderts (zahlreiche Publikationen zu Goethe, Kleist, Thomas Mann), Editionsphilologie, Wissenschaftsgeschichte. Neuere Publikationen u. a.: *Offenbarung und Gewalt. Literarische Aspekte kultureller Krisen um 1800*. München 2010; *Johann Wolfgang von Goethe. Entwürfe eines Lebens*. Darmstadt 2010.

ANTON PHILIPP KNITTEL, Dr. phil., stellv. Pressesprecher der Stadt Heilbronn. Studium der katholischen Theologie und der Germanistik in Tübingen und Wien. 1985-1995 u. a. wissenschaftlicher Mitarbeiter am Geistes- und Sozialwissenschaftlichen Forschungszentrum der Universität Tübingen in Blaubeuren und 1991-1993 wissenschaftlicher Assistent am Lehrstuhl von Prof. Dr. Jürgen Schröder in Tübingen. 1996-1998 Persönlicher Referent des Rektors der Universität Konstanz, 1998-2000 wissenschaftlicher Mitarbeiter am Kleist-Archiv Sembdner der Stadt Heilbronn. Publikationen u. a.: *Zwischen Idylle und Tabu. Die Autobiographien von Carl Gustav Carus, Wilhelm von Kügelgen und Ludwig Richter*. Dresden 2003; Mithrsg. einer zweibändigen Edition der Briefe, Tagebücher und Reiseschriften Wilhelm von Kügelgens (1994, 1995; 2. Aufl. 1996), Mithrsg. mehrerer Publikationen zu Heinrich von Kleist, zuletzt zus. mit Inka Kording *Heinrich von Kleist. Neue Wege der Forschung*. Darmstadt 2003, 2. Aufl. 2009; Hrsg. des Bandes *Unterhaltender Prediger und gelehrter Stofflieferant – Abraham a Sancta Clara (1644-1709) – Beiträge eines Symposions anlässlich seines 300. Todestages*. Eggingen 2012.

INKA KORDING, Dr. phil., Studium der Germanistik, Rhetorik und Philosophie in Tübingen und Frankfurt a.M. Graduiertenkolleg „Theorie der Literatur" in Konstanz. Promotion zu Individualitätsstrukturen in der Briefliteratur des 18. Jahrhunderts. Publikation der Briefe Louise Gottscheds und Mitherausgeberin zweier Sammelbände zu Anthropophagie (Tübingen 1999) und Heinrich von Kleist (*Neue Wege der Forschung*. Darmstadt 2003, 2. Aufl. 2009); Aufsätze zur Literaturtheorie und zum 18. Jahrhundert. Derzeit Leiterin des Abendgymnasiums am Kolping Bildungszentrum in Heilbronn.

CHRISTINE KÜNZEL, Dr. phil., Privatdozentin an der Universität Hamburg, Literatur- und Kulturwissenschaftlerin. Studium der Germanistik, Amerikanistik und der Philosophie an der Universität Hamburg und der Johns Hopkins University in Baltimore (USA). Von 1998 bis 2001 Stipendiatin am Graduiertenkolleg „Codierung von Gewalt im medialen Wandel" an der Humboldt-Universität zu Berlin. 2006-2012 fünf Semester Vertretung einer Professur für Neuere deutsche Literatur am Institut für Germanistik II der Universität Hamburg. 2011 Habilitation an der Universität Hamburg. Seit Mai 2012 erste Vorsitzende der *Internationalen Gisela Elsner Gesellschaft*. Forschungsschwerpunkt im Bereich Literatur und Ökonomie. Publikationen u. a.: Hg. zusammen mit Dirk Hempel: *„Denn wovon lebt der Mensch?" Literatur und Wirtschaft*. Frankfurt a. M. u. a. 2009, und *Finanzen und Fiktionen. Grenzgänge zwischen Literatur und Wirtschaft*. Frankfurt a. M./New York 2011; Imaginierte Zukunft: Zur Bedeutung von Fiktion(en) in ökonomischen Diskursen. In: Iuditha Balint/Sebastian Zilles (Hg.): *Literarische Ökonomik*. München (im Druck).

JOHANNES F. LEHMANN, Dr. phil. Wissenschaftlicher Mitarbeiter in der Germanistik/Literaturwissenschaft und Privatdozent an der Universität Duisburg-Essen. Arbeitsschwerpunkte u.a. Literatur des 18. und 19. Jahrhunderts, Erzähl-, Literatur- und Theatertheorie, kulturwissenschaftliche Fragestellungen, Theorien der Gewalt, der Emotionen, Anthropologie. Jüngste Veröffentlichungen: *Im Abgrund der Wut. Zur Kultur- und Literaturgeschichte des Zorns*. Freiburg i. Br. 2012 (Habilitationsschrift); *Die biologische Vorgeschichte des Menschen. Zu einem Schnittpunkt von Erzählordnung und Wissensformation*. Hg. zus. mit Roland Borgards und Maximilian Bergengruen. Freiburg i. Br. 2012; *Einführung in das Werk Heinrich von Kleists*. Darmstadt 2013.

BIRGER P. PRIDDAT, Prof. Dr., Lehrstuhl für Politische Ökonomie an der Universität Witten/Herdecke (1992-2004 und 2007 bis heute); zwischendurch 2004-2007 Lehrstuhl und Dekanat an der Zeppelin University Friedrichshafen (zugleich Mitgründer). 2007-2009 Präsident der Universität Witten/Herdecke. 2011-2012 Exzellenzcenter Kulturwissenschaften Universität Konstanz. Diverse Fellowships und Gastprofessuren. Publikationen u. a. zur Theoriegeschichte der Ökonomie (2002); Institutionenökonomik (2006); Akteure, Verträge, Netzwerke (2011), sowie zahlreiche Veröffentlichungen im interdisziplinären Bereich zwischen Kultur- und Wirtschaftswissenschaften, u. a. *Wirtschaft durch Kultur*, Marburg 2009; und zuletzt: Über das Scheitern der Familie, nicht des Kapitalismus.

Neue Einsichten in die ökonomischen Aspekte in Thomas Manns *Buddenbrooks*. In: *Thomas Mann Jahrbuch*, Bd. 25 (2012).

YVES SCHUMACHER, M.A., wissenschaftlicher Mitarbeiter am Deutschen Seminar der Universität Zürich. Arbeit an einer Dissertation zu Poetologien des Ausgleichs von Baudelaire bis Christian Kracht. Forschungsschwerpunkte: Romantik, Symbolismus, Literatur um 1900, Popliteratur. Publikationen: Wenn der Code schläft. E.T.A. Hoffmanns Figuren der Selbstvergessenheit. In: Daniel Müller Niebala/Y.S./Christoph Steier (Hg.): *Figur – Figura – Figuration: E.T.A. Hoffmann*. Würzburg 2011; Quid pro quo. In: Christian Kiening/Barbara Naumann (Hg.): *Lieblingsstücke. Germanistik in Zürich. 125 Jahre Deutsches Seminar*. Zürich 2011.

JAN SÖHLKE, M.A., Studium der Germanistik, Politikwissenschaft und Filmwissenschaft an der Universität Tübingen und am Trinity College Dublin. 2006-2007 Lehrtätigkeit an der Newcastle University. Derzeit wissenschaftlicher Mitarbeiter an der Fakultät für Sprach- und Literaturwissenschaften der LMU München und Doktorand im „Promotionsstudiengang Literaturwissenschaft" (ProLit). Arbeit an einer Dissertation zur Funktion von Korruption in der deutschen Literatur um 1800 bei Lessing, Schiller, Kleist und Droste-Hülshoff. Publikation: Wahn – Sinn – Lesen. Zur Dysfunktionalisierung des Sinns in Heinrich von Kleists „Die Heilige Cäcilie oder die Gewalt der Musik". In: *Wirkendes Wort* 55 (2005) 1, S. 53-75.

GEORG TSCHOLL, Dr. phil., Verlagslektor und Lehrbeauftragter an der Universität Wien. 2003 Promotion ebendort mit einer Arbeit zum Thema *Krumme Geschäfte. Kleist, die Schrift, das Geld und das Theater*. Würzburg 2005. Erschienen sind ferner ein Aufsatz zu Brian de Palma (Peep-Art: vom Beobachten im Quadrat, 2006) und einer zu Ernst Lubitsch (Die Mechanik des Glücks, 2009); zuletzt: Versetzt, im Stich gelassen. Der große Zeh von Georges Bataille. In: Philipp Hubmann/Till Julian Huss (Hg.): *Simultaneität. Modelle der Gleichzeitigkeit in den Wissenschaften und Künsten* (2013); Herausgeber der Buch- und Filmreihe „TaschenKino" (6 Bände, 2011) und von Horst Claus' *Filmen für Hitler. Die Karriere des NS-Starregisseurs Hans Steinhoff* (2012).

www.ingramcontent.com/pod-product-compliance
Ingram Content Group UK Ltd.
Pitfield, Milton Keynes, MK11 3LW, UK
UKHW041826031026
15587UKWH00002B/590

9 783631 626870